August Engelien, Wilhelm Lahn

Der Volksmund in der Mark Brandenburg

Sagen, Märchen, Spiele, Sprichwörter und Gebräuche

D1731265

August Engelien, Wilhelm Lahn

Der Volksmund in der Mark Brandenburg

Sagen, Märchen, Spiele, Sprichwörter und Gebräuche

ISBN/EAN: 9783956973277

Auflage: 1

Erscheinungsjahr: 2014

Erscheinungsort: Treuchtlingen, Deutschland

Literaricon Verlag Inhaber Roswitha Werdin, Uhlbergstr. 18, 91757

Treuchtlingen www.literaricon.de

Der Volksmund

in der

Mark Brandenburg.

Sagen, Märchen, Spiele, Sprichwörter und Gebräuche,

gesammelt und herausgegeben

von

A. Engelien und W. Lahn.

I. Theil.

Berlin, 1868.

Verlag von Wilh. Schultze,

Scharrenstrasze 11.

Vorwort.

Im Sommer des Jahres 1865 erlieszen die Herausgeber der vorliegenden Sammlung durch mehrere politische und pädagogische Zeitschriften einen Aufruf an alle Freunde der Volkspoësie in der Mark Brandenburg und forderten darin zur Sammlung des unerschöpflichen Gutes der Sagen, Märchen, Lieder usw. auf, das dem Menschen, wie Grimm trefflich sagt, von Heimatswegen als ein guter Engel beigegeben ist, der ihn, wann er ins Leben auszieht, unter der vertraulichen Gestalt eines Mitwandernden begleitet. — Jener Aufruf ist zwar nicht von allzu vielen beachtet, wenigstens ist die darin ausgesprochene Bitte nicht von allzu vielen erfüllt worden; jedoch hat sich immerhin ein vorläufig genügend zahlreicher Kreis von Männern um uns gesammelt, die uns trefflich unterstützt und uns so in den Stand gesetzt haben einen nicht ganz unansehnlichen Kranz zu flechten, dem wir hoffentlich noch einige nachfolgen lassen können. Unsere bisherigen Mitarbeiter schon bekennen ja zum grösten Theil selber, dasz sie auf dem fast noch nicht übersehbaren Felde nur erst vom Rande weg ihre Beiträge zum Kranze gepflückt haben.

Als unsere Berichterstatter sind zu nennen: die Herren Lehrer Frenzel zu Treuenbrietzen, Lehrer Suchsdorf zu Walchow bei Fehrbellin, Lehrer Unruh zu Seebeck bei Lindow, Schulze Krause zu Birkenwerder bei Oranienburg, Lehrer Pracht zu Röpersdorf bei Prenzlau, Lehrer Rubehn aus Alt-Reetz im Oderbruch, Lehrer Fischer zu Schmarfendorf bei Schönfliesz, Geometer H. Vogt zu Storkow, Lehrer Hellwig zu Grünberg i. Schl. und Schulvorsteher Lützow zu Berlin. Die Beiträge der erstgenannten Herren sind in den betreffenden Wohnörtern oder deren nächster Umgebung gesammelt, die des letztgenannten in Fahrland bei Potsdam und in Mittenwalde. Auszerdem hat uns Herr Musikdirektor

L. Erk, dessen Bestrebungen wie bekannt sich mit den unsrigen berühren, ein Heft zur Verfügung gestellt, in das für ihn Herr Lehrer Wilh. Petsch zu Berlin vor einigen Jahren Lieder und Gebräuche aus Alt-Töplitz bei Potsdam eingetragen hatte. — Dasz wir die uns gesteckten Grenzen durch die Aufnahme einiger Beiträge aus Grünberg i. Schl. überschritten haben, bedarf wol deshalb keiner Entschuldigung, weil diese Stadt nur wenige Stunden von der Mark Brandenburg entfernt liegt Natürlich musten wir indessen alles das aus unserer Sammlung ausschlieszen, was sich von den Einsendungen des Herrn Hellwig bei näherer Betrachtung als schon specifisch schlesisch erwies. Die Gebräuche in Arendsee in der Altmark, über die uns Herr Lehrer Struve zu Wusterhausen a. D. berichtet hat, und die beiden Sagen, welche uns sonst noch aus der Altmark dargeboten wurden, wiesen wir nicht zurück, weil ja die Altmark ursprünglich zur Mark Brandenburg gehörte. Und auch künftig würden wir nicht Anstand nehmen aus ähnlichen Rücksichten einen Schritt über die Grenzen unserer Mark zu thun, obwol immer nur mit der grösten Vorsicht um nichts durchaus fremdartiges unserer Sammlung einzuverleiben. —

Herder sagt irgendwo: Ich wünschte, dasz wir von mehreren sinnlichen Völkern, statt Beschreibungen über den Geist derselben, Proben ihres kindlichen Witzes, ihres sich übenden Scharfsinns in Sprichwörtern, Scherzen und Räthseln hätten; wir hätten damit die eigensten Gänge ihres Geistes. — In diesen Worten gibt Herder nur die eine Seite dessen an, was uns besser als alle Beschreibung einen Einblick gewährt in die geheimsten und eigensten Gänge des Volksgeistes; er vergiszt dabei der Sagen, der Märchen und der Sitten und Gebräuche, welche uns alle die so zu sagen gemüthliche Seite des Volksgeistes erkennen lassen, während uns die von Herder angeführten Punkte, wie er selbst ausdrücklich hervorhebt, das Volk mehr von seiten seines Verstandes zeigen. Zur vollständigen Erkenntnis eines bestimmten Volksgeistes, der sich theils durch gemeinsame Abstammung, theils durch jahrhundertelanges gemeinsames religiöses, politisches und Gemeindeleben entwickelt hat, ist daher eine erschöpfende Sammlung alles des vorher genannten erforderlich — und zwar in der eigenen Sprache des Volkes, da diese an und für sich schon das Abbild seines Gemüthes, sein geistigstes und ureigenstes Lebenselement ist. —

Eine derartige Sammlung dient indessen nicht blosz zur Erkenntnis des gegenwärtigen Volksgeistes, sie macht der

Wissenschaft auch Schlüsse möglich inbezug auf frühere Kulturstandpunkte, — und schlieszlich ist sie für die betreffende Generation ein Spiegel, vermittelst dessen sie alle ihre Vorzüge, aber auch alle ihre Mängel und Gebrechen erkennen kann.

In Berücksichtigung dessen haben die Herausgeber in ihrem oben erwähnten Aufrufe das zu durchforschende Gebiet nach seiner stofflichen Seite im einzelnen folgendermaszen bestimmt:

I. Volkssagen, welche an etwas bekanntem und bewustem haften, an einem Orte oder einem durch die Geschichte gesicherten Namen, welche sich knüpfen an die Namen von Helden, Adelichen, Bauern und Bürgern, an Schlösser, Burgen, Kirchen, Berge, Kreuzwege, Bäume, ganze Ort- und Landschaften, welche sich ferner beziehen auf heidnische Cultusstätten, auf das Treiben der Todten, Gespenster, Irrlichter, auf Werwölfe, Drachen, Mârten, auf Riesen, Zwerge, Hauskobolde, Nixen, auf die wilde Jagd, schlafende Helden udgl.

II. Märchen, die sich von den Sagen dadurch unterscheiden, dasz sie beinahe nur in sich selber, ohne äuszeren Halt feststehn, — dasz sie poëtischer, jene historischer sind.

III. Kinder- und Spielreime, Räthsel- und Scherzfragen, schwer zu sprechende Wortzusammenstellungen udgl.

IV. Sprüche, Sprichwörter und sprichwörtliche Redensarten.

V. Alles, was sich auf die Sitten und Gebräuche bezieht, und hierbei ist hauptsächlich zu achten auf Volksfeste und Belustigungen (Lieder, die dabei gesungen werden), auf Aufzüge und Spiele, auf den Aberglauben, der sich an einzelne Zeiten und Tage des Jahres schlieszt, auf die abergläubischen Handlungen wie Rosebesprechen, Blutstillen, beim Verfangen des Viehs, Kräuter- und Wassereinsammeln (die Sprüche, die dabei gesprochen werden), auf Tagwählerei, auf den Aberglauben, der sich an häusliche und ländliche Verrichtungen, an Wetter- und Lufterscheinungen, an einzelne Thiere, Pflanzen und Steine knüpft, auf die eigentümlichen Gebräuche bei Bewerbungen, Hochzeiten, Geburten, Kindertaufen, Sterbefällen und Beerdigungen, auf alte Rechtsgebräuche, und endlich auf die Traditionen und schriftlichen Aufzeichnungen in Kirchenbüchern, alten Ortschroniken udgl, die es über diese und ähnliche Punkte gibt.

VI. Inschriften und Wahrzeichen an Häusern, eigentümliche Grabinschriften.

Nach diesen Gesichtspunkten ist denn auch die vorliegende Sammlung geordnet, und die Herausgeber gedenken künftig in der Beziehung ganz ebenso zu verfahren. Die letzte Rubrik haben sie diesmal noch ausfallen lassen, weil nur von einem Berichterstatter Material dazu vorlag; sie hoffen indessen für den 2. Theil mit desto reichlicherem Stoffe versehen zu werden. Auszerdem behalten sie sich vor in demselben noch VII. Wörterverzeichnisse aus den Dialecten mit etymologischen Erklärungen zu geben, wozu einer der Herren Mitarbeiter durch Zusammenstellung eines kleinen Idiotikon Anregung gegeben hat. —

Die Orthographie der im Dialecte gegebenen Stücke dieses Theiles, dessen Redaction übrigens dem Unterzeichneten allein oblag, ist ganz der im Aufrufe gegebenen Anweisung gemäsz. Es kam und kommt auch künftig darauf an, so weit es durch Schrift und Druck überhaupt möglich ist, ein getreues Abbild des gesprochenen Wortes zu geben. Ich habe daher eine streng phonetische Schreibweise zur Anwendung gebracht, wobei demnach weder die Orthographie der hochdeutschen Sprache noch die Abstammung, sondern allein der zur Darstellung zu bringende Laut und die Geltung der Buchstaben im Alphabet maszgebend waren. Die Dehnung der Vocale ist in geschlossenen Silben stäts durch ein e bezeichnet (in offenen Silben ist eine solche Bezeichnung nicht nöthig); die Bezeichnung der Schärfung durch Consonantenverdoppelung vor einem andern Consonanten und am Ende des Worts ist dadurch entbehrlich geworden; wo das e nach einem Vocale mit Dehnungszeichen ist, sondern kurz nachklingt, steht ë. Ferner bezeichnet, ä immer den langen breiten Laut auszer hinter einem e, wo es bisweilen auch nur die etwas breiter werdende Kürze andeutet; das dem ä nachklingende e hat daher kein Trema. Das kurze ä ist durch ein e bezeichnet, dessen dem a sich nähernde Aussprache künftig è und die dem i sich nähernde Aussprache é andeuten soll. Der dem o sich nähernde a-Laut ist oa geschrieben, der Umlaut dieses — æ, der oa-Laut mit nachklingenden a — ôa, mit nachklingendem ä — oä. Wo es nöthig war den weichen S-Laut darzustellen, ist ſ gesetzt worden. — Dasz sich indessen in dem vorliegenden ersten Versuche trotz der sorgfältigsten Correctur des Manuscripts und der Druckbogen mancherlei Inconsequenzen und Incorrectheiten mögen eingeschlichen haben, ist von vorn herein anzunehmen, da sowol für die einzelnen Berichterstatter die Sache zu neu war, als dasz sie sich sogleich vollständig

hätten hineinfinden können, als auch für mich in zweifelhaften
Fällen jedes sichere Auskunftmittel fehlte. Ich erlaube mir
daher vorweg einerseits um gütige Nachsicht, andererseits
um freundliche Übersendung von Berichtigungen zu bitten. —
Durch den von mir und meinem Freunde L a h n (Lehrer
zu Stolpe bei Hennigsdorf) erlassenen Aufruf war angedeutet
worden, dasz wir zu den von den Professoren A. K u h n und
W. S c h w a r t z veröffentlichten Sammlungen: Märkische Sa-
gen usw. und Norddeutsche Sagen usw. eine Nachlese zu
halten gedächten. Infolge dessen haben wir v o r l ä u f i g
auszer den Einsendungen, die uns für diesen 1. Theil zu um-
fangreich oder irgend wie verdächtig erschienen, a l l e d i e
von der Aufnahme ausgeschlossen, welche dort schon über-
einstimmend zu finden sind; wir bieten durchweg dort noch
nicht gedrucktes; für die Zukunft denken wir jedoch nicht
mehr so zu verfahren, sondern erweitern die Tendenz unserer
Sammlungen ausdrücklich dahin, dasz sie ihrem Titel ent-
sprechend wo möglich erschöpfend alles das zur Darstellung
bringen sollen, was nach den oben bezeichneten Gesichts-
punkten den Volksgeist in der Mark Brandenburg charak-
terisiert.

Und so wende ich mich denn noch einmal an alle die
Männer, welche durch Beruf oder Neigung darauf hinge-
wiesen sind einerseits der Wissenschaft zu dienen, anderer-
seits zur Veredelung des Volkslebens beizutragen, ganz ins-
besondere an die Collegen in Stadt und Dorf mit der dringen-
den Bitte unsere Sammlung nach allen Seiten hin auf das
kräftigste zu unterstützen, also zur Verbreitung des vor-
liegenden 1. Theils beizutragen und dann — am besten an
der Hand und mit Zugrundelegung desselben — weiter zu
forschen und die Resultate der Forschung, so geringfügig sie
auch scheinen mögen, (auf lose Blätter geschrieben) an mich
unter Adresse der Verlagshandlung einzusenden. Allen denen,
die ein Honorar beanspruchen, wird ein solches für den Fall
der Aufnahme hierdurch zugesichert, das indessen der Natur
der Sache nach nur innerhalb bescheidener Grenzen bemessen
werden kann, besonders wenn bedeutende Redactionsverände-
rungen an den eingesandten Stücken vorgenommen werden
müssen.

Indem ich hierdurch meinen bisherigen Mitarbeitern den
wärmsten und herzlichsten Dank für ihr Interesse an der
Sache und für ihre treue Mithilfe ausspreche, will ich schliesz-
lich noch erwähnen, dasz ich die Melodien, welche von ein-
zelnen derselben Liedertexten zugefügt waren, unserm auf

dem Gebiete der Volksliederforschung hochverdienten L. Erk zur Verfügung gestellt habe, dessen Bitte sich mit der meinigen vereinigt alles sorgfältig aufzuzeichnen, was im Kinder- und Volksmunde erklingt und mit genauer Ortsangabe einzuschicken.

Möchte es in dieser Weise durch die Gesamtthätigkeit aller echten Volksfreunde der Mark Brandenburg gelingen recht bald ein treues und vollständiges Bild unseres jetzigen Volksgeistes hinzustellen, das der gegenwärtigen wie der zukünftigen Generation als Sporn zum Fortschreiten auf der Bahn wahrer geistiger Durchbildung, wahrer geistiger Freiheit diene.

Berlin, den 6. Januar 1868.

A. **Engelien**, Lehrer.

I.

Sagen

aus dem Teltow, aus dem Zauch-Belziger Kreise,
aus dem West-Havellande, aus dem Ost-Havellande,
aus der Priegnitz, aus dem Lande Ruppin, (aus
der Altmark,) aus der Ukermark, aus dem Bees-
kow-Storkower Kreise, aus dem Oderbruche und
aus der Neumark.

Aus dem Teltow.

1.

Vom Kapellenberge bei Blankensee.

Gerade im Osten von Blankensee bei Trebbin erhebt sich ein Hügelzug, der sich in östlicher Richtung bis nahe an Beuthen erstreckt und in einem seiner Gipfel die Höhe von 358,18′ erreicht. Den westlichsten Berg dieses Zuges, nahe von Blankensee, 279,26′ hoch, krönt eine alte Ruine, die Kapelle genannt, von welcher der Berg den Namen Kapellenberg führt. Dieselbe bildet ein Viereck und besteht aus vier gewölbten Bogen (nach oben spitz, aber schief zulaufend) von etwa 20′ Höhe und c. 15′ Breite; nachher bilden sie eine geschlossene über 2′ dicke Mauer. Das Ganze hat etwa eine Höhe von 30′. Es ist von Feldsteinen (sog. erratischen Felsblöcken, groszen und kleinen bunt durch einander) und einigen Mauersteinen aufgeführt, die durch Mörtel (man sagt Gips) so fest verbunden sind, dasz es schwer hält auch nur den kleinsten Stein loszulösen, und zeigt sogar an der Westseite eine Art Verzierung von einem sog. blinden Fenster. Leider stehn gegenwärtig nur noch zwei Bogen auf drei Eckpfeilern, die nach der Nord- und Westseite. Der vierte Eckpfeiler, der die beiden andern Bogen trug, liegt seit etwa 1848 in Trümmern, wo ihn ein Herr v. Thümen, früher Besitzer von

Blankensee, in einer Nacht durch seine Tagelöhner nieder-
hauen liesz, zu welchem Zwecke er des Nachts zu Pferde
von Berlin gekommen war und die Leute aus dem Schlafe
geweckt hatte. Nach dem Einsturze war er wieder da-
von gejagt. In neuerer Zeit hatte man eine Holztreppe
bis oben hinauf gebaut, die aber auch schon wieder zer-
fallen ist. Von oben hat man eine herrliche Aussicht
über eine weite Fläche mit vier Seen und vielen Dör-
fern; in der Ferne sieht man sogar die Türme von
Jüterbogk, Luckenwalde, Potsdam, Berlin etc.

Der Sage nach soll die Ruine ein Überrest von
einem Nonnenkloster aus dem 13. Jahrhundert sein.
Dies bestätigende geschichtliche Notizen habe ich dar-
über bis jetzt nirgends finden können. Berghaus sagt
darüber (die Mark Brandenburg I. S. 506): „Sie ver-
räth keineswegs, dasz das Gebäude jemals zu kirchlichen
Zwecken gedient habe, wol aber zu militärischen, als
Burgwarte, für welche die Lage vortrefflich gewählt war;
denn man übersieht von diesem Punkt bis zu groszen
Entfernungen das ganze Land, dessen Haupt der Berg
gleichsam ist, wie die alten Slaven wol erkannten, als
sie den Berg Glau[1]) nannten, welches eine veränderte
Aussprache von „Glawa" ist, was Kopf oder Haupt be-
deutet, niederdeutsch Hoefd. Das Gemäuer zeugt von
hohem Altertum, und es ist nicht unmöglich, dasz es,
wenn auch nicht aus der Slaven-, doch gewisz aus der
ersten Zeit der deutschen Eroberung stammt und als
Zwischenstation diente für die Burgen Trebbin und
Saarmund." (Mehr darüber s. a. a. O. S. 507—9 u.
S. 582.)

Der Sage nach soll ein unterirdischer Gang von
dieser Kapelle bis nach dem Dorfe Beuthen führen. (In
Klein-Beuthen stand die frühere Burg, in Grosz-Beuthen
steht jetzt das Schlosz.) Bis vor etwa 25 Jahren soll
innerhalb des Vierecks neben dem Pfeiler, der den nörd-
lichen und den jetzt in Schutt liegenden östlichen Bogen

trug, ein groszes Loch gewesen sein; jetzt steht ein hoher Bocksdornstrauch (Lycium barbarum L.) dort. Wenn man in das Loch Steine hineingeworfen hat, so hat es unten geklappert, als wenn sie eine Treppe hinunter fallen, und dieses Klappern soll sehr lange gedauert haben, was also auf eine bedeutende Tiefe schlieszen liesze. Mancherlei Sagen und Gerüchte knüpfen sich an diese Ruine und an den Berg, und man spricht heute noch von einer weiszen Jungfrau, die da oben erscheinen soll, oder von einem Reiter auf weiszem Rosz, der oben auf der Mauer umhersprengen soll, oder von wilder Jagd und Kriegsgeschrei, das zuweilen bis ins Dorf herunter kommen soll usw. Auch erzählen noch jüngere Leute, als sie einst als Knaben eines Sonntag Nachmittags auf einem Spaziergange dahin Steine hinabgeworfen, habe es oben über ihnen so stark gedonnert, wie beim heftigsten Gewitter, und es sei doch ganz klarer Himmel gewesen. Natürlich sind sie den Berg hinunter gelaufen, so schnell sie nur die Füsze haben tragen wollen. — Soviel ist Thatsache, dasz allein nicht gern jemand dahingeht, weil eine gewisse Scheu ihn zurückhält.

Mehr oder weniger im Zusammenhange mit dieser Ruine stehn auch die folgenden Sagen.

¹) So heiszt das Dorf am Südabhange des ganzen Zuges, nach Trebbin zu, wie man überhaupt auch den ganzen Zug mit Ausnahme des Kapellenberges und des unmittelbar daranstoszenden, nur durch eine Schlucht getrennten Weinberges die glauschen Berge nennt.

(Lehrer Frenzel zu Treuenbrietzen.)

2.

Diĕ Broupanne vul Jelt.

Es geht die Sage, dasz im Innern des Kapellenberges eine ungeheure Summe Geldes in einer groszen Braupfanne verborgen liege. Über den Versuch es zu heben erzählt man folgendes:

Vör diffen, wië ḑär olle Kreisintrecter[1]) noch leäwede
un hië int grote Hues woande, doa hebben se noa det
Jelt jebuddelt; alle Hueslüede hän müst koamen un bud-
deln hellepn, un sëi hän et oek jefungen. Wië se so inne
ganze Wile jebuddelt hadden, doa sin se up dië grote
Broupanne jekoamen. Dië is ganz vul van Jelt. Doa
hän se dörrichet Schlöätlok jekeäken, un doa hän set
drin jesiën. Äber sëi hän det Jelt nich künt un oek
nich dürreft heäwen, wiels där Böse dië Herschaft doa
dröer het jehat. Där olle Kreisintrecter het den metn
Bösen Briëwe jewisselt[2]). Iërscht[3]) het sich keender wolt
doatuë fingen; den het et entlich Äbel[4]) jedoan, där is
nou al lange doet. Alle Nachte het e müst allene rup
goan noa de Kapelle un en Briëf vannen Kreisintrecter
rup droen. Wen e is hen jekoamen, den het al in Briëf
doajelän üngere Kapelle un in Münzgrösche[5]) terbëi;
det was sien Loen; denn het e sinen Briëf hinjeleät, un
dän engern het e metjebracht, un so alle Nachte um
zwöllewen. Entlich het et den där Böse tuëjejean, det
där Kreisintrecter det Jelt kan heäwen, äber hä sal em
terföär dän Briëfdräjer un dän Arrem[6]) vanne Lanke[7])
jeän. Det äber het där Kreisintrecter nich injewillijet,
weilt Menschenleäwen het sült kostn. Hedde man där
Böse iërscht en Arrem vanne Lanke jehat, dän wäre
jewisse mennijer doadrin verunglükt, metn Koane, odder
innen Winter uppet Ies, un hedde müëtn versupen, we-
nigstns hedde alle Joar cender ran jemüst. Un so hän
se det Jelt nich künt heäwen, un drumme liet et hüet
noch drin.

[1]) Wahrscheinlich Kreisdirector, von Sachsen nemlich, wozu
Blankensee und Stangenhagen seit 1332 (bis 1815) gehörten. Um
genanntes Jahr nemlich heiratete Rudolf von Sachsen die Gräfin
Agnes von Lindow, Tochter des Grafen von Lindow, dem zu Anfang
des 14. Jahrhunderts die Burg Blankensee gehörte, (vorher Heiden-
reich oder Heintich von Trebbin, der Vogt von Blankensee war und
von seiner Burg Trebbin nach der, wahrscheinlich neuen Burg von

Blankensee zog und sich nun, wie es scheint, Heinrichsdorf [Hein-rickadorff] nannte), und zur Mitgift verschrieben die Brüder derselben dem Herzoge das Haus Blankensee. (G. W. v. Raumer, in v: Lede-bur, Archiv B. II. p 173. B. III. p. 126. — Berghaus, a. a. O. S. 582.) — Einer wird sogar Vice-König von Sachsen genannt. — [2]) gewechselt; wird jetzt immer weniger gebräuchlich, man sagt da-für gewechselt. — [3]) erst. — [4]) Ebel, Name des Boten. — [5]) ein Münzgroschen, ein alter Groschen, sog. Vierundzwanziger, der da-mals noch Landesmünze war. — [6]) Arm, etwa = Herrschaft, Ge-walt. — [7]) von der Lanke, über die Lanke, eine gröszere Bucht des groszen Sees an der Südostecke mit moorigem Grunde; desgl. wird auch der daranstoszende, ausgedehnte Torfstich, durch den jetzt ein schmaler Fahrdamm nach Stangenhagen führt, bis nach Schön-hagen hinauf so genannt. —

Unter den Leuten geht noch ein dunkles Gerücht, dasz vor etwa 40 Jahren ein Mädchen beim Holzlesen in der Nähe der Ruine eine grosze Menge Geldes gefunden haben soll.

(Lehrer Frenzel zu Treuenbrietzen.)

3.
Noch ene Broupanne vul Jelt.

't is ens in Eddelman jewest, hiët Schiërschtät, där hadde inne grote Würtschaft, ville Güëder un Felder un Weäsen und Walt, un hadde in sien Revier oek Berrije. In den enen Berrich, hän se ümmer jeseät, schtoet Jelt, inne janze Broupanne vul, un ville hadden et oek al woln siën brennen. Doa lot där Eddelman ens dië ene Nacht ternoa[1]) buddeln; dië Schteäde had e sich guët jemerrekt, un hä woar nou oek sellewer terbëi. Hä haddet äber schtrenge verboadn, det keender keen Woert reädn dürrifte. Wië se nou dië iërschte Nacht buddeln, un sëi hebben se al hoech, doa komt eender bëi öär un goet ümmer so bëi öär rum un jekt se[2]) ümmer un duet, as wen e sich ümmer enen langen wil. Un nou het e oek noch ganz fürrichterlich uetjesiën! Doa het där ene doch Angest jekrän un seäd: Ik werre jou jo süs[3])

wat duën un hië buddeln un mien Leäwen dran jeän!
— Bums! falt se wedder rin uet de Böme ruet,[4]) un
för diſſe Nacht müten se alle noa Hues goan.

Dië engere Nacht goan se wedder hen buddeln.
Där Eddelman verbittet öär noch schtrenger, det keender
reäden sal. Wië se nou wedder buddeln un an te
heäwene[5]) fangen, komt en Fuerwerrik met Holt an,
grotet, langet Bouholt, det holt schtille; dië Errebeets-
lüde loaden af, eens zwe drëi! is et beschloan[6]); sëi
fangen an tuë verbingene, un et dauert nich lange, doa
hän se en Gallijen färig. Un doa krupt[7]) eender van
dië Tümmerlüde rup un seäd: Där Gallijen is färig,
wellijen sal icken nou hebben? — Dië Errebeetslüde gru-
selt wol, äber et seäd doch keender nich Kuks, nich
Muks. Eender tervan badde äber ne rode Jacke an,[8])
un doa schrëit där van bone:[9]) Den doa wer ik neäm,
langene mëi! Un doa wil oek eender hengoan un tuë-
foatn; doa riet där mette rode Jacke aber uet un schrëit:
Doa denk ik jo nich dran, hië noch te buddelne, wen
ik annen Gallijen sal! — Baff! woar wedder alles wech!

Schiёrschtät loet sich det äber nonnich jefaln; hä
versükt noch ens, verbittet äber bëi Leibesschtrafe, wer
reäden duet. Sëi buddeln nou tum dridden moal; äber
nou al ville diёper,[10]) krëien se äber wedder. Doa
komt äber där Böse — Gott sei bei uns — sellewer un
seäd: Et kan em nüscht nutzen, hä kan dië Broupanne
vul Jelt donnich heäwen; sie ruht auf einem blindge-
borenen Schierstädt. Wenn der einmal wird die Wirt-
schaft kriegen, und wenn eine Frau von seinen Arbei-
tern zwei Knäblein gebiert und eine von seinen Kühen
zwei schwarze Kälber bekommt, die zu Ochsen erzogen
werden, und wenn die beiden Jünglinge mit den beiden
Ochsen darüber wegpflügen werden, dann wird sie er-
löst sein und gehoben werden können! — Bums! woar
alles wech!

1) darnach. — 2) etwa gleich neckt, reizt sie. — 3) euch ja
sonst, süs sehr kurz mit scharfem Auslaut. — 4) aus den (Hebe-)
Bänmen heraus. — 5) zu heben. — 6) beschlagen. — 7) kriecht =
klettert, wird für klettern mehr gebraucht als kladdern = klettern.
— 8) er war ein Bediente des Edelmannes. — 9) von oben. —
10) weil sie durch das Fallen jedesmal tiefer gesunken war.

(Lehrer Frenzel aus Treuenbrietzen.)

4.
Eine Spukgeschichte.

Am Nordabhange des unter 1. bezeichneten Höhen-
zuges führt unmittelbar am Fusze desselben die Strasze
nach Mietgendorf und Beuthen. Zur Rechten hat man
die hohen, auf dieser Seite mit Kiefern bestandenen
Berge und zur Linken einen tiefliegenden Elsenbusch,
an den sich jenseits ein ebenes Feld, Wäder (= Werder)
genannt, und dahinter ein langer See, der Crössin, an-
schlieszen. Wo der Busch aufhört, liegt ein kleines Feld,
Lückenwäder genannt (die Strasze dahin heiszt gewöhnlich
noa den Lückenwäder). Nahe der Mietgendorfer Grenze
sprudelt am Fusze des sog. Wietkikenberges zwischen ho-
hen Birken und Kiefern aus weiszem Sande ein starker, kla-
rer Quell hervor, das Sprint (oder auch Sprink) genannt,
dessen Wasser pletschernd herunterrieselt und sich dann
im Busche mit dem Wasser des nahe dabei auf Miet-
gendorfer Gebiet liegenden, aber nur sickernden Quelles
vereinigt und dann hinüber zum See flieszt.

Der untere Abhang des Kapellenberges ist zum
Theil, wo es die Steilheit gestattet, terrassenförmig zu
Ackerland geebnet, und die Zwischenabhänge der ein-
zelnen Terrassen sind dicht mit ansehnlichen Eichen be-
standen. Gerade der Ruine gegenüber ist der Abhang
sehr steil, der Weg sehr schmal, und unmittelbar dar-
unter sickert ein schwacher Quell hervor. An diese
dunkle, fast schauerliche Stelle, die aber in neuerer Zeit
leider durch Abholzung usw. viel von ihrem geheimnis-

vollen Charakter verloren hat, knüpfen sich mancherlei
unbestimmte Sagen von Erscheinungen und Vorgängen,
die alle, weil man nichts recht bestimmtes mehr weisz,
kurz mit der Behauptung schlieszen: Doa is et nich
richtig! Mancher weisz von einem schwarzen Hunde zu
erzählen, der sich dort zu einem gesellt und dann mit-
geht bis zum nächsten Kreuzweg, wo er dann verschwin-
det, weil über den so etwas nicht hinüber kann, oder
von Lüchtermändern, die auf dem Lückenwäder getanzt
und sich einer vorbeifahrenden Kutsche genähert und
auf diese mit Steinen und Knüppeln geworfen haben,
weil die Insassen der Kutsche von ihnen gesprochen und
über sie gelacht hatten, und deren Rache sie nur da-
durch entgangen sind, dasz der Kutscher in gestrecktem
Laufe davongejagt ist.

Sehr bekannt ist dagegen folgender Vorfall:

Wië olle Schulten Hagersch[1]) Vater upn Berrig[2])
noch son Bengel woar (sien Vater leäwede jo noch, nou
isse äber oek al ter Ro), doa is e moal ens noa Büten[3])
gefüert hen moaln; dië moaldn dünne[4]) ümmer in Büten
uppe Woatermölle[5]), wiels et doa witter Meäl gaf as hië
uppe Wintmöln. Doa wert et em oendes[6]) etwas
schpäde, ere färig wert; äber hä füért noch na Hues.
Guëde Päre het e jehat, un alte[7]) schwär un te wiet
was et jo oek nich, wen oek där Wech etwas sandig
woar doa an Mietgendörrepschen Berrig lank rum. Wië
nou hen komt so balle[8]) ant Schprint, doa fangen dië
Päre an dië Oern te schpitzene. Hä kikt sich ringestnum
umme; äber hä siët nüscht. Dië Päre äber schpitzen
dië Oern ümmer meer un fangen an te pruestne un an
te schnouene un wiln ümmer an te rönnene fangen. Hä
holt se schtraffer inne Lin; den joen[9]) kan e nich, weil
e doch Last drup het. Äber dië Päre wärn ümmer un-
ruhijer un neäm ümmer sonne korte Setze un pruestn
un schnouen ümmer tuë. Wië nou so an den Kapellen-
Busch ran komt, doa tüschene Hede un tüsche den

Busch, doa kan e se kaum noch terholn, un doa höerte, det hinger em wat te joene komt. Hä kikt sich äber nich umme, weil e noa sine Päre uppassen mut, dië ümmer so hoch diënden[10]) un ümmer wiln inne Luft goan, un wiels em dië Hoare oek te Berrije schtoan, weil e ümmer jehöert het, det et upn Lückenwäder schpüëken sal. Det Joen hinger em komt äber ümmer näder und näder, un sine Päre loepn ümmer dülder un dülder, un jeroade wiese[11]) gän[12]) Kapeln-Buk[13]) komt, doa wu et so schmal un afschüssig is, doa is et[14]) tengen[15]) em up dië Side noa den Busch, un wi e son bitsken vanne Side kikt, is et inne Kutsche met zwe Päre vör, äber oane Kop, un vöärne drup sit en Kutscher, oek oane Kop, un hingene sit eender drin, oek oane Kop. Un sine Päre loepn nu, wat se man ümmer loepn köän, ümmer noat Dörrep tuë, un det joet ümmer tengen em ha, bes ute Schonunge[16]) ruet, bes anne Mauere[17]) an dän Krüezwech, wuë där grote Wechwiser schtoet, un doa is et met ens[18]) wech. Sine Päre sin äber jelopn, öer bede Brüiën[19]) röer[20]) immer na Hues tuë, bes upn Hof rup. Wi e äber is noa Hues jekoam, is e jewest wië doet, wië där Kallik anne Want un het keen Woert künt reädn, un dië Päre sin jewest wië dië Schimmele, ganz wit van Schuem un hän jezittert wië Espnloef. So ville wië se em oek jefroet hän, wat em is, un wat em passiert is, hä het vör Angest un Schrek nüscht künt seien, blos, det se em söäln te Bedde bringen, morrijen wil e öär alles verteln. Ternoa is e äber so krank je-worn un lange krank jewest, det e lange Tiet nüscht het künt duën.

Det is jewisse woar. Där olle Man het et wuë ofte[21]) vertelt un oek tuë mëi, un där leet[22]) nich.[23]).

---

[1]) Hager, Name eines Besitzers in Blankensee, der zugleich Dorfschulze war, so genannt zum Unterschiede von einem andern dieses Namens. — [2]) auf dem Berge; sein Gehöft steht nemlich auf

einem kleinen Hügel. — [3]) Beuthen (Klein-), ein Dorf, etwa andert-
halb Stunden von Blankensee entfernt. — [4]) damals. — [5]) auf der
Wassermühle, von der Nuthe getrieben. — [6])-abends. — [7]) allzu.
— [8]) ungefähr. — [9]) jagen, traben. — [10]) sich bäumen, mit den
Vorderfüszen sich empor heben, auch bei den Hunden nennt man
das dienen. — [11]) als er (wi se = als sie). — [12]) gegen den, ge-
genüber dem. — [13]) Kapellenbock, so nennt man die Ruine gewöhn-
lich (von ihrer Gestalt). — [14]) ist es, das noch Unerkannte. —
[15]) neben. — [16]) aus der Schonung einer Kiefernwaldung (Pinus
silvestris L.), vom Volke fast ausschlieszlich Fichte genannt, höchst
selten inne Kiene (= ein Kienbaum), während die eigentliche Fichte
(Pinus Abies L., s. Picea vulgaris Link) und die Tanne (Pinus Pi-
cea L., s. Abies pectinata D. C., s. Abies alba Miller) beide Danne
(= Tanne) genannt werden. — [17]) an die Mauer, die den herrschaft-
lichen Garten einschlieszt. — [18]) mit einem mal, weil es nicht über
den Kreuzweg darf. — [19]) über beide Brücken, die hier über die
(getheilte) Nieplitz führen. — [20]) hinüber. — [21]) wie, sehr oft. —
[22]) lügt. — [23]) So schlosz die Erzählerin, eine Frau von über
80 Jahren, jedesmal, wenn sie das erzählte, und so lange der Mann
noch lebte, fügte sie auch noch hinzu, dasz man ihn ja selbst dar-
nach fragen könne, wenn man ihr etwa nicht glauben wolle. — Je-
ner Mann starb vor etwa 12—15 Jahren als hochbetagter Greis.

(Lehrer Frenzel zu Treuenbrietzen.)

5.

Der Stein des Riesen.

Upn Lückenwäder laech eer Tiet[1]) in groter Schteen
uppet Lant, ik hebbene noch ofte jenuch jesiën. Zunt[2])
is e äber nich meer doa; opne[3]) eender wechjehoalt het,
odder wu e süs[4]) jeblän is, weet ik nich. Jenuch un
guet, där Schteen is nich meer doa; äber et woar en
groter Schteen, zwe Man heäwedne nonnich[5]), un up
dän Schteen woar soen rundet Lok, jeroade as wen een-
der drup jeseätn hadde un hadde det Lok rin jedrükt.
Un an dië ene Side woarn noch klene Löckere drin,
det sach jeroade so uet, as wen eender met inne recht
grote Hant doa anjefoet hadde un hadde so sere jedrükt,

det et noch te siëne was. Mien Vater und mien Grosz-
vater verteldn ümmer, det dän Schteen in Rïse doa het
henjeschmeätn, un ternoa is e hen jegoan und het sich
drup jeset. Van det Drupsetn is noch det grote Lok
jewest, un van det Schmiten sin noch alle fünf Fingere
te siëne jewest.

¹) früherer Zeit — ²) jetzt. — ³) ob ihn — ⁴) wo er sonst. —
⁵) hoben ihn noch nicht.

Anmerkung. Übrigens soll es noch einige ähnliche Steine in
der Umgegend geben, so einen auf dem Wildenbrucher Felde, von
dem eine ähnliche Sage geht, und einen auf der Stangenhagener
Feldmark, von dem man noch erzählt, dasz der Riese von Blanken-
see aus über den groszen (blanken) See hinweg den Stangenhagener
Turm habe einwerfen wollen, oder nach andern von Stangenhagen
aus den Zauchwitzer, und noch nach andern vom Zauchwitzer Feld
aus den Beelitzer Turm. Darin stimmen alle Sagen überein, dasz
der Riese sein Ziel verfehlt und sich nachher, nachdenklich und un-
zufrieden mit dem Erfolg, auf den Stein gesetzt habe.

(Lehrer Frenzel zu Treuenbrietzen.)

6.
Der Schäfer und die drei Jungfrauen.

Et is immoal en Schäper jewest, där het met sine
Schoape an en Berrig jehüet, un där is son groter Lieb-
haber jewest van et Geieschpieln. Wu e jink un schtüng,
had e sine Geie bëi sich, un wen dië Schoape jingen,
den het e drup jeschpiëlt. Enes Doës, wi e jefrüschtükt
het, dië Schoape hän ruhig jefreätene, et woar schönet
Gras doa, dünne set e sich upn Schteen un schpeält oek
recht schön up sïne Geie. Un wi e so schpiëlt, doa
duet sech met ens der Berrig up, hä siët doa inne Döäre,
wuë doch süs kene jewest is. Hä schpeält äber noch
ümmer tuë. Doa koamen uet den Berrig drëi Jumfern
ruet, prechtig jepuzt un jeschmükt, un fangen an te den-
zene,¹) alle drëi in enen Kreez.²) Hä verschrekt sich

wol, äber hä schpeält doch ümmer feste wech, un dië denzen ümmer tuë. Wi e nu äber uphöern wil, doa winken se em, hä sal noch meer schpeäln, reäden äber keen Woert. Hä schpeält widder, un dië denzen, un wië se jenuch jedenzt hadden, goan se vanne Side un wedder rin in den Berrig, un doa winken se em noch, det e sal metkoamen. — Wat mokste, denkt e, metgoan odder nich? Entlich follijet e öär,[2]) un sinen Hunt nemt e oek met. Un wi e nou rin komt, doa is e innen prechtigen Palast met so velle Schtouen,[4]) un alle sin prechtig uetjeschmükt wië innen König sien Schlos, un dië drëi Jumfern sin jepuzt wië Prinzessinnen, un glimmert un glammert[5]) alles van Golt un Sillewer un Edelschtene. Un nou mut e sich hensetten annen Düsch un früschtücken; hä eet wol en bitsken,[6]) äber hä is doch ümmer in Angest. In öäre Losement[7]) köän se nou oek reäden, un doa froen se em den, wat se em schuldig sin för det Schpeäln, sëi wiln em betoaln. Hä schüddelt äber metn Kop, hä wil nüscht terföär hebben. Dië ene hadde Jelt, dië endere in hübschet Bant un dië dridde inne witte Nillije.[8]) Dië iërschte seäd: Hier ist Geld, nimm es zum Lohn! — Hä seäd äber: Ik wil nüscht! Dië zwete biet em det Bant an; äber hä nemt et oek nich, un dië dridde wil em dië Nillije jeän; äber hä blëit terbëi, hä wil nüscht terföär hebben. Van det Jelt hed e wol järne wat jehat; äber hä troude sich man nüscht te neämne. Un so bleech e[9]) terbëi: Ik verlange nüscht! un bedankte sich oek noch för det Früschtük. — Wië nu äber foert goet un balle ruet is, doa ruept em dië dridde noa: Schäfer, hättest du die weisze Lilie genommen, wären wir alle drei erlöst! — Un wië se det jeseät het, woar dië Döäre tuë un alles verschwunden, un woar alles wedder ganz eäne[10]) so wië vörha.

---

[1]) zu tanzen. — [2]) in einem Kreis. — [3]) folgt er ihnen. — [4]) Stuben. — [5]) vielgebrauchtes allitter. Wortpaar. — [6]) ein biszchen;

oft wird auch betijen gebraucht, aber näher dem Fleming zu. —
⁷) in ihrer Behausung, Wohnung. — ⁸) Lilie; mit Nillije bezeichnet
man hier übrigens auch alle Arten von Iris. — ⁹) blieb er. —
¹⁰) ebenso.

(Lehrer Frenzel zu Treuenbrietzen.)

7.
Die Glocken zu Blankensee.

Auf dem Blankenseer Turme hängen drei Glocken,
von denen die sog. grosze Glocke von bedeutender
Grösze ist, die gröste von allen Glocken der Dörfer der
Umgegend in meilenweiter Entfernung. Sie trägt oben
an der Auszenseite die Umschrift: O rex glorie criste
veni cu pace anno domi mcccccxvii (O König der Eh-
ren, Christe, komme mit Frieden. Im Jahre des Herrn
1517.) Ihr zur Seite hängen: nach Norden die sog.
Mittelglocke, auch mit der Umschrift: O rex glorie
criste veni cum pace mccccviii (1408), und nach Süden
die sog. kleine Glocke, ebenfalls mit der Umschrift: O
rex gloriae criste veni cum pace mccccxii (1412). Der
Sage nach stammen sie, wenigstens die grosze von der
Kapelle. Wann und aus welcher Veranlassung sie von
dort fortgekommen, darüber weisz man nichts bestimm-
tes. Einmal hörte ich, die Nonnen seien sehr gottlos ge-
wesen; da sei die Kapelle eingefallen, und die Glocken
seien fortgeflogen. Mit dem Fortgeflogen stimmen
alle Berichte; gewöhnlich erzählt man darüber folgendes:
Wië dië Klocken vanne Kapelle sin foertjefloen,
doa is dië grote dichte bëit Dörrep¹) inne Santschelle²)
jefaln; dië groetste äber is bes noa de Sei³) jefloen, un
doa is se rinjefaln, un doa lëit se noch drin. Die krëien
se oek nich wedder ruet. Dië Fischer hän se al ens
int Nette jehat. Wies se äber so sere schwär is jewest

bëit trecken, doa het där ene terbëi jereet,[4]) un doa is
se wedder ünger jesunken un het noch jeseäd:[5])

Hanne Susanne[3])

komt nümmermeer zu Lanne.

Dië **grote** äber het Äbels[7]) Sou ruet jewrüet,[8]) un
drumme lüet[9]) se ümmer noch bes upn hütijen Dach:

Sou — fant

innen — Sant!

[1]) beim Dorfe Blankensee. — [2]) eine sehr sandige Stelle, von
wo gewöhnlich der Sand zu den Bauten etc. geholt wird. — [3]) nach
dem See, immer als Femininum gebraucht. Nach den einen ist es
der grosze oder blanke See, nach den andern aber der Crössin oder
Cressin, der näher am Kapellenberge liegt und bedeutend tiefer sein
soll. — [4]) geredet, gesprochen, un jeflukt = geflucht, fügen andere
hinzu. — [5]) gesagt, gesungen, sagen andere. — [6]) so heiszt sie.
Nach andern hat der Fischer fluchend hinterhergerufen: Hanne Su-
sanne, komm nimmermehr zu Lande! — Man will sie zuweilen un-
ten noch läuten hören. Veranlassung dazu ist wol das Geläut eines
entfernteren Dorfes jenseits des groszen Sees, was man nur zuwei-
len hört, und das so teuschend erscheint, als käme der Schall aus
der Tiefe des Sees. — [7]) Ebel, früher einer dieses Namens im Orte.
— [8]) gewühlt; das Wühlen des Schweines und des Maulwurfs nennt
man wrüeten. — [9]) läutet.

(Lehrer Frenzel zu Treuenbrietzen.

8.

Där schwarte Hunt in Blankensei.

Die ältesten Leute von Blankensee wissen noch mit
Schaudern von einem groszen schwarzen Hunde zu er-
zählen, der etwa in der zweiten Hälfte des vorigen Jahr-
hunderts das ganze Dorf lange Zeit in Furcht und
Schrecken setzte. — Zu wiederholten malen erzählte
eine etwa 80jährige Frau (übereinstimmend mit vielen
andern) etwa folgendes:

Wië ik noch son Kint woar, doa jink jo wol oendes[1])

keender meer allene ruet ummę kenen Preis, un wëi
Kingere nou iёrscht goar nich. Wen dië Schummeringe[2])
ran kam, den mokte jiёder, det e inne Schtoue kam, un
alle richtedn sich den oek so in, det se den met öäre
Errebeet druten färig woarn. Den sowi et schummerig
wurre, den kam int Dörrep där grote schwarte Hunt,
un vör dän reet jiёder uet. Där woar so groet wi en
eenjärijet Kallef, un det Füёr brende em ümmer[3]) uten
Rachen so ruet, un dië Ouen brendn wië in Poar Kiёn-
balster.[4]) Wuё[5]) oendes noch eender allene uppe Schtroate
jink, doa woar där Hunt bёi em un jink met bes vörre
Döäre, wuё man hen jink; doa bleech e[6]) schtoan, un
wen man wedder ruet kaem, den woar där oek wedder
doa, un jelette enen wedder noa Hues. Odder wen
eender moal lange upn Hof te errebeedne hadde, odder
inne Schtelle lange te fuёderne,[7]) den woar där Hunt
oek doa un schtelde sich mette Vöärbene uppe Schwelle
un keek innen Schtal rin. Odder wen eender innen
Herrest[8]) oendes noch schwingelde,[9]) den schtüng där
Hunt oek bёi em uppe Schwelle. Un wen där Nacht-
wechter rum tüten jink, den was där Hunt jiёdesmoal
bёi em. Wen nou mennigmoal där Kiezpuel[10]) so recht
groet woar, den jink där Hunt dichte an den Tuen[11])
uppet Dräue[12]) upn Schtieg un där Nachtwechter müste
tertengene[13]) int Woater loepn. — Wuё ofte hän setn
Eddelman[14]) anjezeigt, hä sal dän Hunt wechschaffen;
äber där het ni nüscht woln van weten. Där Nacht-
wechter het em äber kene Ro jeloatn, där het ümmer
jeseäd: Wat wert etten förn Hunt sin? In older ver-
wünschter Eddelman is et, där mut nou als Hunt rum
loepn. Doa is etten Eddelman doch te ville jeworn, un
doa het e den ens tuё den Nachtwechter jeseäd: wen
där Hunt wedder komt, dän sal e met em hen koam
vöert grote Hues,[15]) den wil ne doetschiёtn. Un richtig,
där Hunt isset nachtns wedder bёi den Nachtwechter;
där loept nou metten Hunt dië Gatze[16]) den Eddeloef

lank rup bes hen vöert grote Hues un ruept noa den
Eddelman. Där komt oek ruet mette jeloadne Flinte.
Där Hunt hadde sich vörre Döäre henjeschtelt, mette
Vöärbene uppe Treppe, un keek nu den Eddelman groet
an. Där Eddelman het äber nich jeschoaten; hä het
sich wol tervöär jehüet.
Van där Tiet an is där Hunt ümmer seltner je-
koamen, bes e entlich foert woar. Keender wät, wu e
jeblän is. — Hä is ümmer schtille jewest un diё Lüede
oek; em is keender ternoa jekoamen, un hä het oek
kenen wat te Lede jedoan.

[1]) abends. — [2]) Dämmerung. — [3]) immer, hier nicht Zeitbe-
stimmung, sondern Umstandswort des Grades. — [4]) Kienbrände;
Kien = recht harziges Holz aus dem Stamme der Kiefer, welches
das Material zum Kaminfeuer zur Erleuchtung der Stube liefert. —
Er vertritt auch die Stelle des Lichtes, z. B. beim suchen des
Abends etc. Wenn er hierbei eine recht grosze Flamme gibt, recht
flackert und bloakt (= qualmt), so nennt mans en Balster. —
[5]) Wo. — [6]) blieb er. — [7]) zu füttern. — [8]) im Herbst. — [9]) schwin-
geln, Flachs schwingeln: die Flachsfasern von ihren harten Theilen
(Scheän, Scheäwen) befreien. — [10]) ein Pfuhl dieses Namens im
Dorfe, an dem früher, wie Sägespäne in etwa einem Fusz Tiefe heute
noch beweisen, eine Wassermühle gestanden hat. Dazumal soll die
Nieplitz nicht blosz, wie jetzt, um das Dorf geflossen sein, sondern
auch in einem Arme, der diese Mühle trieb, durchs Dorf und den
herrschaftlichen Garten, wieder in die Nieplitz. Man zeigt auch noch
das alte Bett dieses Armes. In der Franzosenzeit (1806) soll der
Gastwirt alle seine Syrup- usw. Fässer in diesen Pfuhl geflüchtet haben,
wo aber deren Inhalt sämtlich ausgelaufen ist. Darum säuft noch
jetzt das Vieh das Wasser so gern(!). — [11]) am Zaun, einem Garten-
zaun, der daran stöszt. Nachher wurde ein Fuszsteig durchgedämmt
und in neuerer Zeit ein breiter Fahrweg. Nach Regengüssen schwillt
der Pfuhl oft so bedeutend an, dasz er die anstoszenden Gärten unter
Wasser setzt. — [12]) auf dem Trockenen. — [13]) daneben — [14]) wie
oft haben sie (die Bewohner) es dem Edelmanne, Gutsbesitzer, zu-
gleich Herrn des Dorfes. — [15]) das jetzige Schlosz in Blankensee,
samt dem Gutshofe und der Brennerei auf einer von der Nieplitz
gebildeten Insel gelegen, sog. im Gegensatz zu dem Hause auf dem
sog. alten Hof. Bis zum 30jährigen Kriege, wo Blankensee wenig-
stens die dreifache Grösze an Einwohnerzahl und Umfang (selbst bis
zum kleinen See hin, Seiken genannt) gehabt haben soll, wie die

alten Acten und häufig aufgefundene Fundamente beweisen, soll es drei Schlösser gehabt haben. Eins stand schon im Jahre 1300. Am kleinen See fand man vor c. 10 Jahren, umgeben von groszen Feldsteinen, 2 oder 3 Urnen, eine von ansehnlicher Grösze, Asche enthaltend. Auf die Steine war die Pflugschar gestoszen. Die Urnen sind leider zertrümmert worden. — [16]) Gasse, Quer- und Seitenstrasze im Dorfe.

(Lehrer Frenzel zu Treuenbrietzen.)

9.
Sage von dem Degen in der Kirche zu Blankensee.

In der Kirche zu Blankensee hängt ein Degen, lang und schmal von Gestalt, mit verziertem Handgriff, und vom Rost schwarz geworden. Bis vor c. sechs Jahren befand er sich in einer Ecke im Schiffe selbst, dem herrschaftlichen Chore gegenüber, zu dem die Treppe von auszen hinaufführt, jetzt in dem Raume hinter dem Altar. Von diesem Degen geht folgende Sage:

't woar ens en Herre uppet Eddelguet, där kümmerde sich nich umme Got un umme de Menschen. Hä dachte, hä wäre Herre öer alles. In sinen Öermuët is e oek moal ens te Päre noa de Kirriche jereädn un glieks dië Treppe rup bes uppet Chor. Äber dünne is et Pär met em vant Chor inne Kirriche rafgeschprungen, un doa hebben se sich alle bede Hals un Bene jebroaken. Un tum Warnungsteken hangt nou noch sien Säbel doa.

Andere geben als Grund an, dasz, weil das Pferd die enge Treppe nicht wieder habe hinunter kommen können, er selbst mit dem Pferde die Kirche hinuntergesprengt sei um nachher zur Kirchthür wieder hinausreiten zu können.

(Lehrer Frenzel zu Treuenbrietzen.)

Aus dem Zauch-Belziger Kreise.

~~~

10.
Dië Wiëlmölle.

Zwischen Treuenbrietzen und Belzig liegt an der
Plane, welche auf den westlichen Ausläufern des Fle-
mings nahe dem Dorfe Raben in der romantischen Ge-
gend der Burg Rabenstein [1]) entspringt, eine Wassermühle,
Wiëlmölle genannt. Die Strasze führt hier über den
Hof dieses ganz einsam gelegenen Gehöftes. In früherer
Zeit, wo jeder Bauer noch selbst mahlte, war diese Mühle
sehr besucht. Von ihr wissen die Alten noch folgendes
zu erzählen:

Dië Mölle [2]) hadde tuë där Tiet drëi Jenge, up
dië alle drëi jemoaln wurde. Went äber nachts umme
zwöllewen hen kam, den müste där ene Gang uetjerüemt
sin. Den umme zwöllewen kam eender, se seien, et is
där Böse sellewer jewest, un där het den up den led-
dijen Gang jemoaln, det et man ümmer so jedundert
un jekracht het, äber luterhelle [3]) Päredrek. Wen äber
sine Schtunde is umme jewest, den woar alles wedder
ganz rene, wi et jewest woar, un den hän se wedder
künt drup moaln.

---

[1]) Privatbesitz des Herzogs von Anhalt, c. eine Stunde von der
anhaltschen Grenze. — [2]) Müble. — [3]) lauter; man sagt auch luter-
hele, luter-helijer; hele heiszt sonst heil z. B. von Wunden, heilig
dagegen hilig, z. B. Hiligoent = Heiligabend.

<div align="right">(Lehrer Frenzel zu Treuenbrietzen.)</div>

--- ---

11.
Där Kobbolt vanne Wiëlmölle.

Där Mölder uppe Wiëlmölle het oek en Kobbolt je-
hat, het ne äber järne wolt lós sin, bloes[1]) hä het man
nich jewüst, wi et sal anfangen, umme los te wärne.
Doa koamen ens in poar Bärleder[2]) öre Wiëlmölle, un
dië blëien doa öer Nacht. Öäre bede Bäre schpunnen
se inne Moalgastschtoue,[3]) dië jeroade leddig is, un sëi
süëken sich in Nachtloer.[4]) Wi et nou nachts schpäde
henkomt, doa komt inne Moalschtoue in klender Roet-
jeckijer rin, mokt Füër an innen Kamin un fangt doa
an te broadne. Dië Bäre lëien bede ganz ruhig innen
Winkel. Wië det nou äber inne Panne an te kreeschene
un inne Schtoue an te rukene[5]) fangt, doa schtoet där
ene up un got hen bëi dän Roden annen Kamin un
foetne met sine grote Poten so sachte umme un wil
miteäten. Doa krëit äber där Roetjeckije sonnen[6]) Schrek,
det e alles innen Schtich lot un uetriet, ümmer Döärn
ruet bes innen Hof[7]) hen un doa rin innen groten Huep
Bakries,[8]) un het sich acht Doe nich wedder siën loatn.
Där Mölder hetne ok nich wedder jehoalt; där is fro
jewest, dettene los woar. —
Den ens, et sin balle viër Wochen ternoa, füert[9])
där Mölder noa de Hede noa Holt; doa met ens is där
Rotjeckije oek bëi em un froet em: Jssen där met sine
grote Ouen un Poten un met sinnen langen Pelz noch
doa? Jou[10]) jewisse, seäd rasch där Mölder, un het noch
siben Jungen! —
Den koam ik nich wedder, seäd där klene Rotjak,
Adjee, Meester!

[1]) blosz. — [2]) Bärenleiter, Bärenführer. — [3]) Mahlgaststube
d. h. die Stube für die Bauern, die dort hinkamen um zu mahlen.
— [4]) suchen sich ein Nachtlager, im Stall, auf dem Heuboden usw.
— [5]) zu riechen. — [6]) solchen. — [7]) auf den Hof = in den Gar-
ten; upn Hof = auf dem Hofe, im Hofraum. Garten wird fast gar

nicht gebraucht, immer Hof; nur bei groszen Garten- und Park-
anlagen sagt man wol Goarne. — [8]) in einen groszen Haufen
Backreis, d. i. Kiefernreis zum Heizen des Backofens, der gewöhn-
lich im Garten steht, von Mauersteinen aufgeführt (gewölbt) und mit
Lehm bedeckt ist (dem sog. Rock) und meist eine (halb-) eiför-
mige Gestalt hat. — [9]) fährt. — [10]) ja.

(Lehrer Frenzel zu Treuenbrietzen.)

12.
Där Kuter vanne olle Mölle.

Weiter abwärts an der Plane, mehr nach Brück zu,
liegt nahe dem Dorfe Gömnick eine andere, weit gröszere
Wassermühle, genannt die olle Mölle (vor einigen Jahren
gänzlich abgebrannt, jetzt neu aufgebaut), von der man
auch mancherlei aus früherer Zeit gehört haben wollte,
so von einem Kobold und dgl. Der Erzähler wuste
sich aber nur noch des folgendes genau zu entsinnen:

Uppe olle Mölle hän oek ümmer sere ville jemoalt.
Wiels et[1]) äber doa so ville Muse un Ratzen jejään het,
so het sich där Mölder ville Katzen jeholn. Doa ens
biten sich dië Katzen druten oek fürrichterlich. Doa
komt jeroade in Moalgast inne Schtoue un siët hingern
Kachel[2]) son rechten ollen, grisen Kuter lëien. Uet
Scherz seäd där Buëre tuë dne[3]): Du older Fuelpelz,
kiek moal, druten biten se sich, höerschetn nich? un du
liest[4]) hië hingern warm Kachel! Fui, du süls dëi[5])
wat schämen! — Doa schpringt där Kuter up, mokten
furrichtboaret Jesichte un schrëit: „Szo! Pieszen se
sich?"[6]) un — heste nich jesiën! — is e Döäre ruet
un foert.

[1]) Weil es, mit kurzem i = willst du es. — [2]) hint_erm Ofen.
— [3]) zu ihm. — [4]) auch lëist, liegst. — [5]) solltest dir was = soll-
test dich. — [6]) So! Beiszen sie sich? (nach sächsischer Aussprache.)

(Lehrer Frenzel zu Treuenbrietzen.)

13.
Noch eine Katze.

In einer Nacht trafen die Schäfer von zwei benach-
barten Dörfern an der Grenze der Feldmarken zusam-
men. Da es sehr kalt war, so zündeten sie ein Feuer
an um sich zu wärmen. Als sie so beide stehn und
plaudern, sehen sie in der Nähe eine Katze vorbeikom-
men. Du, kiek moal, seäd där ene, doa loept ne Katze;
wuë machen dië wol ha koamen? — Dië lot man schtille
lopen, seäd där endere. — Ik wil se doch moal froen,
wuë se is henjewest. — Un so schrëit e den: Miseken,
wuë bisten henjewest? — Noa Koaksberg! antwoert se
em doa un goet widder. — Du, dië lot lopen, dië is
nüscht guts! —

Überhaupt hört man das letztere öfter von bösen,
falschen Katzen. Die Furcht geht sogar so weit, dasz
man im Dunkeln den Katzen aus dem Wege geht, da
man sie für das „falschste" Thier hält. Viele behaupten
sogar, dasz die Katze erst des Nachts im Dunkeln ihre
wahre Gestalt zeige; ja sie glauben an eine förm-
liche Verwandlung der Katze während der Nacht (und
umgekehrt an die Verwandlung von Menschen usw. in die
Gestalt einer Katze), also gewissermaszen an eine
Seelenwanderung, da man behauptet, sie denke und
handele dann wie ein Mensch. So z. B. wird es selten
oder nie einer wagen, Katzen, die sich abends beiszen,
zu stören, weil nach dem Volksglauben die Katze dann
auf diesen zuspringt und ihn durch Kratzen und Beiszen
furchtbar zurichtet. Zudem behauptet man vom Katzen-
bisz, dasz er der schlimmste sei, dasz z. B. der Finger,
welcher durch einen Katzenbisz verwundet worden ist,
bei Kindern lebenslang so klein bleibt, wie er zur Zeit
des Bisses war. — „Dië is nücht guets!" sagt die
Bauerfrau oft von scheuen, bissigen Katzen mit unheim-

lichem Blicke, und sie meint dann nichts anderes, als: diese Katze ist ein böser Geist, ein Unhold, der dem Hause und der Familie Unglück bringt, oder ein Kobold oder eine Hexe, die in dieser Gestalt nur darauf ausgehn ihnen Schaden zuzufügen.

(Lehrer Frenzel zu Treuenbrietzen.)

14.
Die beiden Todtenköpfe an der Kirche zu Neuendorf bei Brück.

An der Nordseite der Kirche zu Neuendorf sind zwei (natürliche) Todtenköpfe eingemauert, welche jetzt schon sehr verwittert sind, vor 60 bis 80 Jahren aber noch wol erhalten waren.

Vor alten Zeiten suchte nemlich der Böse das Bauen von Kirchen zu verhindern, und es trafen deshalb die Bauleute immer Unglücksfälle, wenn man ihm nicht zwei Menschen opferte oder wenigstens zwei Schädel einmauerte, deren Seelen man ihm hiermit natürlich auch übergab.

So geschah es zu Neuendorf, und die Kirche wurde deshalb glücklich vollendet.

(Lehrer Frenzel zu Treuenbrietzen.)

15.
Wasserbad und Begleitung wider Willen.

In Salzbrun[1]) woar en older Linewëär[2]) (hïet Gilz), där jink ens noa Buëkolt[3]) un wolde sinen Bruëder besüëken. Vannen Salzbrun noa Buëkolt goet et[4]) äber dörrich in kleen Hëdeken,[5]) dïe komt bes dichte annen Schassee van Potsdam noa Brïëzen. 't woar groade an-

nen Nëiejoarsdach. Sin Bruëder woar Schüendröscher
bëi den Schulte un dröschte Scheäpeltal.⁶) In Salzbrun
woarn det Joar dië Erreftn nich jeroadn, un doa hadde
sin Bruëder tuëdne⁷) jeseät: Kum hen noa Buëkolt un
besüëk mëi, dän wär ik dëi in poar Matten⁸) jeän. —
Nou guët,⁹) hä besüëktn oek. Hä wil äber in der Tiet¹⁰)
wedder foert, det e noch bëi hellen¹¹) na Hues komt;
den in det Hedeken woart nich richtig. Sin Bruëder
reet em noch tuë: I du hest jo noch Tiet jenuch, du
komst doch noch na Huse. — Hä is äber al in older
Man, hä lot sich nich meer lange holn. Sin Bruëder
schüt em an jiët Enge¹²) in sinen Twärbüdel¹³) unjefär
in poar Matten, un dän schumst e¹⁴) af noa den Salzbrun
tuë. Hä hinkte, den hä hadde in kort Been. Wië nou
doahen komt in dië Fichten, doa fangt et hinger em an
te klapperne un an te raschpelne. Hä kikt sich umme,
siët äber nüscht. Hä loept wedder, doa raschelt et oek
wedder, un det höert goar nich up, t wert liëwer ümmer
dülder. Där olle Man het et ofte vertelt. Schwär nop-
pel,¹⁵) sedde ümmer, dasch raschpelt un raschpelt; ik läf
un läf, un ke toller ik läf, ke toller esch raschpelt. Vuller
Angest liëp e nou, wat e man ümmer lopen künne, üm-
mer noa· den Salzbrun tuë, un det Raschpeln ümmer
hinger em ha bes int Hues rin. Un wië nou sinen
Twärbüdel afschmit un sich den Angestschweet afdräuen
wil, do siët e, det e hingene in Lok het, un det int
Hingerenge van dië zwe Matten kaum noch inne hallewe
drin is. Nou wet e, wat ümmer so jeraschpelt het.
   Äber ümmer is et nich so glüklich afjegoan. Doa
dichte anne Hede nich wiet vannen Schassee liet dië
Woatermölle.¹⁶) Doa hän dië Buëre van wiet un breet
oek ümmer allene jemoaln. Ens is oek Rö uet Scheäp¹⁷)
doa, Rügen hiët e,¹⁸) äber Rö sedden se ümmer tuëdne,
un moalt doa. Hä wert äber iërscht oendes in duestern
färig. Där woar sere groet un schtarrik, un där het
sich oek vör kenen jefürricht, wenijestens vör kenen Men-

schen nich. Went oek al duester is, hä wil äber doch
noch na Hues un den endern Morrijen mette Päre koa
men unt Meäl hoaln. Där Mölder, schoen in older Man,
reet em af un seäd: Blief hië, du wetst, hië anne Arreke[19])
un doa in det Hedeken is et nich richtig, blief hië! Dië
Arreke äber woar dichte anne Hede; 't lach in bredet
Stech röer, so det man künne röer karren un metten
klenen Hantwoen röer füern. Hä äber wil foert; hä
seäd: Vör wäne sal ikn mëi fürrichtn? Mines gliken
suëk ik noch, un ik duë jo doch doabëi oek nüscht bö-
ses! Där olle Man reet ne ümmer tuë: Blief hië! goech
morrijen froech, du schloepst hië int Bedde! — Nëi, hä
lot sich nich holn, hä wil noch abszeluet na Hues. Mien
Rö also goet foert. Hä hadde noch innen Huët
up, wië se ne dünne alle noch droden. Wië nou hen
komt middene uppet Schtech, — fchub! — raf liet e[20])
rin in den Kollik.[21]) Hä rappelt sich wedder ruet, äber
up dië Side na de Mölle ha. Nu is e ganz nat van
üngene bes bone,[22]) un sin Huët is fortjeschwummen.
Wat moktste, denkt e nou, wedder hen noa de Mölle
goan? — Det dueste oek nich, du wils et man noch
ens versuëken! Wië wedder middene rup komt uppet
Schtech, — baf! doa liet e wedder drin; hä wet goar
nich, wië raf komt. Hä rappelt sich wedder ruet, äber
hä komt wedder up dië Side noa de Mölle ruet. — Nu
wert em äber doch balle schwuël; hä wet nich, wat e
recht anfangen sal. Wedder noa de Mölle goan, denkt
e, dän lachen se dëi uet. Ëi wat, du goest na Hues,
et komt, wi et komt! — Hä goet tum dridden moal röer
un falt tum dridden moal rin, komt ditmoal über jens-
siet ruet. Nou het e den richtijen Wech, un nou goet e
ümmer noa Hues tuë. Wië äber dörrich Salzbrun dörrich
komt doa bes an den Ekelkam,[23]) doa is met ens in
groter, schwarter Hunt bëi em. Hä holt äber ümmer
middene den Wech un där Hunt goet ümmer tengen[24])
em ha, un det Füër brent em ümmer uten Hals ruet,

bes an sin Lant, det is unjefär een Deel[25]) van den
ganzen Wech, se hiëtent[26]) ümmer Röens Winkel, doa
is där Hunt met ens wech. — Hä is äber vulle acht
Wochen ternoa krank jewest.

[1]) Dorf nahe der Chaussee von Potsdam nach Treuenbrietzen,
c. 1 M. südlich von Beelitz, erst durch Friedrich II. gegründet und
mit Pfälzern besetzt und 1748 von ihm eingeweiht, heiszt auch
wol der Thür, auf dem Thür (seltener Teuer, Thurow). Den
Namen Salzbrunn hat es von der Salzquelle nahe bei dem Dorfe.
Unter Joachim II. war dies die Hauptquelle des Landes. Als 1807
alle sächsischen Salzwerke verloren gegaugen waren, stellte man im
Juli 1812 hier Bohrversuche an. Sie wurden aber durch die Ereig-
nisse von 1812—1815 unterbrochen und nach der Wiedererlangung
jener nicht wieder aufgenommen. Man erzählt, die Franzosen hätten
den groszen und tiefen Brunnen (den groten Pütte) voll Steine und
Eisen und dgl. geworfen um ihn für immer unbrauchbar zu machen.
— [2]) Leinweber. — [3]) Buchholz, ein Dorf an der Chausse, 1 M.
nördl. von Treuenbrietzen. — [4]) geht es. — [5]) Dim. von Heide. —
[6]) d. h. er bekam jedesmal den 13. Scheffel als Lohn. Der Ausdruck
Tal kommt sonst nur noch vor als Name für ein Bund Flachs von
20 kleinen Bündchen, Boten genannt. Der Flachs wird nemlich,
wenn er auf dem Felde gepflückt wird, nach Mandeln gezählt
(1 M. = 15 Boten), nach der Röszte im Wasser (Röten) und auf dem
Felde, wenn er jeboet wird und die Boten bedeutend kleiner ge-
macht werden, nach Tal und Schock (1 Tal = 20 Boten, 3 Tal =
1 Schock); endlich, nachdem er jeboakt (d. h. weich geklopft) und
ebenso, wenn er jeschwingelt (d. h. von den Scheänen befreit),
also nur die eigentliche Flachsfaser noch übrig ist, wird nach Schock
gezählt und schlieszlich, nachdem der Flachs gehechelt ist, nach
Knopen (zu knüpfen). Zugleich beachtenswerth ist noch, dasz hier
⅓ fast immer nur ein Theil, en Deel, heiszt, während man die
andern Eintheilungen bestimmt bezeichnet. — [7]) zu ihm. — [8]) Metzen.
— [9]) Nun gut, na nu guët, jenuch un guët etc.: oft eingeschobene
Redensarten. — [10]) bei Zeiten. — [11]) bei hellem, d. h. so lange es
hell ist. — [12]) jedes Ende. — [13]) Querbeutel. — [14]) schumzen,
schumpeln = hinken. — [15]) Schwere Noth, aus dem pfälzischen
Dialect, der sich noch erhalten hat bis vor c. 20—30 Jahren. —
[16]) Wassermühle, an der Nieplitz. — [17]) Dorf Schäpe, c. 1 Meile
von der Mühle. — [18]) hiesz er. — [19]) Arche, Schleuse. — [20]) hin-
unter liegt er. — [21]) Kolk, d. h. die ausgewaschene, tiefe Stelle
unmittelbar hinter der Schleuse mit wirbelnder Wasserbewegung. —

[22]) nasz von unten bis oben. — [23]) Eichelkamp, eine Eichenpflanzung. — [24]) neben. — [25]) ein Theil, d. h. ein Drittheil; s. 6. — [26]) hieszen, nannten es.

(Lehrer Frenzel zu Treuenbrietzen.)

16.
Die wilde Jagd.

Et seien zunt ville un meestens dië Jungen, et jeft kene wille Jacht. Äber se süln man ens drünger koamen, dän würn se et wol jelowen. Ik kenne jenuch Lüde, dië se jesiën un jehöert hän, un dië sellewer drünger je·west sin, dië verlangen nich tum zweten moal se to siëne. Olle N. N. in S. het et ofte jenuch vertelt, wie e ens is vörmorrijens[1]) drünger jewest met zamster den[2]) Knecht un mit Päre un Woen, wië se ens sin noa Holt jewest noa de B.sche Hede, — 't is äber en ender Hedeken, as wië unse hië, un wië se doa oek met ens anjetrekt komt, son Jekleffe un Jeblaffe vanne Hunde, un in Susen un Brusen un in Schröien un Schiëten, det et furrichtboar jewest is, se hän dië Päre kaum künt terholn. 't is öär äber keender van dië ville Hunde un wat doa alles woar, se weten goar nich, wat et alles vör Diëre un Jeschtaltn jewest sin, ternoa jekoam, sondern dië sin verbëi jerönt un verbëi jesuest, dichte umme öär rum, hingern Woen un vörre Päre lank, bes se dän noa un noa sin enzeln jekoamen un sich entlich ganz verloarn hän. Det Jeschrëi hän se äber noch lange ternoa jehöert in dië Richtung, wuë se sin henjetrekt, bes et dän ümmer schwecher un schwecher jeworn is, un se et tuëlezt goar nich meer jehöert hän.

Un minen Vater, där is nou al an de vürzig Joar doet, is et cäne so jegoan, där het et wuë ofte vertelt, un där het jewisse nich jeloen. Där woar Tümmerman, un goet noa Belitz tuë Quartoal; 't is so unjefär in Mai

odder Juni jewest. Doa sin jo dië Doe lank un dië
Nechte helle. Hä het sich äber nich te lange upjeholn,
wiels e noch wiet to loepne hadde, den et sin van Beelitz
bes N. drëi düchtige Schtunden, dië där Fuchs jemet
het.[3] Hä goet also met Sunnenüngergank van Beelitz
foert. Bedrunken is e nich jewest, den det is bëi em
ni vöärjekoam, wiels e kenen Brantwien jedrunken het.
Hä komt balle inne Hede. Dië Hede is äber nich sere
groet, den 't is jo nich wiet bes noa Räsdörrep. In
guët Enge vör Räsdörrep is inne Hede in groter, frëier
Plek, doa sal früer in Dörrep jeschtoan hän, 't is äber
innen dreiszigjärijen Kriech üngerjegoan, un dië Lüde sin
te arrem jewest, det se wedder hän künt upbouen. Det
Dörrep sal Mertensdörrep jeheten hän, zunt is äber nüscht
meer van te siëne. Wi e doa hen komt, noch etwas
näder anne Huëdunge[4]) ran, doa siët e so an den Wech
üngerne recht grote Eke in poar schtoan; dië hän sich
so uppe Flinte jeschtüzt, groade as wen se upn An-
schstant schtoan un sich wat verteln. Dünne gaf et doa
noch ville Eken; där Busch kaem jo bes dichte an den
Wech ran; zunt äber is alles raf jehauen un tuë Lant
jemokt. Hä woar äber noch lange nich ran an se, so
in ner Sommernacht is et jo man schummerig, un man
kan jo balle so wiet siën wië bëi den Dach. Wi e sich
nu noch öer dië bede wunnert, wär dië wol sin, den hä
mut jeroade vör se verbëi, doa höert e den oek noa den
Busch röer Hunde blaffen un termank schrëien, jeroade
as wen dië Driwer[5]) anfangen te driwene. Doa denkt
e den so vöer sich in sinen Jedanken: Sülden det dië
Räsdörrepschen sin, det dië det Wilt ute Höe[6]) un utet
leje[7]) Felt verdriwen wiln, det öär det so ville Schoa-
den mokt, un det sich hië in poar upjeschtelt hän, eent
wechteknalne, went hië inne Hede rin wil? Det Joen
doa links in den Busch wert ümmer schterreker, un det
Jeschrëie un Jejuoche[8]) un det Jekliffe un Jeklaffe, un
komt oek ümmer näder, 't schit oek ümmer ens tertuë.

Nu, denkt e, dië sin jo düchtig termank! Wen dië bede
hië Räsdörrepschen sin, den musse jo kennen. Du wilst
öär moal uet Schpoes sonen klenen Schrek injoen, dië
söäln sich wunnern, wuë du hië noch ha komst. Un so
schrëit e den so recht helle up: Huhuechhallo! Un wi e
det jeseäd het, doa sin se met ens wech, hä wet nich,
wuë se jeblän sin, un doa is oek met ens in Ojenblik
lank alles müsekenschtille. Det dauert äber goar nich
lange, doa fangt et met ens ringestenrum umme em an
te trappelne, jeroade as wen inne recht grote Huëde⁹)
Päre so recht düchtig an te rönne fangen, äber noch
ville, ville dülder, un det Jetrappele komt ganz rasch
ümmer näder, un doa met ens siët e sich ummeringelt
van luter Hunde, ringestenrum nüscht as Hunde un nüscht
as Hunde, van alle Kallöern, un dië koam ümmer so up
em drup tuë jeschprungen. Hä het als Tümmerman blos
inne Elle inne Hant, un met dië schloet e den ümmer
umme sich rum, umme se sich aftewärne. Äber tuëlezt
kan e nich meer. Doa lot e den dn Arrem sinken un
seäd: Is den keen Got in Himmel meer? — Un so blëit
e den schtille schtoan un denkt: Nu mach et oek wärn,
wië Got in Himmel wil! un doa blëien dië Hunde oek
schtoan un schpringen nich meer so up em drup tuë;
se grinsen em blos noch an. Een son recht groter is
bëi jewest, sonen rechten ollen roden, där is bes dichte
ran an em jekoamen un het em mette Voärbene uppe
Teienschpitzen jetroadn un het em fürrichterlich anje-
keäken; jedoan het e em äber nüscht. Den entlich
fangen dië bütensten¹⁰) noa un noa an ummetekeerne, un
rönnen ümmer eender noa den endern schtille noa de
Hede rin; där olle rode is äber eender vanne lezten je-
west. Ternoa het e nüscht meer van jesiën odder jehöert.
  Wat sal e nu anfangen? Hä was üngerwäns, un
wär üngerwäns is, mut foert. Un so jink e den ruhig
sinen Wech widder. Det Herte wert em wol jeklopt
hän, äber wat hiëlepet, hä muste foert. Wië nou vör

Scheäp vörbëi kommt, so balle na Borrek[11]) hen, doa
höert e hinger em wat jescheckert[12]) koamen, jeroade as
wen inne Kutsche so recht rasch jefüërt komt. Det komt
ümmer näder un näder, entlich is et dichte hinger em,
un nou joet et vör em vörbëi, det et man so schtout[13])
un där Sant ontlich fleet[14]) un doa is et inne Kutsche
met zwe Päre vöär un in Kutscher drup un hingene
eender drin, äber alle bede oane Kop un dië Päre
oek. Un det joet ümmer vör em foert, ganz wiet
hen, annet Scheckern kannet jo höern. Doa äber
is et em, as wen e det Scheckern wedder näder
höert, un richtig, det dauert nich lange, doa komt et
wedder umme un wedder vör em vörbëi. 't dauert jo
äber wedder nich lange, doa komt et wedder van hin-
gene un joet tum dridden moal vör em vörbëi, un den
noch vör em in guët Enge lank hen, un den links lank
raf[15]) ümmer noa den Busch tuë uppen Wech, där noa
de Weäsen[16]) raf goet. Un wi et doa üngene hen komt,
doa goet met ens in hellet Füër up, jeroade as wen eender
inne Fuëre Ries anschtekt. Un wi et so in ganz Wile-
ken jebrent het, doa wert et sachte klender, bes et noa
un noa uetgoet, un nu woar det Jeschackere oek wech,
un hä het oek widder nüscht meer tervan jesiën.

Wië nou wedder in Engeken jegoan is, hä wüst et
sellewer nich meer wuë wiet, den vör Schrek un Furricht
het e ville an wat endert jedacht, doa siët e so jän den
Himmel vör sich wedder wat em intjäne koamen; et is
groet, un et het in Poar furrichtbare Hörne bone. Det
is nou wol noch det schlimste! denkt e; äber wat sül e
moaken? Hä goet sachte foert, un det komt ümmer
sachte näder. Un so wi et balle jän em is, doa siët
e, det et eender uet Borrek is, metn Ploech uppe Nacke;
där komt van N. vannen Schtelmoaker un wil noch na
Hues. Där ziddert un beäbert äber vör Angest, un kan
kaum in Woert reädn; den bëi dän is dië Kutsche oek
drëimoal jewest, un där hadde det Füër oek jesiën, un

där wil nou oek goar nich allene na Borrek goan. Wi e dne[17]) äber noch guët tuëjereet het, det det jo nich wedder komt un em oek nüscht duet, doa hä doch nich het wedder wolt met umme goan, doa sin se den bede jiëder allene widder jegoan un ein oek glüklich na Hues jekoamen.

[1]) frühmorgens. — [2]) mit samt dem. — [3]) Redensart für eine lange Meile (oft 1½ Meile lang!), und den Schwanz zugegeben, fügt man auch wol noch hinzu. — [4]) Hütung. — [5]) Treiber (bei der Jagd). — [6]) aus den Gärten, Höe = Plur. v. Hof. — [7]) aus dem niedrigen, im Gegensatze zum hochgelegenen Sandfelde. — [8]) Gejauchze, nicht aber das bei einem fröhlichen Fest, das nennt man gewöhnlich nur Juchen; Gejuche bezeichnet mehr ein lautes Schreien mit dem leisen Beigeschmack des Unschicklichen, Ungeziemenden. — [9]) Herde. — [10]) Superlativ von auszen, d. h. die ihm entferntesten. — [11]) Bork, deutsch und wendisch B., c. 1 St. resp. 1¼ St. westl. von Schäpe. — [12]) damit ist das eigentümliche Klappern der Kutschen gemeint zum Unterschiede von dem Gerassel der groszen Wagen; auch das Geschrei der Elster wird mit scheckern und schackern bezeichnet. — [13]) etwa gleich huscht, saust, schnaubt (= schnout, von dem eigentümlichen Geräusch in der Luft bei heftigen Gewittern gebraucht), mit dem es fast gleichbedeutend ist; stauben würde hier heiszen: schtoemde, von schtomen, auch schteuen, [Substantiv: Schtoem und Schtoef]. — [14]) fliegt. — [15]) lang hinunter. — [16]) nach den Wiesen. — [17]) wie er ihm.

(Lehrer Frenzel zu Treuenbrietzen.)

17.
Was ist über Gott?

't is immoal ens in Lantschnider jewest, so wië hië, där jink met Errebeet[1]) öer Felt un hoalde sich oek wellije. Enes Oendes jink he oek ens noa Huse un müste noch dörrich den Walt. Doa höert e met ens in Pärt schnouen.[2]) Hä wundert sich, wuë hië Päre ha koamen un noch tertuë so schpäde. Doa bejängt[3]) em där Prädijer, där komt so recht ilig jereädn. Där Schnider biet em en Guëden (n)Oent! — Sie noch hier?

seäd där Prädijer. Ik wil noch noa Huse, antwoert em
där Schnider. — Hä sal man ganz ruhig goan, seäd där
Priëster, un wen em ender bejängt, den sal e tuë kenen
innen Guëden (n)Oent! sëien. Där Schnider verschprekt
et oek, seäd: Guëden Nacht! un goet foert. Wi e so in
poar hundert Schret wiet foert is, doa komt ender so
sere ilig jelopen un schtot balle vör em schtille un kikt
em inne Oen rin an. Hä seäd äber ·nüscht, sondern
loept schtille vörbëi, wi et em där Priëster jeseät hadde.
Et dauert nich lange, doa komt hinger dän iërschtn
wedder ender. Där komt äber noch näder ran un kikt
ne so ganz twär dörrich. Hä seäd äber wedder nüscht,
un där seäd oek nüscht, un so lopen se den bede wed-
der. Doa komt äber in dridder. Nou wert den Schnider
doch etwas bange, un dië Hoare schtoan em te Berrije,
un wië där em nou oek so ankikt un vör em schtille
schtoan wil, doa seäd e: Guëden Oent! — Guten Abend!
antwoert em där, sprichst du mit mir, spreche ich mit
dir. Nun kann ich mit dir umgehn! Un nou hän se
sich üngerholn van üngerschietlije Dinge, van dit un
jent, un entlich koamen se oek up de Bibel. Wië nou
äber dän sine Tiet afjelopen is, doa seäd e: Jetzt
müssen wir uns trennen. Nun sage mir aber noch: Was
ist denn über Gott? — Där Schnider was in Man, där
oek wat jeleert hadde. Äber hië wüst e doch glieks
nüscht. Hä simmeniërde[4]) hen un ha; entlich seäd e:
Über Gott wüste ich gar nichts; aber Christus war
Gottes Sohn, und über seinem Haupte war die Dornen-
kron! — Das war dein Glück, dasz du das gewust hast,
seäde jender, un — wech woar e. —

Där Schnider loept na Hues, leät sich te Bedde un
is krank. Den endern Morrijen, et is kummer[5]) Dach,
doa is där Prädijer al doa, seäd Guëden Morrijen! un
froet wi et em goet un seäd: Leben Sie denn noch?
Ich hätte Ihnen nicht können helfen, wenn Sie todt

wären. **Danken Sie Gott, dasz Sie noch leben — und
ich habe die Arbeit noch einmal!"** [6]

[1] Arbeit. — [2] schnauben, vom schnellen Ritt. — [3] begegnet.
[4] simulierte, in der Neumark simmelierte. — [5] kaum; ebenso häufig
wird auch kaum gebraucht. — [6] nemlich den wegzubringen, fügte
der Erzähler auf meine Frage hinzu, weil der doch damit umge-
gangen war.

Anmerkung. Nach dem Volksglauben musz es ein Geistlicher
sein, der einen solchen Geist, Spuk usw. bannen und fortschaffen
kann, dasz er nicht ferner erscheint und andere belästigt. Derselbe
musz aber einen reinen, untadelhaften Lebenswandel geführt haben,
wenn es ihm gelingen soll; sonst weicht die Erscheinung nicht von
dem Orte. Man weisz auch noch dunkel von einem solchen zu er-
zählen, der dem Geistlichen seine Sünden vorgehalten und gesagt
habe: Du hast als Knabe deiner Mutter heimlich Brot genommen!
— worauf der Geistliche geantwortet: Ich muste, weil sie es mir
nicht gab und ich Hunger litt; — und: Du hast im Kornfeld eine
Ähre abgeschlagen! — worauf der Geistliche: Das ist wider meinen
Willen durch Herabfallen des Spazierstockes geschehen. — Da diese
Gründe also nicht stichhaltig waren, habe der Geist weichen
müssen.

(Lehrer Frenzel zu Treuenbrietzen.)

18.

Van en Buëre un et Friëren! [1]

In Buëre jink ens öer Felt noa den ender Dörrep.
Wi e üngerwäns woar, doa siët e van färne en groten
Kärel [2] koamen. Doa wert em ganz' schwuël te Muëde,
un hä denkt: dou wilst liëwer wedder umme keern, dette
met em nich tesamen komst. As e sich äber nou umme-
drät, doa komt hinger em oek son groter Kärel. Doa
krëit e [3] äber Furricht, un nou wet e goar nich, wat e
anfangen sal. Tum Jelücke siët e ganz noa raû inne
Brüië, [4] doa krupt e rasch rünger un verschtekt sich
drünger. Jeroade up de Brüië bejängen sich dië beden.

Där van vöärne kam, det woar det Friëren, un där van hingenc kam, det was der Doet. Guëden Dach, Bruëder Doet! Wuë wilste den hen? — I na et näste Dörrep, doa wil ik inne olle Frouë afhoalen, dië woart al lange up mëi. — Äber wuë wils tu den hen? — I, seäd det Friërn, ik wil hië noa det Dörrep tuë den schtarriken Buëre, där het so up mëi jeschimpt un doaföär wil ik ne moal ens ontlich dörrichschüddeln, det e an mëi jedenken sal. Morrijen Middach kokt sine Froue Herfche, un wen e den bëi Düsch sit un wil eäten, den wer ik mëi als Schpinne vör em raf loaten bes dichte up sinen Telder; doaföär wert e sich so ekeln, det e doavan det Friëren krëit. — Holt, denkt der Buëre üngere Brüie, där det allens jehöert het, et is guët, det ik det höre. Woare, det wer ik dëi anschtriken, det du doaran jedenken salst. Wië se nu bede foert sin, krupt der Buëre sachte ruet van üngere Brüie, kikt sich iërscht noch ringestenrum umme, wuë se jeblän sin, un as e kenen meer siët, loept e schtille na Hues. Den endern Dach kokt sine Froue würrikelich Herfche, un as se bëi den Düsch sitten, komt oek inne Schpinne vannen Ballike raf bes dichte up sinen Telder. Der Buëre hadde sich äber vörha inne Schwinebloase jenoamen un recht hete Herfche rinjefült. Wië nu dië Schpinne raf komt, doa nemt e sinen Leäpel un haut oek up dië Schpinne drup, det se rin patscht in sinen Telder vul Herfche. Nou fült e se rasch met sinen Leäpel inne Bloase un bingt se feste tuë un hangt se in den Schoarschteen in den Roek. Doa het se moal jezappelt un hen un ha jewürtschaft, bes se den entlich noa viër Doe is ruet jekoamen unnen Schoarschteen ruet jekroapen. Sëi is äber tum Buëre̅ nich wedder jekoamen.

[1]) Von dem Bauer und dem Fieber. — [2]) Kerl. — [3]) kriegt, bekommt er. — [4]) Brücke.

(Lehrer Frenzel zu Treuenbrietzen.)

3*

Aus dem West-Havellande.

19.

Der Pilâtsch.

Einige Meilen unterhalb Rathenow bei dem zur Provinz Sachsen gehörigen Dorfe Molkenberg theilt sich die Havel in zwei Arme, die sich erst beim Galenberge, einer Mühle in der Nähe des Dorfes Strodehne, wieder vereinigen. Es entsteht hierdurch eine Insel, die eine Meile lang und an Stellen über eine Viertelmeile breit ist. Der Boden ist an den meisten Stellen der Insel niedrig, nur in der Mitte derselben erhebt sich eine Anhöhe, welche noch vor funfzig Jahren mit mächtigen Eichen bewachsen .war und jetzt ergibigen Acker bildet, Diese Anhöhe führt den Namen Pilâtsch (oder Pilatusberg), und im Mittelalter soll hier ein gefürchteter Raubritter, Pilatus genannt, gehaust und die Gegend unsicher gemacht haben. Besonders überfiel er die auf der Havel friedlich dahin fahrenden Schiffe, beraubte sie und warf die Schiffer in den tiefen Keller seiner Burg, wo sie oft elendiglich umkamen, wenn sie nicht ein anständiges Lösegeld zu zahlen vermochten.

Wann und durch wen das Raubschlosz zerstört wurde, weisz niemand; man sagt nur, das Ende des Raubritters und der Burg sei ein schreckliches gewesen, ja jener selbst habe nach dem Tode keine Ruhe gefunden.

Zwischen den Eichen des Berges sah man ihn sitzen als einen Greis mit schneeweiszem Haare, angethan mit einem weiten schwarzen Kleide. Düster sah er nieder auf ein groszes schwarzes Buch, das vor ihm aufgeschlagen war, und neben ihm stand ein groszes Gefäsz voll

Gold, um einen Menschen zu locken, der ihm die ersehnte Ruhe bringen möchte.

Niemand aber nahte sich zur Erlösung; denn der Ort wurde von allen scheu gemieden, und wenn der Alte nach langem vergeblichen Harren sah, dasz keiner sich ihm nahte, liesz er seine Augen über die Gegend schweifen, stand auf, schlug seufzend sein groszes Buch zu und wankte zitternd in sein groszes Schatzgewölbe; in den Eichen aber rauschte es unheimlich, und die Wellen der Havel schlugen schäumend gegen die westliche Seite des Berges.

Einst fuhr ein Bauer in einem leichten Kahn über die Havel; ihm war ein Knäblein geboren, das in einigen Tagen die heilige Taufe empfangen sollte; zu diesem Feste wollte der Vater noch Fische fangen.

Der Bauer kam bei seiner Arbeit bis in die Nähe des Pilâtsch; denn bei hohem Wasserstande ist die ganze Insel vom Wasser überschwemmt, und nur der Berg ragt als trockener Punkt aus der weiten Wasserfläche hervor.

Als der emsige Fischer einmal von seiner Arbeit aufsah, gewahrte er am Ufer eine weibliche Gestalt, sie war von einem schwarzen Trauergewande umhüllt, war grosz und stattlich und schien von hoher Schönheit. Sie winkte dem Bauern näher zu kommen, und er folgte dem Winke theils aus Neugierde, theils aus Furcht. Der Bauer war überrascht von der Schönheit der Jungfrau und eine Thräne in ihren Augen flöszte ihm Mitleid ein. Ehrfurchtsvoll grüszte er und fragte nach ihrem Befehl.

Mit klagender Stimme erzählte sie dem Bauern, dasz sie eine Unglückliche aus der Burg sei und durch ihn erlöst werden könne. Sie wisse, dasz er ein Knäblein wolle taufen lassen; wenn er nun mit dem Kinde sogleich nach der Taufe zur Burgruine komme und dasselbe dreimal von ihr küssen lasse, dann sei sie erlöst,

und er solle für seinen Dienst einen groszen Schatz er-
halten.

Das Versprechen erweckte zwar die Habsucht des
Bauern, doch war er noch zweifelhaft, ob er auch dem
Wesen trotz aller Freundlichkeit trauen dürfe und machte
die Ausrede, dasz er doch erst mit seiner Frau sprechen
müsse; denke dieselbe aber wie er, so werde er am
nächsten Sonntage gleich nach der Taufe mit dem Kinde
hier sein.

Das Versprechen schien die Jungfrau zu befriedigen;
sie lächelte unter Thränen und verschwand.

Das Fischen wollte dem Bauern nicht mehr behagen;
immer nur dachte er an die Jungfrau und die verspro-
chenen Schätze, und sinnend und sorgend fuhr er schon
vor dem Abend nach Hause um mit seiner Frau über
die Angelegenheit zu reden.

Die Aussicht auf die Schätze blendete auch die
Bäuerin; indessen hatte sie das Bedenken, dasz das We-
sen in der Burgruine mit ihrem Kinde doch etwas böses
im Sinne haben könne. Endlich kam sie auf den Ge-
danken, dasz wol niemand besser als der Pfarrer Rath
geben könne, und dasz ihr Mann also zu diesem gehn
und ihm die Sache vorstellen solle.

Der Pfarrer wohnte in dem Nachbardorfe Prietzen,
der Bauer machte sich also dahin auf und trug seinem
Seelsorger vor, was er auf dem Herzen hatte; dieser
aber wuste in der Angelegenheit auch keine Auskunft
und fragte endlich den Bauern, ob die Gestalt auch keine
Pferdefüsze gehabt habe. Dies konnte der Bauer nun
nicht sagen; denn er war von der Schönheit der Jung-
frau so bezaubert gewesen, dasz er nur in ihr Gesicht,
nicht aber auf die Füsze gesehen hatte, die ohnehin
durch das Kleid verdeckt waren.

Des Pfarrers Rath ging endlich dahin: der Bauer solle
getrost mit dem Kinde hinüber fahren zur Burg, sich aber
genau die Füsze der Jungfrau ansehen, ehe er derselben

das Kind zum Küssen reiche, und scheine ihm da nicht alles so ganz richtig, dann könne er ja immer noch wieder zurücktreten.

Des freuete sich der Bauer über die Maszen; leichten Herzens ging er nach Hause und konnte den Tauftag kaum abwarten.

Endlich kam er. Kaum war die heilige Handlung beendet, als der Bauer mit seinem Kinde einen Kahn bestieg und der Burgruine zuruderte. Als er gelandet war, hatte er noch eine kurze Strecke zu gehen; er that es mit klopfendem Herzen; bald sah er die schöne Gestalt, welche ihn schon zu erwarten schien und ihm freundlich zuwinkte. Zitternd trat der Bauer näher, und voller Grauen sah er, dasz die schöne Gestalt dem Kinde einen Kusz gab, ehe er noch einen Blick auf ihre Füsze hatte werfen konnen, und gleich darauf einige Fusz in die Erde versank. Zum zweitenmale küszte sie das Kind, und noch tiefer versank sie. Nun aber war auch des Bauern Muth geschwunden, und selbst die am Eingange in die Burgruine vor seinen Augen aufgehäuften Schätze vermochten nicht ihn wieder zu beleben. Er drückte sein Kind fest an sich und lief eilend · davon ohne auch nur noch einmal sich umzuschauen. Er hörte aber, wie es in den Ruinen krachte, Stein auf Stein stürzte, die Schätze sanken in die Tiefe, und Klagetöne und tiefe Seufzer drangen von da herauf, auch vernahm der Bauer deutlich die Worte: Ewig, ewig verloren!

Tief erschüttert kam der Bauer nach Hause, wo seine nun geteuschte Frau schon sehnsüchtig auf die reichen Schätze gewartet hatte. Das Ereignis hatte ihn aber so ergriffen, dasz er krank wurde, und erst nach längerer Zeit konnte er sein Erlebnis zusammenhängend erzählen. Das Kind starb bald darauf.

Aus der Burg sah man nichts lebendes mehr.

(W. Lahn nach mündl. Mittheilungen.)

20.

Der Schatz im Pilâtsch.

Nicht weit über eine Viertelmeile vom Pilâtsch, von diesem nach Westen gelegen, sieht man das Dorf Rehberg, welches aber schon zur Provinz Sachsen gehört, da hier die Havel die Grenze zwischen Brandenburg und Sachsen bildet.

Ein Bauer dieses Dorfes hatte schon viel von den im Pilâtsch verborgenen Schätzen erzählen hören, und er wollte dieselben gerne heben. Und nachdem er sich eine Wünschelruthe verschafft hatte, war er so fest davon überzeugt die Schätze heben zu können, dasz er seinen Knecht samt einer Tragbahre mitnahm, damit er recht viel fortschaffen könne. Er und der Knecht beobachteten das gröste Schweigen auf dem nächtlichen Gange.

Alles ging nach Wunsch! Bald war die Bahre so beladen, dasz beide sie kaum zu tragen vermochten, und der Knecht anfing unter der Last zu keichen. Niedersetzen durften sie die Bahre auf dem verzauberten Boden nicht, und jeden Augenblick konnte sie den Händen des Knechts entgleiten. Das liesz den Bauern, welcher von hinten seinen Knecht beobachten konnte, alle Vorsicht vergessen; er rief ihm zu: Hol wis!

Mit einem male war die Trage leicht. Das Geld war verschwunden, und die beiden zogen leer nach Hause. (W. Lahn.)

———

21.

Der brennende Schatz.

Glücklicher als jener Bauer aus Rehberg war ein Bauer aus Gülpe, einem Dorfe am rechten Ufer der Havel, zu dessen Besitz der Pilâtsch gehört.

Dieser fischte einst bei naszkaltem Wetter in der Nähe des Berges, als er auf demselben ein Feuer gewahrte. Schon zu verschiedenen malen war ihm seine kurze Pfeife bei seiner Arbeit ausgegangen, und nur mit Mühe hatte er wieder Feuer anschlagen können um sie in Brand zu setzen, da der Schwamm nasz war und die Finger vor Frost kaum das Stahl zu halten vermochten. Als daher die Pfeife wieder ausgegangen war, stiesz er seinen Kahn ans Land um sie beim Feuer, das auf dem Berge brannte, anzuzünden und sich dabei zugleich die erstarrten Hände zu wärmen. Zu seiner Verwunderung gewahrte er niemand in der Nähe, der das Feuer angezündet haben konnte, doch machte er sich hierüber weiter keine Gedanken, nahm eine glühende Kohle, legte sie auf die frischgestopfte Pfeife und that einige kräftige Züge, aber die Kohle erlosch ohne den Tabak angezündet zu haben. Der Bauer warf sie auf die Erde und nahm eine andere, doch auch diese erlosch, als er sie kaum auf den Tabak gelegt hatte; wieder warf er sie auf die Erde und nahm verdrieszlich eine dritte, doch schon in der Hand erlosch sie ihm, und nicht mehr verdrieszlich, sondern furchtsam warf er sie auch zur Erde und lief eilig nach seinem Kahn, während er sich scheu umblickte, ob er nichts gewahre; denn es war ihm die Erinnerung an den bösen Ritter und die unglückliche Jungfrau gekommen.

Am andern Tage wurde er, theils durch den glücklichen Fund, den er hier beim Fischen gemacht hatte, theils durch die Neugierde, die alle Furcht überwand, wieder in die Nähe des Pilâtsch getrieben, und da er nirgends etwas verdächtiges sah, so entschlosz er sich die Stelle zu besuchen, wo gestern das Feuer gebrannt hatte.

Den Ort hatte er sich genau gemerkt, und doch konnte er nirgend Asche noch sonstige Spuren von Feuer entdecken, aber im Grase, da wohin er am vorigen Tage

die Kohlen geworfen hatte, entdeckte er drei blanke
Goldstücke. Erfreut nahm er sie auf, steckte sie in die
Tasche und bedauerte nur, dasz er nicht mehr Kohlen
aus dem Feuer genommen und auf die Erde geworfen
hatte.

Wie oft er auch späterhin wieder in die Nähe des
Berges kam, so entdeckte er doch das Feuer nicht
wieder.

(W. Lahn.)

22.

Die Meininge.

Die Bauern von Gülpe und die von Rehberg kamen
einst um einen groszen Wiesenfleck in Streit und Prozes.
Den Gülpern gehörte die Wiese seit ewigen Zeiten, die
Rehberger aber behaupteten, sie käme ihnen zu, und
stellten einen Zeugen, der dies durch einen Eid be-
stätigte. So erhielten die Rehberger auf unrechtmäszige
Weise die Wiese, denn der Zeuge hatte einen Meineid
geleistet; dafür aber konnte er nun auch nach seinem
Tode keine Ruhe finden, muste umgehen und rief in
finstern und stürmischen Nächten auf der von Gülpe ent-
gegen gesetzten Seite der Havel immer: Hol über!

Einmal wieder, als es recht windig war und regnete,
hörte der Nachtwächter von Gülpe den Ruf, und da er
ein beherzter Mann war, so fuhr er über das Wasser
um zu sehen, was es mit dem Rufe für eine Bewandnis
habe. Je näher er indes dem jenseitigen Ufer kam,
desto schwächer wurde der Ruf und hörte zuletzt ganz
auf. Als aber der Nachtwächter rief, dasz er bereit sei
zum überfahren, fiel etwas wie ein mächtig groszer
Stein in seinen Kahn, so dasz derselbe beinahe unter-
ging; je näher der Nachtwächter dem diesseitigen Ufer
wieder kam, desto schwerer ging der Kahn, er konnte ihn

kaum noch von der Stelle bringen, und von der Angst fielen
grosze Schweisztropfen von ihm ab. So wie der Kahn
aber Grund faszte, hob er sich, und die Last war ver-
schwunden. Diese Last war nichts anderes gewesen,
als der Meineidige mit seiner schweren Sünde. — —

Einmal liesz sich doch wieder ein Mann aus Gülpe
verleiten auf den Ruf hinüber zu fahren. Es war gerade
um Mitternacht, und er fand wirklich einen groszen
Mann am Ufer stehn. Als derselbe in den Kahn ge-
stiegen war, ging dieser wieder so tief, dasz das Wasser
beinahe über Bord lief, und der Fährmann merkte wol,
dasz er den Meineidigen überhole; er zitterte deshalb an
allen Gliedern und war froh, als er wieder herüber war.
Als der Kahn stand, sprach der böse Geist zu dem Fähr-
mann: Geld kann ich dir nicht geben, aber achte darauf,
was ich dir sagen werde:

Es wird eine Pest in das Land kommen und in
diesem Dorfe so wüthen, dasz die Lebenden zuletzt nicht
mehr die Todten werden begraben können. Du aber
wirst nicht sterben! —

Hiermit war die Gestalt verschwunden; wie sie aber
prophezeit hatte, so geschah es; denn eines Tages
kamen zwei Reisende in das Dorf, die kehrten im Wirts-
hause ein und lieszen sich einen Trunk Bier geben.

Damals trank man das Bier aus groszen irdenen
oder zinnernen Krügen, wie man sie heute noch in man-
chen Bauerhäusern am Riegel hängen sieht. An ein
Auswaschen war nicht zu denken, sondern jeder Gast
hängte seinen Krug nach dem Gebrauch wieder fort. Da-
her kams, dasz am nächsten Sonntage, als die Bauern
nach dem Wirtshause gingen (und das thaten die Gülper
damals fast noch lieber als jetzt), einer von ihnen aus
dem Kruge trank, aus dem die Fremden getrunken
hatten. Bald darauf wurde er krank, konnte nur mit
Mühe nach Hause kommen und starb noch an demselben
selben Tage an der Pest. In kurzer Zeit war das Dorf

fast ganz von der Krankheit entvölkert, so dasz die wenigen Überlebenden nicht im Stande waren die Ernte des Jahres von dem Felde zu schaffen.

Unter den von der Krankheit verschonten befand sich wirklich der, welcher den Meineidigen übergeholt hatte.

Seit der Zeit wollen zwar noch mehrere den Ruf: Hol über! gehört haben, aber der Meineidige hat sich nicht wieder sehen lassen, und jetzt wird er wol schon längst Ruhe gefunden haben.

(W. Lahn.)

23.
Spaatz.

Spaatz, ein ansehnliches Dorf auf der Südseite der Stöllner Berge, war von einem Zwergenvolke gegründet und bewohnt, als ein Riesengeschlecht dort einwanderte. Die Zwerge erschraken und fürchteten sich gewaltig vor den neuen Einwanderern, doch diese thaten ihnen nichts, fanden sogar Gefallen an dem kleinen Volke und schlossen Freundschaft mit ihnen. Die Riesenfrauen nahmen die Zwerge oft in ihre Schürzen und wiegten sie darin wie kleine Kinder.

Aus Dankbarkeit bauten die Zwerge den Riesen die Spaatzer Kirche, einen mächtigen Felssteinbau, wie er in der ganzen Gegend ähnlich nicht gefunden wird.

(W. Lahn.)

24.
Die Kapelle auf dem Kienberge.

Zwischen den Dörfern Prietzen, Spaatz und Wolsier, fast in der Mitte, liegt ein theilweis bewaldeter Hügel, der Kienberg genannt. In alten Zeiten stand auf dem selben eine Kapelle, welche von den Bewohnern der drei genannten Orte besucht wurde. Der Priester wohnte in Spaatz; ein Fuszsteig führte von hier zur Kapelle, und der Acker, über welchen er ging, hat noch heute den Namen: die Papenstiege.

Der Mesner wohnte in Prizipini (jetzt Prietzen).

Die Kapelle ist später zerstört worden, die Glocken aber kamen in die Kirche zu Prietzen, wo sie noch zu finden sind.

(W. Lahn.)

Das alte Steinkreuz bei Lietzow.

Ohngefähr fünfhundert Schritt vom Dorfe Lietzen an dem alten Wege nach Nauen liegt seit undenklichen Zeiten ein aus einem Feldsteine roh gearbeitetes Kreuz, von dem aber jetzt schon ein Arm ab ist. Die Leute sagen:

Es kam einmal eine Frau mit Semmeln aus Nauen. Da wurde sie von einem Wolfe verfolgt. In ihrer Angst warf sie demselben eine Semmel hin; als aber der Wolf diese verzehrt hatte, kam er der Frau wieder nach, und diese warf ihm nach und nach all ihre Semmeln hin und glaubte, sie würde unterdessen das Dorf erreichen. Noch fünfhundert Schritte davon entfernt, hatte sie jedoch keine Semmel mehr, und der Wolf fiel sie an und frasz sie. Zum Andenken richtete man an dieser Stelle jenes Steinkreuz auf.

(Mündlich vom Kantor Matthiä in Lindow.)

Aus dem Ost-Havellande.

~~~~

26.
Die zwei Riesen.

Nicht weit von Königshorst bei Nauen liegen zwei Wiesenflächen, von denen die eine den Namen Dreibrücken, die andere den Namen Thielemannsborg führt. Auf Dreibrücken steht jetzt ein Gasthof, früher aber stand hier eine Burg, auf der ein Riese wohnte. Auf Thielemannsborg, eine Viertelmeile davon, wohnte sein Bruder. Beide Riesen besaszen nur eine Streitaxt, die sie sich immer, wenn sie von Feinden angefallen wurden, gegenseitig zuwarfen. Sie waren mit ihrer einen Axt ein Schrecken der ganzen Gegend.

<div align="right">(Mündlich vom Kantor Matthiä in Lindow.)</div>

Aus der Priegnitz.

~~~~~~

27.
Der gottlose Krüger.

Groszvoader! worüm heten diffe Schtücken hier de Dampen? fragte ich als kleiner Knabe meinen Groszvater, als wir beide einmal vom Felde (im Dorfe Schweinrich bei Wittstock) kamen, diffe heten jo de schmoalen Dampen un de ennern de brejen?

Jä, Fritz! mit den Noam is det en schnurrig Dink, fink der Alte an, doavan is ne lange Jeschicht to vörtellen. Wen men det so recht noadenkt, doa müchten een de Hoar up den Kop to Berje schtoan. Doa du et awer wol järn weten müchst, so sast du se hören! Mien Groszvoader het se mi so vörtelt: Unf Buer Zoderjoan (Zadrian) sien Ur- Urgroszvoader sal hier noa sien Doet up diffe Schtücken schpöekt hem. — Sien Öllan haren doamaels al de Kroechwirtschaft un söllen noa Kröjeroart ganz nette Lüed west sin. Doamals brocht unf Kroech wat in, den de groete Schtroat van Mekelborg noa N.-Ruppin un Berlin jink hier dörch, un doa Ruppin noch 4 Miel van hier is, so bleben de Reisenden fast ümmer de Nacht hier, un de Kröjer vördeent en schön Jelt. Hier in Schwienrich weär oek de Tol. Mien Groszvoader is Zölner west. Dien Voader het noch de ollen Schriften doavan in sien Schap liggen. Al de Hannelslüd fast müsten mit eer Ve hier de Nacht bliben, un doröm mut oek de Kröjer so veäl Plaz hem. Doavan röern noch al de groten Schtel up Zoaderjoans ären Hof her; vul salt ümmer west sin. Doa waest keen Wunner, wen de Kröjer de riekste Man int Dörp weer; Jelt wör em jo van allen Siden tobrocht. De Brenwiensgläf wören wol nich to groet west sin, un Woater kün nich knap wären, den de Se is jo nich wiet af.

De Reisenden salt hier doch ümmer goet jefaln hem, den de ollen Zoaderjoans wusten de Lüed met· Höeflichkeit to hehanneln. Doato weer et den abens ümmer vul; Koartenschpöälen höert fast goar nich up. Biet Koartenschpöälen wert den oek jehörig drunken; de Schpöäles bedrejen sik, zanken, floken un prüjeln sik tolezt. Doa wärn den Gläser un Schtöel un Disch intweimoakt un det müt alles dubbelt betoalt wärn. So kümt de Kröjer bal to Jelt.

Diffe olle Kröjer har men enen Söän; wen mi recht is, het er Johann heten. De leert nu det Koartenschpöälen, Floken un Bedrejen, joa oek det Supen, uten

FF. Feelte moal de veerte Mann, so weer Johann üm-
mer doa. He schpöälte ruhig de ganze Nacht met un
schleep den morjens so lang, as he wul. De Ollen
dachten jo: unſ Johann kan doch lewen.

Bi sön Lewen müst de Jung ja vörderben an Liew
un Seel. De Lust to de Arbeit weär wech, un keek er
noch moal hen, wo de Knecht un Deerns arbeiten, so
moakt er den enen oder ennern runner, un so was Zank
öäwer Zank. Vöäl van de Deensten jingen sientwejen
uten Deenst.

As de Voader erst den Kop lecht het un de
Wirtschaft sien eijen was, dun höert goar allens up. Det
Floken un Schellen mit de Lüed jink den ganzen Dach,
un selten kreech er oek men noch en ordentlichen Knecht
oader Deern. Vöäl meinten: de Wirtschaft müst to
Grun goan; äwer de Kroech brocht to vöäl Jelt in, un
Johann Z. weer ümmer en riker Mann. Wen vörschten-
nije Lüed det Floken un Schellen höerten, so hem se
oft secht: Wen de innen Himmel kümt, den koam se al
hen. Int Gotshues jink er goar nich, un de Bibel keek
he oek nich an. Mit sönnen Minschen nimt et doch
keen goet En!

Merkwürdig es et äwer doch west, det sine Kinner
nich so gotloes worn sünt. De söllen sik seer goet
schikt hem.

As de olle Sünner entlich föelt het, det sien En
noat, da sal he doch üeklich dul uetseen hem. Sien Je-
wissen hetten wol schöen vörkloacht. Sien Doet sal
fürchterlich west sin. He het van wider nichts schproaken,
as van Höl un Deubel. Sön Minsch jeit doch noch
schlechter uet de Welt, as en Schtük Ve. Al, de sien
Dodesquoalen seen hem, söln gode, fromme Minschen
worden sin.

Nu sal sien Körper wascht un antrekt wärn. Det
Sarch was al vörher beschtelt worn, un dewiel he sien
Likentüech ankreech, waest Sarch oek doa. As nu de

grote Deern det Liekheämd uet de klene Load vannen
Böän hoalen sal un de Load upmoakt, sit en Kobbolt in,
de eer det Heämd nich loaten wil. Se rönt, meer doed
as lewig, det se vannen Böän, kümt, vörtelt det de
ennern Lüed un so goan den meer mit. As se up de
Trep koam, höern se den Loadendeckel recht dul klap-
pen, äwer wire finden se nist. De Kobbolt haer Rietuet
noam. Sön bösen Geist sal det Bejen nich vördroajen
köän, un det haer ene Fru doan, as se noan Böän
schteäjen weern. Nu kün se det Liekheämde nemen.
Det Antrecken jink oek ganz goet, un vöäl lachten sik
öäwer de Deern un meinten, se weer wol grulich west.
De leet sik äwer det nich uetreden, det se wat seen
her. Wi det Dink uetseen haer, kün se oek nich jenau
anjewen; se haer en to groten Schrek kröäjen.

De erschte Angst was nu vörbi un kener wol so
recht an den Kobbolt glöwen.

Äwer det sal doch noch nich den Oabent so afgoan.
As de Deern to Bet goan wiln un sik vörn Kamien de
Flö afjoajen, röpt et mit een moal recht grel uetn Ka-
mien: Pfi! un so dul, det det Füer benoa davan uet-
jeit. Kriejen äwer de Deerns en Schrek! Se fangen
gliek an to schrein, det et ganze Hues so beewt. — De
ennere Lüed schtoan wär up un denken, doa is wol en
Schpoasvoajel int Hues, de de Deern grulich moaken wil,
öäwer doa weer nist to finnen; de Döären weren al to.
Het öäwer nu de Lüed int Hues grauelt! Se künnen
fast goar nich schloapen. De Nacht hem se öäwer nich
meer wat höert oarä seen.

Int Dörp jink öäwer den ennern Morjen al ganz
frü det Jerede, J. Z. schpöek; den jistern Oabent jejen
acht weer de ene Buer noch willens west innen Kroech
to goan, un as he ran kümt noa de Vöärpoert,[1]) doa
schteit en Beest in un willen nich rup loaten. He jeit
nu noa de Hinnenpoert, doa schteit det Deert wöär. De
Buer leep nu gliek noa Hues un vörtelt de Jeschicht.

4

Dän ennern Morjen wustent al, un keen Minsch twiwelt
an, det J. Z. schpöken dä. Dän Dach doarup höerten
nu oek al Lüed van det Loadsitzen und Pfiropen innen
Kamien, un nu weer et ganz jewis. Seen ji wol, säen
de Ollen to de Kinner, so wat kümt vant Floken.
Neemt ju jo in acht, süs jeit et ju eben so, as dän ollen
gottlosen Z.

Dän ennern Oabent, as de Knecht vant Felt koamen
weern un de Peer innen Schtal brocht haern, wörren
de Peer dul innen Schtal, haern vör Wuet öäwer de
Krip schpringen mücht, un kener wuste, wovan det keem;
de Peer weern doch süs ümmer so ruig west. Do funk
de een Knecht an: Weetste wat? Jochen! doa is jewis
de Ol mank! — Se fingen nu an to schellen,[2]) un as det
nich helpen wol, an to bejen,[3]) un schtil weern de Peer.
Det is noch goater oft passeert.

Dän Dach, as he beerdigt worren, salt en fürchter-
lich Weäreä[4]) west sin, un as de Liek noa de Eer rin
west is, het jeremen[5]) moakt, det er noa Hues koamen is.

Vöäl haern löewt, wen de Ol eerscht begroawen
weer, den wör sik det Schpöken wol jewen, doa doch
oek de Preester för sien Selenheil den lewen Got flitig
in sine Likenpredicht bit haer. Awer det was alles vör-
jebens; sien Geist wandelte ümmer int Dörp rüm, bal
so, bal so, hier as en Peert, doa as ne ol Ko usw.

So kun doch de Jeschicht nich bliwen; keen Minsch
wol meer uet de Döär goan. De Gotsfürchtijen harren
am wenigsten van em to liden, den wen seen Schpruch
beejt hem, den het er sik up de Socken moakt. Schrek-
lich was de Sach doch, un Ennerunk must moakt weern.
Ener gaf nu düffen Roat, de enner jenen, öäwer helpen
wol nist.

Noa unjefär 4 Wochen kam en Reisender int Dörp
un bleef den de Nacht innen Kroech un höerte den
daovan, det de olle Z. schpöken sol. Den is et an sien
Blik to lesen west, det he wat wust, un de junge Z. het

den nich eer noaloaten mit Bidden, bet de Man em
secht het, wat he to sine Hülp wüst.

De schpröek den: Int Mekelnborch-Schtrelitzsche
weer en Man, de kün de schwart Kunst un haer al
goatä oft Geister und Schpöek bant. He wust noch meer
Schtellen, wo et eben so west was. — De junge Z.
freute sik nu königlich; de Man kreech för sine Noaricht frei
to äten un to drinken, un den sülwijen Dach wör noch
en Knecht wechschikt, de den Düwelsbendijer upsöken
sol. De Knecht leep, wat he men lopen kün, den dän
was ümmer bang, de olle Schpöker wör hinner em
koamen um em wat andoen. De Angst haer he öäwer
schpoaren kunt, den öäwer de Grenz kan sön Geist nich
koam, wen nich en Eenschpenner em mitnimt.

De Knecht het den Schwartkünstler den oek an-
droffen, un noa allerhant Froajen het den de Man sine
Hülp tosecht un is mitreist. Det bi de Arbeit wat to
verdenen was, het he wol merkt, un sien Schoad wert
et oek nich west sin, det he mitreist is. Den ennern
Dach jejen Oabent sünt se in Schw. ankoamen, un de
junge Z. het sik jehörig freut.

De Düwelsbendijer sal ne seer wichtije Mien an-
noamen hem, as he ankam; nich äten oder drunken het
he, bet he sien Werk uetricht haer, jeroad as de ol
Elieser, van den du doch in de Schoel al höert hest.
De Lüed wollen seggen: sön Schwartkünstler dörft doa
nich äten un drinken, wo he sine Kunst vöärnimt, süs
jink de ganze Jeschichte nich. Sien Anschtalten sal he
recht hiemlich, vörsichtig un behuetsam moakt hem;
jere Winkel in Hues un Hof is eerscht beschproaken
worn, un merkwürdig salt west sin, det van Stunt an
keen Minsch uppen Hof van Schpöek wat merkt. Darup
het he sik van den Wirt en Lechel jewen loaten, un
doarin, dörch det enge Schpuntlok, sol de böse Geist nu
bant weern. — Wo weer den öäwer det Schpöek? —
Det haer de Kerl al uetkuntschaft, un, mit de Zauberroej

4*

jedräut un mit de Banschprüche jebant, must de böse
Geist in det klene Fat, de Proppen wör mitten drei-
kantijen Hoamer döchtig rin arbeit, dun en klein Nojel
schreech rin klopt un nu weer et üm em jescheen. In
sien linke Hant det Fat un in de recht de Zauberroej
het de Schwartkünstler de Lüed int Hues doamit bekant
moakt, det de Fank jelungen was. — Wohen öäwer nu
mit det Fat? De Man meent, wen sen öäwer de Grenz
brengen künnen, den weren se jewis sicher, det he nich
wer keem. Se kemen nu up den Jedanken, det Fat up
de wöeste Feltmark noa de Berkendrift to droajen un
doa inne olle grote Berk, nich wiet vannen Flecken-
Zechliner Wech to hangen. De Schwartkünstler jink
sülwest mit un wees de Schtel an. De junge Z. sal
oek mit west sin un noch mere Vaterunser an de Schtel
beejt hem. Doato baer he oek Uersach, den nu kün he
doch ruig schloapen un‘ de Reisenden keerten oek wer
jern bi em in. Oek det ganze Dörp het sik freut öäwer
de Sach, un jere jink üm den Künstler to seen. Vöäl
hem en jewis mit groten Ojen ankäken.

Den Oabent un de Nacht het et doa innen Kroech
öäwer lustig hergoan. De ganze Nacht is danzt un drun-
ken worn, det vöäle nich hem to Hues koam kunt. De
Schwartkünstler sal sik oek jehörig wat unnerknöpt hem,
so det he den ennern ganzen Dach int Bet lejen het. Den
drüdden Dach is he eerscht afreist, un an sien früntt-
liche Mien wollen vöäle merkt hem, det sien Arbeit goet
beloent worren was. De junge Z. kün et ümmer henjeben,
den nu weer doch Hofnunk, det de Lüed wer bi em
inkeerten. Sine Deenstlüed freuten sik oek nich schlecht,
den nu künnen se doch ruig sik to Bet leggen.

De böse Geist mach sik schön erjert hem, det he
doa in det kleine Fat sitten must, öäwer wo wol he wer
ruetkoam? Hier har he nu Tiet an sien Lewen to
denken un mach oft bereut hem, det he in sien Erden-
lewen so floekt het.

Awer kam det noch bunt? Twe Hantwerksburschen, de van Fl. Zechlin noa Wittstock reisen wollen un in Fl. Z. höerten, det et im Sommer sik äöwer Schwienrich bäter reiste, as de grote Schtroat entlank, wo en keen Dörp andreft, kümmen vannen Flecken noa Schwienrich to. In de Berkendrift leggen se sik hen, üm in kölen Schatten uettoruen. As se doa en bät schloapen harren, wil de een sine Noetdurft verrichten un jeit en Ent lank in de Berken. He wert sik jeroad unne de Berk hensetten, wo boaben det Lechel mit den ollen Schpöekgeist hangt. Is doch merkwürdig, wi det mennigmoal alles so schnurrig kümt. De Minsch kikt oek noch jeroad in de Höcht un süet det Lechel. He röpt: Du, Kamroad, kum moal heer, hier is wat vörn Dost. — De kümt nu oek gliek anjeberscht, süet det Lechel, un oan sik lang to besinnen, schticht he noa de Berk rup un hoalt det Lechel raf üm moal ens to drinken, den det doa Beer drin weer, löewten se ganz bestimmt; det kün jo de Auste(r)s[6]) doa hem hangen loaten.

Unnerweechs meint är al, doa wör nich vöäl in sin, det wär goate licht. Se moakten awer doch det olle Dink up, un — Pfiet! (pfeifend) was de olle Schpöker ruet. Krejen de Bengels awer en Schrek! Dunnerweder! sä de een; wat was det?!

De enner, de wol van sön Dingen al höert haer, meent: De Jeschicht is hier nich richtig; willen men moaken, det wi wech koamen. — Lepen de Bengels, dat se eer Felisen krejen, un so ümmer noa et Dörp to! Doa keerten se nu bi den Kröjer Zad. an, awer säen keen Woert van det Lechel. Wek willen wer säjen: Se hem de Jeschicht mit det Lechel den Wirt vörtelt. He sal en ganz grausoamen Schrek krejen hem un leichenblas acht Doaje west sin. De Kröjer sal oek de Hantwerksburschen det ganz strengen vörboaden hem, se söllen to kenen Minschen det säjen, det se det Lechel

upmoakt hem, un det he det weet. Se hem et em vör-
schproaken, ob se et awer hollen hem, det is so wat,
den de Lüed hem et jo doch bal to wäten krejen.

Dre Doaj noaher het de Koer⁷) nich wiet van de
Berkendrift höejt. Noahmiddachs fangen mit eenmoal
de Köej an, so wilt un schu to wern, det se al wech-
lopen un an keen Keern to denken is. Den Koern sien
Hunt sal nich schlicht west sin; awer as he en Eut lang
henlopen is, kümt he wer üm un schreit so engstlich
un nich van de Schtel, so dul de Koer em oek det
Fel mit sinen Pietschenschtok dörchwalkt. So wat is den
Koern mit sinen Hunt noch nich passeert; em wert oek
ganz engstlich un löt nu lopen, wat lopen wil. As det
Ve öäwer de Grenz is, schteit et alleen schtil un kikt sik
wilt üm, as wen wunner wat loes is. Hier wol nu de
Hirt det Ve wer üm keren, awer det jink nich öäwer
de Grenz trügge, jeroad as wen ener an de enner Siet
noch düller keert as he mit sinen Hunt, de nu oek wer
to blaffen un to biten anfüng. As oabends de Kröjer
det to hören kreech, doa jink em en Licht up. He nam
sik awer in acht to enen Minschen sik wat merken, to
loaten.

Poar Doej noaher kam en Man van Fl. Z. to foern,
un as he de Berkenschonunge hinner sik het, fangen de
Peer an to lopen, as wen se Füer hinner sik hem. De
Peer wern so moajer, de scheuten süs jewis nich, haren
sik oek so wat in Lewen nich uettrekt. Se schtünnen
eerscht schtil, as se de Grenz hinner sik harren.

Een enner het doarnoa jejen Oabent bi de Berken-
schonunge en groten Roek oan Füer seen, bal hellen
Damp, bal ganz dicken Qualm. Een drüdden is et west,
as he de Schonunge dörchgoan het, as wen em een
uppen Puckel sit, un wen he sik ümsüet, is nist to seen
west. So het de Böef den ne ganze Tiet up de Wöest-
Feltmark rümschpöekt; enen weer dit, den ennern det

passeert; also must de olle Z. doch uet sien Lechel ruet-
koam sin. Sien Söen höert doavan bal un meent den,
so wat weer jo wol goar nich möächlich. Det beste
weer noch, det he nich noa Schw., öäwer de Grenz,
koam kün. De Schwartkünstler haer gliek secht: Wen de
böse Geist uet det Lechel käm, so müst he so lang up
de wöeste Feltmark bliwen, bet em Jelejenheit wör, in
sön Kasten oare Käfich de Reif to moaken. Dre
Wochen noaher, as de Hantwerksburschen den ollen
Schpöker ruetloaten harren, solt et em glücken, wer noa
Sch. to koam. En Man mitten Eenschpenner, de mit
junge Höner un Eier hannelte, kam van Flecken Zechlin
to föern üm in Schw. un in enner Dörper wat to köpen.
De Nacht wol he in Schw. innen Kroech bliwen. Doa
wert den de olle Z. in den Hönerkasten krupen un mit
öäwer de Grenz fören. As he eerscht de Grenz hin-
ner sik het, krüpt he uet den Hönerkasten un lecht sik
vöerlank up den Woajen. De Hannelsman denkt jo
an nist arjes un föert ümmer egoal wech, kikt sik nich
moal um. Det Peert müst in den Sant orntlich trecken,
schtunt oft vörn leren Woajen alleen schtil, so det de
Man dacht, det Peert mücht krank sin. Je nöëjer an
det Dörp, je düller müst det Peert trecken, un as he
metten Woajen uppen Schteendam keem, jink et noch
schwerer, so det sik de Roaj kuem ümdreejten. 'He
kikt sik entlich üm un süeht den, fürchterlich uetje-
schtrekt, den ollen Z. uppen Woajen liggen. Doa was
et em kloar, weer det Peert so quält haer. De Man
kreech de Pietsch, haut en poarmoal recht derf öäwer
un secht: Ik wer di runner brengen, du Deubelsjeschöpf;
töef men, ik wer moal den Pietschenschtok biet dün En
foaten un di det Fel dörchmoaken. — Kuem har awer
de Himmelsman det secht, so reet et em vannen Woajen,
schmeten in de Bäk⁸) un schoälten orntlich af. Dörch
sien Jeschrei kemen eerscht Lüed un det olle Schpöek

leet van em af. De Man mit Peert un Woajen worren nu noaen Kroech broacht, wo he den sien Schiksoal hoarkleen vörtelt un fest behaupten wol, de olle vörbante Z. haer em so mishannelt un wer nu jewis wer in Schw. De Kröjer kreech freilich en groten Schrek; awer wat sol et helpen? Eerscht seen, wat doauet werren dä. — Noa en poar Doaje moakt sik de Söen al wer up den Wech noa den Schwartkünstler, üm em to bitten nochmoal den ollen Schpöker an de Siet to brengen. De leet sik oek nich lang nödijen, den he wust jo, det he goet betoalt wör. He kreech oek den Ollen würklich wer int Lechel rin; awer sollen se en wer noa de Berken droajen, wo de Hantwerksburschen en moal ruetloaten harn? — Nä; nu sol en Ort uetsocht wern, wo keen Minsch henkeem. Sön Schtel fünnen se den up ne klene Insel in en dröjen Se, de Zickenberch heet. Up diffe Insel schtunt ne grote Dan, un doarin wör det Lechel uphangt. Hier kün he nich wer erlöest wern, den keen Minsch jink doahen, un de doahen kemen, de wusten jo, wat loes was; to Foet kun oek keen Minsch doahen koamen.

Van hier is den de olle Z. nich wer erlöest worn. As det Lechel vörfault is, wert en unf Hergot wol in de Höl broacht hem.

De Schwartkünstler sal jehörig beloent sin, un de Kröjer hoar nu Ru un Friden. —

Nu, Fritz! wätst du also, worüm diffe Schtücken de Dampen heten. Du süest, wi et en Minschen noa sinen Doet noch goan kan, wen he int Leben so fürchterlich floekt. Denk dien Leew dran!

---

[1]) Vorderpforte, Vorderthür. — [2]) schelten. — [3]) beten. — [4]) Wetter. — [5]) jedermann. — [6]) Aust = Ernte, Austers = Schnitter. — [7]) Kuhhirt. — [8]) Bach.

(Lehrer Suchsdorf zu Walchow bei Fehrbellin.)

28.
Die Lügnerin.

Kommt man vom Flecken Zechlin her ins Dorf
Schweinrich, so liegt gleich links an der sogenannten
S t e g e ein Kossätenhof, der seit Jahrhunderten von der
Familie Vielitz bewohnt ist.

Von einer weiblichen Person dieser Familie älterer
Zeit erzählt man sich folgendes:

Als junges Mädchen log diese Person ganz uner-
hört, so dasz ihre Freundinnen oft zu ihr äuszerten, sie
werde noch einmal der Lügen wegen dem Satan in die
Hände fallen.

Eines Abends im Spätherbste, als sie aus der Spinn-
stube nach Hause zurückkehrte und einen Steg über-
schreiten wollte, der in ihres Vaters Garten führte, ver-
wehrte ihr ein groszer schwarzer Hund den Übergang.
Sie wollte nun über die Brücke auf der Dorfstrasze
gehn um von der Seite auf ihren Hof zu kommen, allein
auch da trat ihr der Hund zähnefletschend entgegen.
Sie versuchte jetzt noch einmal den Übergang über den
Steg, aber der Hund zerrte sie am Kleide in den Bach
und schüttelte sie derb ab.

Die Gänge in die Spinnstuben nach hinterwärts
wurden darauf eingestellt, und das Mädchen suchte sich
im Dorfe eine Gesellschaft aus, von wo sie weder den
Steg, noch die Brücke zu passieren brauchte. Aber da
sie auch hier nicht d a s L ü g e n ablegte, so wurde sie
zwar nicht mehr durch einen schwarzen Hund, aber
durch eine weisze Taube bestraft. Jeden Abend, wenn
sie die Ecke des Zadrianschen Hofes, etwa 30 Schritte
von dem Gehöfte ihres Vaters, erreichte, kam die Taube,
setzte sich auf ihre rechte Schulter, behielt diesen Platz,
bis sie sich ausgezogen hatte, und setzte sich dann auf
ihre Brust. Am Morgen war die Taube verschwunden.
Man bemerkte auch oft auf der Brust des Mädchens

blutrothe Flecke, die ihr jedenfalls die Taube durch Hacken mit dem Schnabel beigebracht hatte.

Zum Glück war ein alter Schäfer, namens Schmidt, im Orte; derselbe war in allerlei Künsten bewandert. Er fragte eines Abends die Taube, nachdem sie sich auf die Brust des Mädchens gesetzt hatte: Woher bist du? — Bist du von Gott? —

Ik öek! antwortete die Taube und flog schnell durch das geschlossene Fenster, so dasz nur alles so klirrte.

Merkwürdigerweise fand sich nachher, dasz keine Fensterscheibe entzwei war. — Von der Zeit an stellte die Vielitz auch das Lügen ein.

(Lehrer Suchsdorf zu Walchow bei Fehrbellin.)

29.
Die Schweinricher Schlachtstücken.

Auf der südöstlichen Seite der Feldmark des Dorfes Babitz bei Wittstock lagen vor der Separation derselben eine Anzahl von Ackerstücken, die mit dem Namen S c h w e i n r i c h e r S c h l a c h t s t ü c k e n benannt wurden. Man erzählt über diese folgendes:

Im dreiszigjährigen Kriege wurde das Dorf Luttrow bei Fl. Zechlin zerstört. Die schönen Glocken des eingeäscherten Turmes versanken in den Schutt. Nachdem der Friede wiedergekehrt und die gebliebenen Ortschaften mehr oder weniger wieder bevölkert waren, wurde an die Aufräumung der Schuttstellen gegangen. Da fand man denn in Luttrow eine sehr schöne, ziemlich grosze Glocke, um deren Besitz sich die Gemeinden Schweinrich und Babitz stritten. Die Schweinricher faszten den Plan die Glocke heimlich zu holen.

Sie spannten acht Hengste vor einen Wagen und luden dann die Glocke darauf. Aber bei der Wildheit

der Thiere und dem ungleichen Anzuge derselben ge-
lang es nicht die Glocke von der Stelle zu bringen.
Während nun von den Schweinrichern andere Anstalten
getroffen wurden um sich den Besitz der Glocke zu
sichern, kamen die Babitzer mit acht Ochsen, spannten
diese vor den beladenen Wagen und führten mit den
Worten: Gott helfe dem Armen so gut, wie dem Reichen!
die schöne Beute hinweg. Die Schweinricher bekamen
davon Nachricht, setzten den Babitzern nach und er-
reichten dieselben auf den sogenannten Schlachtstücken.
Hier entspann sich denn auch ein kleines Gefecht, in
dem die Babitzer dadurch im Vortheile waren, dasz sie
vom Orte schnell Hilfe herbeirufen konnten. Das Ende
vom Liede war: die Schweinricher musten mit blutigen
Köpfen das Schlachtfeld räumen, und die Babitzer be-
hielten die Glocke, welche heute noch zum Ärger der
Schweinricher auf dem Babitzer Turme hängt.

(Lehrer Suchsdorf zu Walchow bei Fehrbellin.)

30.
Von der groszen Glocke im Wumsee.

Bei dem Flecken Zechlin liegt ein See, genannt
der Wumsee, in dem die alte Stadt Wum versunken
liegt. Bei klarem Wetter sieht man auf dem Grunde
noch Gemäuer und Pflaster von Mauersteinen. Auch
sollen in der Kirche zu Zechlin noch alte Schriften über
diese Stadt zu finden sein. — An einem Johannistage
gingen Kinder an das Ufer des Sees und hüteten dort
Gänse. Sie aszen ihre Stullen und hängten die Speck-
lappen, nachdem sie sie ausgewaschen hatten, über einen
Stein, der nebst zwei andern am Ufer lag. Da hörten
sie plötzlich, wie zwei von den Steinen riefen: Susanna,
komm! Diese bewegten sich auch, gingen ins Wasser

und versanken. Da sagte der dritte Stein: Ich kann nicht, ich bin zu schwer beladen! — Die Kinder erschraken, liefen zu ihren Eltern und erzählten, was ihnen begegnet war. Als die an den See kamen, sieh — da lag eine grosze Kirchenglocke. Die wollten sie holen und spannten viele Pferde vor und sagten, die Glocke sollte nur gehen für die Reichen und nicht für die Armen. Aber sie konnten sie nicht wegfahren. Da beriethen sie wieder, und der eine Bauer sagte, er würde sie mit einem Ochsen fahren. Und als die Glocke aufgeladen war, da sagte er: Nun in Gottes Namen! Du sollst gehen wie für die Reichen so auch für die Armen! Da hat er sie können wegfahren. — Man sagt, diese Glocke sei noch zu sehen in dem Städtchen Röbel in Meklenburg, andere sagen: in dem Dorfe Babitz.

(Schulvorsteher Lützow zu Berlin nach mündlicher Mittheilung
einer Frau aus Zechlin.)

31.

Die Insel im Wumsee.

In dem Wumsee bei Zechlin befindet sich eine kleine Insel, welche auf folgende Weise dahin gekommen sein soll.

In einiger Entfernung von Zechlin ist eine tiefe Kute; in derselben soll ein Räuberhauptmann, namens Fietz, sein Wesen getrieben haben; es soll auch von hier zur Beförderung des gestohlenen Gutes ein unterirdischer Gang nach dem Flecken Zechlin geführt haben. Zu der Kute ist der Räuberhauptmann auf folgende Weise gekommen. Er hat mit dem Teufel einen Bund gemacht und gesagt, wenn der Teufel ihm die Erde aus der Grube wegnähme und, ehe der Hahn krähte, bis zu einem gewissen Orte brächte, so wollte er sich demselben zu eigen geben. Der Räuberhauptmann aber konnte genau wie ein Hahn krähen, und als der Teufel mit der Erde über dem Wumsee war, so kräht er, und der Teufel denkt, es wäre der wirkliche Hahn, läszt die Erde fallen, und so entstand die Insel (die ziemlich flach ist).

(Nach mündl. Mittheilung des Herrn Lehrer Wolter, gebürtig aus Zechlin, jetzt in Bergfelde.)

32.

Fietzens Kule bei Fl. Zechlin.

In gleich weiter Entfernung vom Flecken Zechlin und den Dörfern Zempow und Schweinrich, an den sogenannten Bohnenbergen findet man eine tiefe Grube, die zwanzig bis dreiszig Fusz im Durchmesser haben mag.

Hier hatte einst tief unter der Erde eine mächtige Räuberbande ihre Höhle, welche mehrere Gänge und Gemächer enthielt, und ein Gang führte sogar bis in den Amtskeller der alten Burg zu Zechlin,*) von wo die Räuber sich ihr Bier und ihren Wein stahlen, ohne dasz die Bewohner der Burg es ahnten.

Einst hatte auf einem Raubzuge der Hauptmann der Bande ein Mädchen gefangen, und da ihm dasselbe gefiel, so schleppte er es mit nach der Höhle um es zu seinem Weibe zu machen.

Das Mädchen stellte sich an, als füge sie sich geduldig in ihr Schicksal, um dadurch die Wachsamkeit der Räuber zu teuschen; als aber einst alle auf Raub ausgezogen waren und nur ein alter Räuber zur Bewachung der Höhle und des Mädchens zurück blieb,

---

*) Diese war im 18. Jahrhundert zwar noch vorhanden, doch sehr baufällig und ward dann durch einen Brand gänzlich zerstört. —

gab sie diesem einen Schlaftrunk, entwischte und kam glücklich nach Zechlin, wo sie ihre Erlebnisse erzählte.

Sogleich zogen viele Männer von hier aus, lieszen sich von dem Mädchen zu der Höhle führen, zerstörten diese und nahmen viele Räuber gefangen. Beim Einsturz der Höhle entstand jenes tiefe Loch, welches bis auf den heutigen Tag Fietzens Kule genannt wird.

(W. Lahn.)

Aus dem Lande Ruppin.

33.
Der Indut-Tempel bei Lindow.

Da, wo jetzt das Kloster von Lindow liegt, soll vor alten, alten Zeiten ein heidnischer Tempel gestanden haben, welcher dem Götzen Indut geweiht war. Von daher ist noch jetzt in der Gegend die Fluchformel: Dasz dich der Indut! gebräuchlich.

(W. Lahn.)

34.
Die Schweden in Lindow.

Als die Schweden im groszen Kriege (30jährigen) nach Lindow kamen, da flüchteten die Bewohner des Städtchens nach dem Werder, einer etwa 150 Morgen groszen Insel im Gudlack-See und nahmen alle Kähne mit. Zwei schwedische Soldaten aber hatten das Herz, in Biertonnen hinüber zu schwimmen und alle Kähne weg zu holen, worauf die Schweden sich dieser Feste bemächtigten.

(Nach einer alten Handschrift des Tuchscherers Bartsch in Lindow.)

35.
Die alte Linde in Dollgow.

(Dollgow ist ein Dorf zwischen Lindow, Gransee und Rheinsberg.)

Als im Jahre 1638 Dollgow durch des General Gallas Soldaten die Kirche abgebrannt und geplündert wurde, ist auch die vor der Kirche stehende grosze Linde von vier Klaftern im Umfang in Brand gerathen, in zehn Jahren aber wieder ausgeschlagen und ein schöner Baum geworden.

Die Kirche ist 1652 wieder unter Dach und Fach gekommen.

Eine alte Glocke in derselben hat eine lateinische Inschrift und die Jahreszahl MCCCCXI.

(Eben daher.)

36.
Der schöne Berg am Werbellin-See.

Auf der zwischen den Dörfern Schöneberg und Herzberg gelegenen Hochebene erhebt sich ein isolierter, etwa 40 Fusz hoher Sandhügel, der unter dem Namen der schöne Berg bekannt ist. Südwestlich von diesem Hügel senkt sich die Hochebene allmählich abwärts und verläuft in eine grasreiche Niederung, in welcher sich der schilfumkränzte Werbellin-See ausbreitet. Diesen freundlichen See wollte einst eine Riesenjungfrau zudämmen und dadurch jede Spur von ihm vernichten. Sie scharrte deshalb Sand und Erde in ihre Schürze und schritt mit dieser Bürde rüstigen Laufes dem See zu. Ehe sie denselben aber erreichte, zerrisz plötzlich ihr Schürzenband; die schwere Last fiel jählings zu Boden und bildete jenen merkwürdigen Sandhügel, der von den umwohnenden Landleuten nachmals der schöne

Berg genannt wurde: ob mit galanter Rücksicht auf die junge Riesin, die man sich in diesem Falle auch als eine mit Schönheit ausgestattete gedacht haben musz, oder mit Rücksicht auf den schönen Anblick, welchen der aus einförmiger Ebene isoliert emporragende, ehemals bewaldete Berg gewährte, musz dahingestellt bleiben; nur soviel scheint gewis zu sein, dasz dieser Name auf das früher in der Nähe des Berges gelegene Dorf, und, nachdem dieses gänzlich zerstört worden war, auf das weiter nordwärts angelegte jetzige Dorf Schöneberg übergegangen ist.

(Lehrer Unruh zu Seebeck.)

Aus der Altmark.

37.
Die Entstehung des Kamerschen Sees.
(Vgl. Kuhn u. Schwartz: Nordd. Sag. S. 109.)

Es ist nun schon lange her, da ging einst eine Frau herunter von den Kamerbergen nach Wulkow hinüber, um ihre dort wohnende Tochter zu besuchen und derselben ein frisch gebackenes Brot hinzutragen. Sie muste durch eine Niederung, durch welche ein schmaler Graben ging, der aber ganz trocken war. Als die Frau an den Graben kam, wollte sie recht bequem über denselben kommen, legte das Brot hinein und trat mit dem Fusz darauf und dann hinüber auf die andere Seite des Grabens. Hier trat ihr ein alter Mann mit grauem Haar entgegen und sprach: Weil du die Gabe Gottes so gering geachtet und mit Füszen getreten hast, so soll nie wieder eines Menschen Fusz diese Gegend betreten.

Bald darauf kam - eine grosze Überschwemmung, die
Fluten der Elbe rissen ein groszes Stück der Kamer-
berge weg, gruben in der Niederung zwischen diesen
und Wulkow einen tiefen See und stürzten einen ganzen
schönen Eichenwald hinein, dessen Stämme noch auf dem
Grunde liegen.*)

(W. Lahn.)

38.
Der Burghof bei Scholläne.

Dicht bei dem Dorfe Alt-Scholläne, das in früheren
Zeiten ein Städtchen war, liegt eine Insel, welche durch
mehrere Gräben und ein Wasser gebildet wird, das den
Scholläner See mit der Havel verbindet. Diese Insel
steht durch eine Brücke mit dem Dorfe in Verbindung.

Auf ihr steht jetzt eine Ziegelei; früher stand darauf
eine feste Burg, mit starken Mauern umgeben, und durch
eine Zugbrücke nur konnte man hinein gelangen. Die
Burg ist nun schon lange zerstört; als sie aber noch
stand, wohnte hier einst ein furchtbarer Raubritter, der
die ganze Gegend unsicher machte, und dem man doch
nichts anhaben konnte; denn wenn er mit seinen Knech-
ten ausgeritten war, so glaubte man gerade, er wäre in
der Burg, weil er den Pferden die Hufeisen hatte ver-
kehrt aufschlagen lassen.

Endlich wurde die Burg aber doch zerstört, und die
Leute erzählten, es wären dabei grosze Schätze ver-
schüttet worden.

Hiervon hörte auch ein Barbier, der im Dienste
eines Herrn von Wartensleben (des späteren Besitzers
von Scholläne) stand, und die Geldgier reizte ihn nach

---

*) Bei späteren Überschwemmungen, wie sie besonders in den
Jahren 1805, 1845, 1850 stattfanden, hat sich der See immer mehr
erweitert, und seine Tiefe ist an mehreren Stellen sehr bedeutend.

den Schätzen zu suchen. Er fand einen verborgenen, noch wol erhaltenen Gang, dem folgte er, und wenn ihm die Furcht vor Gespenstern und bösen Geistern den Muth zum Weitergehen rauben wollte, so trieb ihn der Gedanke an die groszen Schätze, welche er gewinnen könnte, wieder weiter, bis er am Ende des Ganges an eine schwere eiserne Thür kam.

Hier trat ihm plötzlich eine Frauengestalt von himmlischer Schönheit entgegen und suchte ihm den Eingang zu verwehren, indem sie ihn mitleidig anblickte. Als aber der Barbier, immer wieder durch die Schätze angelockt, dennoch weiter dringen wollte, warnte sie ihn mit lieblicher Stimme, rieth ihm zur Umkehr und schenkte ihm viel Gold und Kostbarkeiten. Er kehrte um und war froh, als er wieder im Freien war. Mit dem erhaltenen Golde kaufte der Barbier sich in Rathenow an und machte dort sein Glück, und Nachkommen von ihm sollen noch jetzt im besten Wolstande daselbst leben.

Der Gang im Scholläner Burghofe aber ist verschüttet, und die liebliche Jungfrau hat sich auch nicht wieder gezeigt.

(W. Lahn nach mündlichen Mittheilungen.)

Aus der Ukermark.

39.
Bramarbas.
(Andere sagen: Harm.)
(Vgl. Kuhn und Schwartz: Nordd. Sag. usw. S. 202.)

Was ens en Woatamölla, un de had oek goato vä to molen. Wen de Man ümmato Woata hat har, den kün he en riek Man wän; nu em öwast dät Woata oft feielt,

kün he si Moeljest nich tofreden schtellen. Riek wul he
öwast jean wän, also buet he sich nich wiet va si Woata-
möl af uppen Berch oek noch en Wintmöl. As se fertig
was, nam a sich oek en Jesellen an. De Jesel müst up
dän Wintbuk molen, un he bleew up de Woatamöl.

Nu was dät öwasten schreklich Jeschicht: In de
iast Nacht wur em de Jesel up dän Wintbuk doet moekt.
Ke Minsch wust, wer dät doen har. Hen un werra in
si Jesicht un up si Hen had he Ratzen,[1]) as wen em
ena racht[2]) had. — De Möllajesel wurd begrowen, un
de Meista nam sich dän iasten besten Feiaburschen, de
anjewannat kam, un wees en hen no de Wintmöl. Ennan
Morjen laech he oek doa un was doet, un werra had
he wira nüscht an sien Liew, as hen un werra Ratzen
int Jesicht un up de Hen.

Al Lüed reten öwa dif Mortjeschicht. Hulp öwa
nüscht, de Wintbuk had Jelt kost, also müst he oek
werra wat inbrengen. De Meista nam sich dän drüdden
Jesellen. Dän Dach öwa jink dät Molen recht goet,
ennan Morjen öwa was he oek doet; un almo, so oft de
Meista sich en Jeseln nam, wurd he in de iast Nacht
doet moekt. Tolezt kün de Meista goa keen Jeseln mea
krien, den jera jink sien sichan Doed intjejen, wen he
nachts up dän Wintbuk bleew. Also bleew he ganz
schtil schtoen. Doechs wul uek kena mea rup up de
Möl, wielt allen so sea grulich vöakam. Öwa Joa un
Dach schtunt he ganz schtil. Doch öwast wuln de Lüed,
de va fean doabi wannaten, seggen, dät dät doa up de
Möl nich so ganz met rechten Dingen tojink. Se höaten
Mitternacht sun wunnalichen Schpektokel, as wen de Bösa
si Wesen doa boben up de Möl dreew.

No Joa un Dach kümt ens en Möllajesel tojewannat,
de froech dän Meista, worüm dät he sien Wintbuk schtil
schtoen leet bi sun schönen Wint. Doa vatelt em de
Meista de Jeschicht. Quält de Jesel de Meista, dät he em
sul anneem un no de Möl schicken. Na, säd de Meista,

wen du so groet Lust hest, di Lewen to valian, so go
hen un moel. Roggen schteit a vant vöarig Joa noch
up; den ke Minsch jeit mea rup up dän Wintbuk.

De Jesel, he heet Ephrem Bramarbas, was klöka
as enna Minschen, he kün mea as Broed eten; dät moekt,
he had fleiszig dät söst Boek Mosi schtudiat. Upschtüns
jift et sun Boek nich mea. Wiel de Minschen sun gro-
ten Misbruek met dit Boek drewen hebben, so het et de
Obrigkeit vaboden. — Mi hem de Lüed sea oft vatelt,
dät söst Boek Mosi handelt va de schwart Kunst; un
wen ena dät goet innen Kop het, dennoesten kan ena
allalei böse Künst, as hexen, bannen, vawünschen,
varopen usw., un kan doamet enna Lüed groten Schoden
doen. (Freilich is an dit Jequatsch glat un goa nüscht;
de Lüed loten sich det öwast nich uetreden, wiel Vota
un Mutta äa dät vatelt hebben.)

Bramarbas also kent dit Boek jenau, drum fürcht
he sich nich hentogon no de Möl. He moelt bis de Sun
unna jeit; doa nam he ne Koel uten Kamin, un doamet
trekt he en groten schwarten Kreis up de Möl, un in
dän Kreis set he sich en Schemmel, un up dän Schem-
mel set a sich nerra. De Meista had em en Säbel jeit,
dän nam he in de Hand un luat, wat nu wol kom-
men wür.

Bes Mitternacht luat he. Kuem öwast was de lezt
Schlach vaklungen, doa blaut unna in de Möl en Kat.
Se kam rup bi em un wul met äa glönig[3]) Ojen jeroed
up em toschpripen, kün öwast nich öwa dän Kreis
kommen. Nu jink se werra ruet un schreech up dän
Wintmölnberch ganz erbermlich.

Dät duat nich lang, so keem uek so vä Katten un
Kotas no de Möl, dät se ganz vul was; un altohoep
wuln se em to Liew, kün öwast nich in dän Kreis kom-
men. — Ephrem sach sich dät Schpelwerk so en halw
Schtun met an; as se em öwast det Zigötan[4]) to lang
drewen, nam he sien Säbel un haut de ol Kat, de am

dülsten no em schpukt un pruescht, äan rechten Vöafoet af. De afjehaut Foet feel in dän Kreis, wo he in sat. As en Sturmwint, un as wen nich wat goeds mank de Katten was, reten se altohoep unna en schreklich Blauen un Mauen uet un rönten runna vannen Berch.

Bramarbas nam dän Foet, un as he en recht nip bekiken dät, wurd he jewoa, dät et ke Kattenfoet was; was en Minschenhant, un up dän een Finga schtak en schön gulden Rink.

As de Meista morjens upschtunt, wunnat he sich nich wenig, dät si Wintmöl jink; noch mea wunnat he sich, as Bramarbas van Berch runna kam no Früschtüketen. As he rinna kam in de Schtuew, sach he, dät Fru Meistan schterwenskrank int Bet laech un goato sea schtänt. He reep sich dän Meista alleen un wees em de Minschenhant, un as se dän gulden Rink up dän Finga recht prik bekeken, wurden se jewoa, dät in dän Rink dän Meista sien Noem schtunt; also was et jo ganz kloa, dät et de Trurink was, dän de Meista si Fru schenkt had.

Üm sich va de Sach noch jenaua to öwafüan jingen se beid hen no Fru Meistan äa Bet, neem äat Dekbet af un krejen to seen, dät dät ganz Bet vul Bloet was, un dät Fru Meistan äa Hant afhaut wia. Nu was et jo met Hennen to gripen, dät dän Meista si Fru en ol Hex was. Se vabünnen äa de Hant nich, se leten se doet bloden. Ganz is et nich ruet kommen, in wekka Hüsa de enna Katten un Kotas höaten, öwast so unjefüa kün Bramarbas dörch si schwart Kunst de Hüsa al beteiken, wo se woenten, so dät jera sich vor de Hexen in acht neem kün. De Meista friet sich nu en recht from un vanünftig Fru un beheel Ephrem Bramarbas tietlebens up si Wintmöl, un so had den no jerode al Schpökarie un Haxarie, int Dörp so goet, as up de Wintmöl, en En. Bramarbas het tietlebens nich friet,

den de schwart Kunst sal sich met dän Eschtant nich
vam besten vadrojen, seggen de Lüed.

¹) Schmarren. — ²) gekratzt. — ³) glühend. — ⁴) Geschrei.

(Lehrer Pracht zu Röpersdorf bei Prenzlau.)

40.
George Feïtsch.

In de Blankenburgsch Heid licht en See. Al un
jera secht to dän See — Dreksee —. So hit he frei-
lich nich; he hit hochdüetsch — Dreiecksee. Nich wiet
va diffen See het sich vör olle Tiden wunnalich Jeschischt
todrojen:

Gürjen Feitsch füat ens et Obens, as et schumrig
wäen wul, metten Fua Holt bi dän See vabi. Kümt doa
en groten Kota bi em un löpt ümma bi em hea un
kikt em met si glögnig¹) Ojen so recht pral an. As a
so en tietlank bi em lopen had un up so en etwas
frien Plaz an en Wech kam, rüpt he met ens: Nim!
nim! — Feitsch naem si Pietsch un haut no dän Kota;
de öwast schpringt em no en Kop, rit em sien Hoet af
un rüpt ümma werra: Nim! nim! — As Gürjen Feitsch
ümma dülla no dän Kota schleit, löpt a wech va em un
midden rup up dän frien Plaz. Doa set he sich bien
groten Kasten nerra un schricht²) ganz erbermlich:
Nim! nim!

Gürjen fengt an to grulen. He knapt si Pead an
un füat wira. Kuem is a twintig Schrit vabi, doa höat
a et unna in de Ead klingen, as wen luta Jelt uet-
schüt wät. He kikt sich üm no dän Kota un Kasten.
De öwast vaschwunnen vör si sichtlich Ojen. Dän Kota
höat a öwast noch recht jemmalich schrien:

Gürje, wiast du doch heakoem,
un hädst du diffen Schaz metnoem,
den küst du di int Füestken lachen!
Nu müd ik hia noch hunnat Joa
dät schöne blanke Jelt bewachen.

Du müst weten: Al hunnat Joa up diffen Dotum
schteit de Kasten met Jelt e Schtun lank öwat Ead up
dif Schtel, un ik müdden so lang bewachen, bis ena üm
diffen Glockenschlach kümt un en to sich nimt. Schoed,
dät du mi nich erlöest hest. Duech mi dän Jefallen, un
kum no hunnat Joa uppen Johansdach werra hiahea, un
moek di Sach bessa.

George Feitsch is nu a lang doet, un de arm Kota
töewt[2]) noch uppen enna Glükskint, dät em erlösen sal.

[1]) glühenden Augen. — [2]) schreit. — [3]) wartet.

(Lehrer Pracht zu Röpersdorf.)

41.

Mise-Pupise.

Kam mo ens en Bua van de Schtat. As a up de
Grenz va si Dörp kam, sat doa en ol Kat. Uet Schpoes
secht he to äa: Goden Nobent, Olsch! — De öwast ant-
woat em un secht: Schön Dank: Wen du no Hues
kümst, den grües ma di Kat va Mise-Pupise, de upt
Grenz sat, un seg äa: Luetswig is doet.

As de Bua no Hues kümt, set he sich upt Müa-
bank.[1]) Doa kümt si Kat an un schtrokelt sich an em.
He öwast secht uet Schpoes to äa: Olsch, ik sal di oek
gröszen va Mise-Pupise, de upt Grenz sat, un se löt di
seggen: Luetswig is doet. — As de Kat dän Groes
höat, maut se ganz vanqemlich uet äan Hals ruet: Wat!
Luetswig is doet? un Mise-Pupise let mi dät seggen?

— As de Bua höat, dät si Kat oek reden kün, löewt he, de Bösa schtekt in si Kat. He greep no en Schtok un säd: I, wen du oek reden kast, den sast du doch ma seen! — Un doamet wul he ää ens vareiken. Se öwast töewt nich so lang; gliek schprunk se in de Hücht no en Schtuwendöa-Drücka un moekt sich de Döa ganz alleen up un leep doavan. De Bua het in Lewen nich werra wat va si Kat to seen krejen. —

Enna Lüed seggen, de Kat is utet Fensta, noch enna seggen, se is uten Schoaschteen goen.

¹) Ofenbank.

(Pracht.)

42.
De Kirchjank bi Nacht.

De Junkjesellen un de Jumfan, wen se öwa 47 Joa olt sint, krient hia in de Ukamark recht schlecht. Ää Amt is würklich nich to beneiden. De Jumfan müdden hen no et Kröchendörpsch Felt un growen doa mette Näjnotel fiefuntwintig Joa lank uppen Hunberch; de Junkjesellen öwast müdden no äan 47. Joa fiefuntwintig Joa lank Kreewt¹) no Jerusalem driwen, ora se müdden hen no et Passoesch Elsbroek un roden doa fiefuntwintig Joa lank Schtubben.

Was mo ens en ol Jumfan van 76 Joa, de a ganz ruet was uet de Klas, de noch met ää Näjnotel growen müdden, de künt nachts oft nich so recht schlopen; un wen se schleep, so had se innen Schloep ümma sun sea schwea Dröem, dät se öftas innen Schloep ümhea leep un ää Würtschaft nosach.

Ens dröemt dit ol Mäken in de Nacht van Sünobent tum Sündach, dät se ää sündoechsch Tüech antrekt un henjeit no de Kirch. Se schteit öwast doabi oek würklich up un trekt sich sündoechsch an un jeit hen no de

Kirch. Was jeroed üm Mitternacht. As se bi de Kirch
ankam, was de Kirchdöa up, un de Kirch was recht hel
belüecht. Se jink rin, set sich in äan Kirchenschtoel
nerra un sunk recht andechtig met. Doabi öwast woekt
se up un höat nüscht mea vannen Jesank.

As se ganz to sich selber kam un in de Hö keek,
kreech se doa recht vä Lüed to seen, de upschtüns nich
mea uppen Eadbodden leewten. Doa seten Lüed in de
Kirchenschtöel, de a vör Joa un Dach schtorwen wian.
Se sach äan Vota un äa Mutta, äa Brörra un äa Schwe-
stan, äa Nowas,[2]) äa Beed-[3]) un Schoelkamroten. Se
sach oek dän vörigen Presta, de a lang in de Ead va-
fuelt was. Jo, wat nach wunnalicha was, de Presta
schtünt upt Kanzel un predicht; he hantschloecht doabi
so, as wen he unna lewig Lüed predicht. Se öwast kün
uek nich en bitschen doavan höan, so wenig va dän
Gesank as va de Predig. As de Presta en Sejen schproek,
wat se an de Bewegung va si Hen sach, un dät doabi
al de Lüed upschtünnen, kam e Fru no äa ran (was jo
vör söstein Joa äa best Freundin west, as se schturw)
un flistat äa int Oha: — Nu go ruet! — Gliek schtunt
se up un valeet de Kirch; de enna Lüed sungen noch
en Versch, wovan se öwast oek nüscht höan kün. As se
eben met äan lezten Foet uet de Kirchdöa schreet,
schnapst de Döa to, un äa Kleet was in de Döa klemt.
In de Angst reet se, wat se riten kün, un reet sich en
halwen Rok hinnen af. Ennan Dach, as de Kösta ganz
tidig henjink, üm to de Predig to lüden, funt he dän
Flicken nich in de Döa, öwast up jera Graw laech en Schtük
va dän afjeräten Rok. De Olsch wurd va de Angst sea
krank un schturw en poa Doej no diffen graulichen
Kirchjank.

[1]) Krebse. — [2]) Nachbarn. — [3]) Beedkinner = Confirmanden, taum
Beden gaen = zum Prediger in den Confirmationsunterricht gehn.

(Pracht.)

Aus dem Beeskow-Storkower Kreise.

43.
Die Glocke im Scharmützelsee.

(Der Scharmützelsee liegt 1 Ml. von Storkow. Seine Länge beträgt 1½ Ml., die Breite ¼ Ml. Umgrenzt wird er von den Feldmarken der Dörfer Saarow, Pieskow, Radlow, Diensdorf, Rietz und Silberberg. Bei letzterem befinden sich sogenannte Hünengräben, in welchen schon verschiedene Altertümer gefunden worden sind.)
Vor vielen vielen Jahren war an der Stelle, wo der Scharmützelsee jetzt liegt, eine Stadt. Hinter dieser Stadt zog sich eine mit Gebüsch bewachsene Hügelkette hin, und an einem der Berge, dem Gurkenberge, entlang führte eine Strasze von Radlow nach Silberberg. Auf dem Silberberger Berge, auf welchem jetzt das neue Kohlenbergwerk ist, stand ein heidnischer Tempel, und hierhin gingen die damaligen Einwohner von Radlow und der im See liegenden Stadt um ihren Gottesdienst zu verrichten. Die Stadt ist dann bei einer Überschwemmung durch die Fluten des Meeres vernichtet, und über ihr ist der See geblieben. — Vor vielen Jahren warfen einmal ein paar Fischer im See ihre Netze aus, und als sie dieselben herausziehen wollten, waren sie ungemein schwer. Einer der Fischer verlor beim Herausziehen die Geduld und stiesz einen Fluch aus. Da fiel aus dem Netze mit schwerem Getöse eine Glocke in den Grund, und aus der Tiefe des Sees erschollen die Worte: Ich komme nicht mehr zu Lande! Diese Glocke rührte von der versunkenen Stadt her.

(Nach der Erzählung eines alten Fischers von dem Geometer H. Vogt in Storkow.)

Aus dem Oderbruche.

44.
Der Kobold in Alt-Reetz.

Vor vielen Jahren lebte in Alt-Reetz eine Witwe,
von der allgemein die Rede ging, sie habe den Kobold.
Sie hatte stäts viel Geld, verliesz niemals ihre Wohnung,
verrichtete alle häuslichen Arbeiten selbst und gestattete
niemand den Eintritt in gewisse Zimmer. Dazu kam
noch, dasz die vom Felde heim kehrenden Dienstboten
stäts ihr Essen bereit fanden, ohne irgend die Spuren
eines Feuers auf dem Herde zu bemerken. — Gar häufig
bestand, besonders mittags, das Essen in Backobst mit
Klöszen, dessen das Gesinde bald überdrüssig wurde.
Der Groszknecht faszte daher den Entschlusz die Sache
zu untersuchen. — Zum Schein ging er einst mit den
anderen Dienstboten aufs Feld, schlich sich aber wieder
ins Haus zurück und versteckte sich im Ofen, dessen
Feuerung nach der Küche ausmündete. — Lange hatte
er vergebens auf irgend ein Ereignis gewartet. Da
endlich, kurz vor 12 Uhr mittags, erschien die Hausfrau
in der Küche, welche er durch das Ofenloch mit ge-
spannter Erwartung beobachtete. Anstatt aber Feuer
auf dem Herde anzumachen, beschrieb die Frau über
demselben an der schwarzgeräucherten Schornstein-
wand einen Kreis. Gleich darauf entstand ein Kni-
stern, als wenn Feuer brannte, und der Lauscher wurde
zu seinem Schrecken gewahr, dasz sich die Wand kreis-
förmig öffnete und ein häszlicher Kopf mit feurigen
rollenden Augen zum Vorschein kam, der einem Kobold
angehörte. — Die Frau Wirtin aber hielt dem Kopf die
bekannte Mittagsschüssel vor und sagte: Matz, so kotz

doch! worauf der Angeredete diesmal erwiederte: Mama,
er guckt! — Da die Frau nichts verdächtiges bemerkte,
so glaubte sie, ihr sauberer Gast sei eigensinnig, und
drohte ihm mit dem Finger. Es erfolgte nun ein aber-
maliges Knistern, der Kobold öffnete den Mund und spie
das bewuste Backobst mit Klöszen dampfend in die
Schüssel. Nach jeder neuen Mundöffnung aber sagte er
immer wieder: Mama, er guckt! Als eine hinreichende
Menge Speise in der Schüssel war, tischte die Witwe
auf, und das Gesinde erschien zum essen, wodurch der
Lauscher aus seiner unliebsamen Lage befreit wurde. —
Er verfiel sogleich in eine schwere Krankheit, in welcher
er nur vom Kobold phantasierte, und verliesz, kaum ge-
nesen, seinen Dienst. — Das andere Gesinde, welches
das Abenteuer natürlich auch erfahren hatte, blieb eben-
falls nicht länger bei der Witwe und brachte dieselbe so
in Verruf, dasz sie des Kobolds wegen durchaus keinen
Arbeiter mehr bekam. — Der Acker trug daher nur
Unkraut, und auf dem einst so belebten Hofe sah es
wüst und öde aus; nur in dem Hause wollte man zu-
weilen ein rumorendes Geräusch vernommen haben, aber
jeder beeilte sich unter drei Kreuzen an dem Gehöfte
vorüber zu kommen. —

Ein ganzes Jahr war inzwischen verstrichen und die
Koboldsgeschichte fast vergessen. — Da meldete in der
Walpurgisnacht der Nachtwächter, am ganzen Leibe
zitternd und mit verstörtem Gesicht, dem Ortsschulzen,
in dem verrufenen Hause sei ein furchtbarer Lärm ge-
wesen; es habe darin gekreischt und geheult, Thüren
seien mit groszer Kraft zugeworfen und Lichter haben
sich hin und her bewegt. Dies habe eine Stunde ge-
währt, dann sei alles still geworden, und zum Schlusz sei
ein blauer Feuerstrahl aus dem Schornstein gefahren,
der in den Wolken verschwunden sei. —

Der Ortsrichter begab sich auf diese Anzeige mit
den Schöppen nach dem verrufenen Hause und fand

Thüren und Fensterladen verschlossen. Als auf wiederholtes Pochen keine Antwort erfolgte, erbrach man die Thür. Die Witwe fand man mit zerrissenen Kleidern, aufgelöstem Haar und zerkraztem Gesicht mitten in einem Zimmer liegen, und als man sie berührte, war sie todt. —

(Rubehn aus Alt-Reetz nach mündl. Überlieferung.)

45.
Der rothe Hahn in Clewitz.

Unter diesem Namen trieb lange Zeit ein Kobold sein Wesen in dem Dorfe Clewitz bei einem Bauern, namens Tiedemann. Hier warf er mit Geräthschaften aller Art, wie Forken, Hacken, Spaten usw. um sich, war bald auf dem Boden, bald im Keller, machte sich auf dem Dunghaufen zu schaffen und überschüttete häufig mit Sand und kleinen Steinen die Bewohner des Gehöftes, ohne dasz man jemals den bösen Geist zu Gesicht bekam. —

Gegen jedermann zeigte sich der rothe Hahn böswillig, nur wenn ein Soldat in dem betreffenden Hause erschien, so hatte er Furcht und verhielt sich in der Regel ruhig. Die ganze Gegend war schon voll von dem Treiben des rothen Hahnes, da vernahm auch der Prediger des nächsten Dorfes Schaumburg davon und wollte natürlich nichts von dem Unsinn, wie er es nannte, glauben. —

Um sich aber an Ort und Stelle von der Wahrheit der Sache zu überführen, begab sich der Pfarrer zum Schulzen von Clewitz mit dem Ersuchen ihn in das berüchtigte Haus zu begleiten. Dieser aber lehnte es ab und liesz seinen Bruder, einen Soldaten, mitgehn.

Kaum hatte man das Haus des Bauern betreten, so wurde dem Pfarrer ein Sahnentopf vor die Füsze geschleudert; man fand jedoch im Spind, in welchem der Topf gestanden hatte, nichts verdächtiges. — Die Knechte bei Tisch wurden dadurch beunruhigt, dasz ihnen Kartoffeln und Fleisch an die Köpfe flogen. — In dem Glauben, einer der Knechte spiele den bösen Geist, begab sich der Pfarrer auf den Hof, doch es währte nicht lange, so warf es auch hier mit Erde, Steinen, Mistgabeln, Hacken, Spaten usw., auf dem Mistberg und in den Viehställen mit Dung. — Schändlich zugerichtet soll der Pfarrer geäuszert haben, nun glaube er doch, dasz ein Kobold oder der Leibhaftige hier hause.

Dem Bauern wurde das Wesen des rothen Hahns doch zu arg, daher wandte er sich an einen gewissen Brettke in Quartschen, Scharfrichter daselbst, der den bösen Geist zu bannen verstand. — Dieser erschien mit einer groszen Tabel (Kober), hiesz den Bauern vor seinen schwersten Wagen vier Pferde spannen und sich vorn hinauf setzen, ohne jedoch hinter sich zu blicken, während er selbst sich mit dem inzwischen gefangenen Kobold hinten auf setzte.

Der Bauer konnte sich aber nicht beherschen, er blickte hinter sich, und im selben Augenblick zogen die vier Pferde so schwer, als wenn sie sich an einer Winde befänden und wurden, bevor sie zur Oder gelangten, von Schweisz weisz wie Schimmel. — Das Fuhrwerk konnte nun wieder umkehren, der Scharfrichter aber liesz sich mit dem Kobold über die Oder setzen um ihn jenseits des Flusses zu bringen, denn einen Flusz können die Kobolde nicht überschreiten. —

Es war nun Ruhe in dem Tiedemannschen Hause, doch hatte der Besitzer geäuszert, er hätte dem Scharfrichter noch viel mehr gegeben, wenn er nur vom Kobold befreit worden wäre. — Dies vernahm auch der

Scharfrichter. Flugs fing er sich den Kobold wieder ein und erschien mit der bekannten Tabel auf dem Gehöft des Bauern. Natürlich gab dieser nochmals sehr reichlich um nur des Kobolds für immer los zu sein. —

(Rubehn aus Alt-Reetz.)

46.
Das Kind und die Schlange.

Als noch das Oderbruch überall mit Wasserlachen und Gesträuch aller Art angefüllt war, gab es hier auch Schlangen. Man hielt diese Thiere heilig und verehrte sie. Da die Häuser noch nicht so sichere Fundamente wie jetzt hatten, so fanden sich die Schlangen gar häufig unter dem Ofen und Herd ein, weil sie die Wärme lieben. — Aus diesen Schlupfwinkeln wurden sie aber nicht etwa vertrieben, sondern man lockte sie mit besonderen Gebeten hervor auf ein weiszes Tuch an der Erde, wo ihnen allerlei Speisen vorgesetzt wurden. — Fraszen die Schlangen hiervon, so bedeutete es Glück für das Haus, Unglück aber, wenn sie nicht hervorkamen, oder wenn sie zurückkrochen ohne von den Speisen etwas anzurühren.

Später hörte diese Schlangenverehrung zwar auf, allein, da die Schlangen keinen Schaden thaten, so wurde ihnen auch gerade nicht nachgestellt, und die Thiere waren sehr dreist. — Man erzählt sich davon folgende Geschichte:

Der ehemalige Besitzer des Metzdorfschen Hauses in Alt-Reetz ging mit seiner Frau seiner Beschäftigung nach, und ein kleines Kind, das gewöhnlich noch schlief, wenn sich die Eltern entfernten, blieb zu Hause zurück. — Man stellte ihm Milchsuppe vor das Bett, die es beim Erwachen essen sollte.

Wollte nun das Kind seine Speise genieszen, so war regelmäszig bei dem Napfe eine Schlange gewesen und hatte die Milch abgefressen. Daher magerte das Kind mehr und mehr ab — und gab auf Befragen an, dasz ein glattes Thier, welches sich auf dem Bauch winde, zu wiederholten Malen erschienen sei und die Milch vom Napf gelekt habe. —

Die Eltern des Kindes paszten auf, und sieh da, hinter dem Ofen kam eine wolgenährte Schlange hervor, kroch an den Napf und fing an zu fressen. — Das Kind erwachte und nahm den Löffel und schlug die Schlange mit den Worten auf den Kopf: Käte, fit oek Bocken! (Kröte, frisz auch Brocken!). Man tödtete die Schlange, doch bald darauf starb auch das Kind, und die Leute sagten, die Schlange hätte das Kind nach sich gezogen. —

(Rubehn aus Alt-Retz.)

47.
Rothmützken.

Bei einem Alt-Reetzer Fischer vermietete sich einst ein Knecht, der immer eine rothe Mütze trug, weshalb er im Dorfe allgemein Rothmützken genannt ward. Alle Sonntage, wenn die andern Leute zur Kirche gingen, stieg er auf den Stallboden, wo allerlei kleine Männer, die Untererdschken, zu ihm kamen und Spiel, Lärm und lautes Lachen mit ihm vollführten. Wenn dann die Hausgenossen aus der Kirche zurückkehrten, kam Rothmützken wieder vom Stallboden herunter und war munter und guter Dinge. —

Das dauerte eine ganze Zeit, wol über Jahr und Tag. —

Eines Sonntags, es war Sonntag nach Weihnachten, stieg er auch wieder auf den Stallboden, während die andern nach der Kirche waren. 'Das Lärmen, Poltern und Lachen ging wieder wie früher, nur viel wilder und lauter. So ging es wol eine Stunde hindurch; als aber der Prediger auf der Kanzel eben Amen gesagt hatte, da gab es einen betäubenden Knall, der die Kirche und alle Häuser im Dorfe erschütterte. Und als die Leute nach Hause stürzten, fanden sie die Stallbodenthür weit auf die Strasze geschleudert, Rothmützken aber an einem Kreuzbalken erhängt. Sein Grab fand er in einer Ecke des Kirchhofs. Er hatte aber nicht Ruhe im Grabe. Immer in der Sonntagsnacht nach Weihnachten erschien er auf dem Kirchhofe, und die Hirten, die damals (wo im Sommer das Bruch unter Wasser stand) oft um die Weihnachtszeit ihr Vieh noch auf die Weide trieben, sahen ihn dann, wie er auf dem bretternen Kirchhofszaun sasz und mit dem Kopf schüttelte. — Er war dürr wie ein Skelett, aber immer noch trug er die rothe Mütze. Daran hatten sie auch erkannt, dasz es kein anderer sein konnte als Rothmützken. —

(Rubehn. Schon aufgenommen: Fontane, Wanderungen durch die Mark Brandenburg, das Oderland. S. 211.)

48.
Die alte Jungfer.

In Orthwig soll vor langer Zeit eine alte Jungfer gestorben sein, die allen jungen Leuten, die sie heiraten wollten, den Korb gegeben hatte. Als sie alt war und niemand mehr kam sie heimzuführen, wurde sie zum Gespött für jedermann. Ja, dies ging so weit, dasz man sie auf dem Kirchhof an einer abgesonderten Stelle begrub. —

Da geschah es denn einst, dasz drei junge Bursche, die spät abends aus dem Gasthofe kamen, in übermüthiger Laune dem Nachtwächter das Horn abnahmen und über den Kirchhofzaun nach dem Grabe der alten Jungfer hin bliesen um ihr ein Ständchen zu bringen.

Doch die Strafe folgte diesmal der Schandthat auf dem Fusze. Den drei jungen Burschen wurde es ganz dunkel vor den Augen, es überschlich sie eine fürchterliche Angst, und sie rannten eiligst davon. Hierbei verunglückten sie alle drei. Der eine brach ein Bein, der andere einen Arm, und der dritte fiel sich das rechte Auge aus dem Kopfe. — (Rubehn.)

49.
Das spukende Schiffermädchen.

Vor vielen Jahren lag einmal ein Schiffer mit seinem Kahn in der Oder gegenüber dem Österlingschen Gehöft bei Grosz - Neuendorf vor Anker. Es hatte stark gereift, so dasz das Kahndeck schwer zu passieren war. Die Tochter des Schiffers aber, ein wunderhübsches Mädchen, machte sich auf dem Decke etwas zu schaffen, glitschte aus und fiel in das Wasser. Der Schiffsknecht, ihr Bräutigam, stürzte ihr nach um sie zu retten, doch auch er fand den Tod in den Wellen. —

Der Leichnam des schönen Mädchens wurde noch denselben Tag aufgefunden, der Bräutigam aber nie. Nach damaliger Sitte bestattete man die Leiche der Ertrunkenen der Stelle gegenüber am Ufer, wo der Unfall geschehen war. — Die verunglückte Braut sollte aber keine Ruhe im Grabe finden, und sie sucht jetzt noch, vom Damm in die Fluten spähend oder mit einem Kahne die Oder befahrend, nachts ihren Bräutigam, den sie noch immer nicht gefunden hat.

Wenn man sie sieht, darf man nicht zu ihr spre-
chen, sonst wird sie plötzlich unsichtbar, hackt jedoch
dem Fragenden auf, und dieser musz eine centnerschwere
Last bis zum Dorfe schleppen. So kam auch einst ein
Bewohner aus Neuendorf den Damm spät abends ent-
lang, wurde den Kahn auf der Oder gewahr und rief:
Luise! (so hiesz nemlich das Schiffermädchen). Da sah er
plötzlich den Kahn nicht mehr, hatte aber auf den
Schultern eine solche Last, dasz er sich nur mühsam
fortbewegen konnte. Beim ersten Hause des Dorfes an-
gekommen, triefte er von Schweisz, stürzte halb todt nie-
der und verfiel in eine schwere Krankheit.

(Rubehn.)

50.
Die Entstehung der Pieseberge an der Oder bei Hälse.

In der Neumark lebte einst ein junges Riesen-
fräulein, dem das Leben drüben zu einförmig ward und
daher beschlosz einen Abstecher nach dem Oderbruche
zu machen. — Sie nahm ihren Weg von Neumühl nach
der Gegend des jetzigen Coloniedorfes Hälse, und von
hier wollte sie nach Kienitz hinüber. Dabei kam sie
an die Oder. Durch diesen breiten Flusz liesz sie sich
jedoch in ihrem Plan nicht stören; sie eilte flugs nach
Neumühl zurück und holte ihre Schürze voll Sand um
den Flusz an der Stelle der jetzigen Pieseberge zuzu-
dämmen. —
Durch diese eine Schürze voll Erde war aber der
ganze Berg verschwunden, der sich früher von Neumühl
nach Hälse erstreckt hatte, und der Damm war doch
kaum halb vollendet. Fluchend und wetternd drehte
sich die Riesin um und beschlosz eine zweite Schürze

6 *

voll Erde zu holen. Abermals nahm sie diese von der
Stelle, wo die Berge von Neumühl gewesen waren, und
griff dabei so tief, dasz eine tiefe Grund entstand, die
noch bis heute zu sehen ist. Doch ihr Ziel erreichte
die Riesin diesmal nicht; sie fiel und brach ein Bein,
wobei sie den Inhalt der Schürze verschüttete. Hier-
durch wurden die sogenannten Luderberge gebildet,
welche oberhalb der Pieseberge und rechts seitwärts
von Hälse liegen, und der beschlossene Damm blieb un-
vollendet. —

(In allen Ortschaften, die in der Nähe der Piese-
berge sind, wie Hälse, Neumühl, Klewitz usw. wird diese
Sage von dem Volke mit groszer Bestimmtheit erzählt.)

(Rubehn.)

51.

Wie oberhalb der Kanzel in der Kirche zu Alt-Reetz die Taube kam.

Zur Zeit, als in Alt-Reetz noch das alte Dorf stand,
bekam die Gemeinde nur alle 6 Wochen den Prediger aus
Wriezen zu sehen, was die Mehrzahl der Gemeindemitglieder
sehr übel aufnahm und deshalb weder das Gotteshaus
besuchte, wenn der Schulmeister ablas, noch wenn der
Geistliche erschien. Letzterer war natürlich darüber sehr
aufgebracht und sann auf ein Mittel, wie er seine Herde
wieder an das Gotteshaus fesseln konnte! Bald war es
gefunden. Der Schulmeister muste der Gemeinde mit-
theilen, der Herr Prediger würde bei seinem nächsten
Eintreffen den heiligen Geist in Gestalt einer Taube er-
scheinen lassen. Hierzu sollte eine Taube des Schul-
meisters benutzt werden. Als aber die Frau desselben
den Einwand machte, ihre Tauben seien vor allen an-
dern jedermann bekannt, da sie wegen des schlechten

Futters sich auf Äckern und Gehöften der Bauern selbst ihre Nahrung suchen müsten, gab der Herr Prediger den Rath, man solle nur der Taube die schwarzen Federn ausrupfen, dann würde sie niemand erkennen. Dies geschah, und damit man ganz sicher ging, wurde die Taube schon spät des Sonnabends auf den Kirchboden unter ein Sieb gebracht. Die Gemeinde hatte sich sonntags zahlreich versammelt um das Wunder zu sehen. Als der Schulmeister das Orgelspiel beendigt hatte, schlich er sich auf den Strümpfen zum Kirchboden, woselbst sich in der Mitte der Decke ein rundes Loch befand. — Der Prediger donnerte mit starken Worten auf die andächtige Gemeinde herab und schalt ihre Saumseligkeit im Besuch des Gotteshauses, wobei er endlich in die mit dem Schulmeister als Zeichen verabredeten Worte ausbrach: O heiliger Geist, erscheine mir und dieser Gemeinde und bekehre die verirrte Herde! Der Schulmeister griff zur Taube, aber, o Schreck, sie war todt, denn ein Unthier hatte sie in der Nacht erwürgt. Abermals und zum dritten male mit stäts lauterer Stimme rief der Prediger jene Worte; da endlich wuste der geängstigte Schulmeister seinem Leibe keinen andern Rath, als — er steckte den Kopf durch die Deckenöffnung und rief: Die hat der Nilling (Iltis) gewürgt! — Seit jener Zeit befindet sich eine weisze Taube oberhalb der Kanzel der Reetzer Kirche.

(Rubehn.)

52.
Die goldene Hirschkuh.

Einst kam auf dem Oderdamm bei Kienitz eine goldene Hirschkuh angetrollt, und als dies die Bauern und Fischer bemerkten, machten sie sich eilig hinterher, holten sie bald nach Neuendorf hin ein und hielten sie fest. Als man aber das kostbare Thier nach Kienitz zurückbringen wollte, sträubte es sich sehr, so dasz einer sagte, man solle es doch mit einem Strick binden und es dann nach Hause tragen. Der Rath leuchtete allen ein, als man jedoch nach dem Strick suchte, hatte niemand einen bei sich. Man rathschlagte nun hin und her, wie man wol am leichtesten zu dem Strick kommen könnte, vergasz indessen dabei die Hirschkuh festzuhalten, und sie entschlüpfte den darob erstaunten Bauern. — Misgestimmt kam die Gesellschaft in Kienitz an; der Schulze aber, als der Klügste des Dorfes, schickte des andern Tages den Knüppel (ein Stock, an dem sich ein Zettel befindet mit den Befehlen des Dorfschulzen) herum, die Gemeinde möge sich im Schulzenamt versammeln. Hier hielt er eine harte Strafpredigt, dasz man das Glück des Dorfes verscherzt hätte, und endigte seine Rede damit: Jeder Bauer, Fischer oder sonstiger Eigentümer von Kienitz hat von heute ab stäts einen Strick um den Leib zu tragen, damit dieser im Fall der Noth sogleich bei der Hand ist, und übrigens sind ein Strick und Käsebrot zwei Dinge, die jeder Kienitzer bei sich führen musz, denn damit kommt er durch die ganze Welt. — Seit der Zeit heiszen die Kienitzer im ganzen Oderbruch die Strickbauern. --

(Rubehn.)

53.
Bestrafte Neugierde.

Einst kam ein Orthwiger Bauer des Abends spät vom Kruge und muste dabei an dem Kirchhof vorüber. -- Bei eben untergehendem Mond bemerkte er, dasz sich auf dem Friedhof zwei weisze Gestalten mit langen

Stöcken schlugen. — Als er dies eine geraume Zeit betrachtet hatte und die Männer ihren Kampf immer noch nicht einstellen wollten, faszte er sich ein Herz, ging auf den Friedhof und suchte die beiden Kämpfer mit seinem Stocke zu trennen. Aber sieh da, als er dazwischen schlug, waren beide Gestalten spurlos verschwunden. Erschreckt trat der Bauer seinen Rückweg an, doch fühlte er in demselben Augenblick eine schwere Last gleich einem Sacke Getreide auf dem Rücken, die er, in Schweisz gebadet, bis nach seiner Hausthür schleppen muste. Vor Schreck wurde der Bauer so krank, dasz er innerhalb 24 Stunden eine Leiche war und auf diese Weise seine Neugierde bestraft wurde.

(Rubchn.)

54.
Der spukende Nachtwächter in Orthwig.

Der alte Nachtwächter Raasch hatte lange Zeit in Orthwig getreulich seinem Posten vorgestanden und starb. Doch auch im Grabe fand er noch keine Ruh, und gar oft sah man ihn des Nachts bald hier, bald dort seinen Nachfolger in der Bewachung des Dorfes unterstützen. — Einst fuhr noch spät in der Nacht der Wagen des Bauern Siewert am Kirchhof vorüber, und Raasch, der sich gerade von seinem Grabe auf eine nächtliche Wanderung begeben wollte, ging hinter dem Fuhrwerk her. Die Knechte, dies bemerkend, trieben die Pferde heftig an, doch so schnell man auch fuhr, der Geist des Nachtwächters folgte stäts nach und fand sich sogar auf dem Scheunenflur ein, wohin der Wagen gebracht wurde, um nachzusehen, ob die Dienstboten ihren Pflichten gehörig nachkommen würden. —

Ohne den Pferden genügendes Futter gegeben zu haben, wollten sich die Knechte zu Bette begeben, allein jeder derselben erhielt ein paar so derbe Ohrfeigen wegen seiner Nachlässigkeit, dasz sie acht Tage lang krank waren.

Auch auf andere Weise soll Raasch dargethan haben, dasz er als Geist nachts im Dorfe Umgänge hielt, woher man grosze Furcht vor ihm zeigte und nicht leicht spät abends die Gegend des Kirchhofs passierte. —

(Rubehn.)

55.
Die weisze Frau auf den Bergen bei Orthwig.

In der Johannis-Nacht Punkt 12 Uhr läszt sich auf den Hornschen Bergen bei Orthwig alljährlich eine schöne junge Frau von weiszer Gestalt sehen, die in einen langen weiszen Schleier gehüllt ist und eine strahlende Krone auf ihrem Haupte trägt. — Es geht die Sage, sie sei eine verwünschte Prinzessin, die der Erlösung harre. — Kommt jemand um jene Zeit zufällig des Weges gegangen, so musz er die weisze Frau unaufgefordert dreimal um die Berge herumtragen, und sie ist erlöst; geschieht dies aber nicht, so hat er ihren Zorn zu erwarten. Sie dreht ihm nemlich entweder das Genick um oder nimmt ihn mit sich in die Berge hinein, und er sieht nie wieder das Licht der Sonne. Die Leute der Umgegend hüten sich daher wol in der Johannis-Nacht die Hornschen Berge zu betreten. —

(Rubehn.)

56.
Die krumme Weide bei Orthwig.

Bevor die Orthwiger noch eine eigene Kirche hatten, musten sie ihre Kirchengeschäfte in Grosz-Neuendorf verrichten. Da traf es sich einst, dasz auch in Neuendorf ein Orthwiger Kind getauft werden sollte, wohin Paten und Kind wegen des schlechten Weges gefahren wurden. Als man jedoch auf die Stelle kam, an welcher der Weg eine Biegung macht um dann gerade aus nach Neuendorf zu führen, bemerkte man rechter Hand eine äuszerst krumme Weide. Der Wagen muste halten, und jedermann bewunderte die krumme Gestalt des Baumes, denn er war doch auch gar zu krumm gewachsen. — In der Kirche fragte der Prediger nach dem Namen des Täuflings, doch niemand wuste ihn, denn man hatte ihn bei der Verwunderung über die krumme Weide gänzlich vergessen, und es muste ein Bote nach Orthwig geschickt werden, der von den Eltern des Kindes dessen Namen holte.

Wenn sich seit der Zeit jemand über etwas gar sehr wundert, so heiszt es im ganzen Oderbruch: Der wundert sich, wie die Orthwiger über die krumme Weide!

(Rubehn.)

57.
Das Kalb oder Schaf ohne Kopf.

Wer nach Mitternacht die Brücken des Barnimer Weges oder die Warnitz-Brücke bei Grosz-Neuendorf zu passieren hat, der wird häufig von einem Kalb oder Schaf ohne Kopf geängstigt, das bald zur Rechten, bald zur Linken des Wanderers erscheint. — Kommt das Thier nahe heran, so musz man es streicheln, sonst wird man irre geführt oder stürzt über die Brücke ins Wasser.

Bei einem Fuhrwerk läuft es bald vor, bald hinter, bald neben dem Wagen, wodurch die Pferde scheu werden und gewöhnlich durchgehen. Steigt man aber ab und streichelt das Thier, so kann man unangefochten weiter fahren, darf jedoch in derselben Nacht den Rückweg über diese Brücken nicht wieder einschlagen. — Mancher, der das Thier nicht streichelte, hat dadurch schon groszen Schaden gehabt, und sogar einige tollkühne Leute verloren hier früher ihr Leben. —

(Rubehn.)

58.

Die beiden Pudel.

Als noch die Gegend zwischen Orthwig und Neu-Barnim Arme der Oder und Lachen durchzogen, zu einer Zeit da das letztere Dorf noch gar nicht angelegt war, lebten die Bewohner Orthwigs fast nur von Fischerei. — Einer der Fischer war ein besonders thätiger Mensch; er hatte sein Grundstück von seinem Vater bedeutend verschuldet erhalten; tagtäglich war er bemüht seine starke Familie ehrlich durchzubringen und dabei noch einige Groschen zur Abzahlung seiner Schuld zu erübrigen. — Schwer wollte ihm dies gelingen, und oft betete er deshalb zu Gott um Hilfe in seiner Noth.

Da klopfte es einst in einer finstern Nacht an des Fischers Fenster mit den Worten: Komm an das andere Ufer des Sees, (derselbe lag etwa östlich von dem jetzigen Dorfe Neu-Barnim) dort wirst du einen Schatz finden! Der Fischer glaubte, ein Bekannter mache sich einen Spasz mit ihm, eilte ans Fenster um den Ruhestörer tüchtig auszuschelten, er sah jedoch zu seinem Erstaunen niemand. — Ebenso erging es ihm in der nächstfolgenden Nacht. — In der dritten Nacht aber bestieg er seinen Kahn und fuhr zum See.

Hier bemerkte er am jenseitigen Ufer drei Tonnen,
auf denen Goldstücke lagen; leider aber hielten zwei
gewaltige Pudel Zähne fletschend und knurrend Wache
und hatten den Schatz in ihrer Mitte. — Unschlüssig,
was er beginnen sollte, stand der Fischer am ganzen
Körper vor Angst zitternd da. — Doch es sagte eine
Stimme: Eine von diesen Tonnen darfst du dir nehmen,
mache aber, dasz du fortkommst, sonst kostet es dein
Leben! —

Mit einem. Satz sprang nun der Fischer aus dem
Kahn, packte eins der Fässer und war in demselben
Augenblick auch schon wieder in seinem Fahrzeuge. —
Die beiden Pudel stieszen zwar ein Mark und Bein
durchdringendes Geheul aus, allein packen konnten sie
den kühnen und schnellen Räuber nicht und liefen wuth-
schnaubend am Ufer auf und nieder. — Das Fasz war
im Hinterende zu den Füszen des Fischers geborgen,
der mit nervichter Faust, den Kahn umlenkend, die
Vorderspitze das Wasser durchschneiden liesz.

Da kam mit einem fürchterlichen Sprung, gleichsam
geflogen, das eine feuerfunkelnde Ungetüm von Hund
in die Spitze des Kahnes und setzte sich dem Fischer
drohend gegenüber, beobachtete jede seiner Bewegungen
mit rollenden Augen und fletschte die weiszen spitzen
Zähne. — Jeder schien des andern Angriff zu erwarten,
während der Fischer mit fast übermenschlicher Kraft
den Kahn durch die sich kräuselnden Wellen dahin
gleiten liesz.

Immer näher kam der Nachen seinem Ziele, und
immer banger wurde dem Fischer, wenn er daran dachte,
wie ihn der Hund, mit der Kahnspitze zuerst am Ufer,
vom Lande aus in das Wasser stürzen würde, und wie
er überhaupt ans Land gelangen sollte, wenn der Hund
seine Stellung behielt. Da durchzuckte den Geängstigten
ein kühner Gedanke, und in demselben Augenblick war
er auch schon ausgeführt. Das hintere Ende des Kahnes

flog von der letzten Kraft des Lenkers getrieben mit schnellem Schwunge an das Ufer, und die Spitze befand sich im Wasser. — In einem Nu wurde die Tonne mit dem Schatz ergriffen, ein Sprung rückwärts gemacht, und, das geschwungene Ruder in der starken Faust haltend, stand der Fischer auf dem Lande zu jedem Angriff bereit. — Ein langgedehntes, entsetzliches Jammergeheul des Hundes durchtönte die düstere Nacht, und das geteuschte Ungeheuer war verschwunden. —

Der Fischer sank auf die Knie, dankte Gott inbrünstig für seine Rettung und trug seinen Schatz nach Hause. — Stäts erinnerte er sich der Gefahren, die er in jener Nacht erlebt hatte und beschlosz nie wieder mit der Spitze seines Nachens an das Ufer zu fahren. — Dieser Gebrauch aber, mit dem hinteren Ende der Fahrzeuge an das Land zu stoszen, wurde bald von allen Fischern der Umgegend angenommen, und noch bis auf den heutigen Tag wird im Oderbruch darauf strenge geachtet.

(Rubehn.)

59.
Strafe zweier Betrieger.

Wie jetzt bei dem Dorfe Alt-Lewin Windmühlen stehen, so sollen auch schon vor Jahrhunderten dort welche gewesen sein, von deren damaligem Besitzer im Munde des Volkes eine Sage lebt. — Der Müller suchte seine Mahlgäste nemlich auf alle Weise zu betriegen. Von einem Scheffel Korn bekam man nur die Hälfte zurück und dazu noch von schlechterer Sorte, und um das Mehl gehörig schwer zu machen, wurden Ziegelsteine dazwischen gemahlen.

Der Müller, der durch seine Unredlichkeit immer reicher geworden war, besasz auch einen groszen Acker, welcher an die Besitzung eines Alt-Lewiner Bauern grenzte. Der Bauer war auch ein Mahlgast des Müllers, betrog aber ebenso sehr wie jener. Nemlich er rückte alljährlich seine Grenzsteine weiter auf den Acker des Müllers und erlangte auf diese Weise nach und nach ein bedeutendes Stück Land. —

Obgleich beide Nachbarn reiche Leute waren, so konnten sie sich doch des unrechtmäszig gewonnenen Gutes nicht lange freuen und starben beide am selben Tage und in derselben Stunde, der Müller fünfundvierzig, der Bauer fünfundfunfzig Jahre alt.

Sie hatten aber auch im Grabe keine Ruhe. Der böse Geist umschlang sie beide mit einer eisernen Kette, so dasz sie mit ihren Rücken zusammen lagen und ihre Arme kreuzweis auf der Brust gebunden waren. Dazu kam noch, dasz sie unsichtbar gemacht wurden. — Sobald sich nun der Müller fortbewegen wollte, so hatte er den Bauern mitzuschleppen, und beabsichtigte es der Bauer, so muste er den Müller auf dem Rücken mit sich tragen, wobei es beiden an Schmerzen vom Druck der schweren Kette nicht fehlte.

Oft ertönte bei der Mühle des Nachts eine Stimme: O weh! o weh! ich habe meine Mahlgäste um Mehl betrogen! o weh! o weh! Aber niemand sah irgend etwas. — So trieben auch einst die zusammengeketteten nachts gegen 12 Uhr ihr Wesen auf dem Acker des Bauern, als ein betrunkener Schreiber einher gewankt kam. Er vernahm den Bauern, der sonst niemals gesprochen hatte, laut und ängstlich rufen: O weh! o weh! ich habe die Grenzsteine des Müllers verrückt! o weh! o weh! — Der Schreiber aber antwortete ihm in seiner Trunkenheit: Dummkopf, bringe doch die Grenzsteine wieder auf die richtige Stelle! — und stolperte dabei weiter.

Der Bauer machte sich wirklich eilends an die Arbeit, und — kaum war der letzte Stein an seinem Ort, so zersprang die eiserne Kette mit furchtbarem Gerassel und

die beiden Sünder waren befreit. — Es war gerade
Punkt 12 Uhr. Da riefen Bauer und Müller zugleich:
Gottlob! nun sind wir beide auseinander. Der Müller
aber stürzte sich in ein Mauseloch und der Bauer in einen
Düngerhaufen.

Seit der Zeit scheinen die Seelen beider Ruhe ge-
funden zu haben, denn man hat nie wieder des Nachts
bei Alt-Lewin Klagerufe von ihnen vernommen. —

(Rubehn.)

60.
Der dankbare Storch.

In früherer Zeit, so erzählt man sich in Gabow,
stand auf der Scheune des Fischers Schulz ein Storch-
nest. Einst wollte das Storchenpaar im Frühling wie
gewöhnlich das Nest wieder beziehen, doch da zeigte
sich ein anderer männlicher Storch, und es entbrannte
ein heiszer Kampf um das Weibchen. — Der fremde
Storch blieb Sieger, sein Gegner wurde fürchterlich zu-
gerichtet, stürzte vom Scheundach und brach ein Bein.
Das Weibchen aber wollte durchaus von dem frem-
den Storch nichts wissen, sondern blieb ihrem verun-
glückten Manne treu, so dasz der andere Storch endlich
das Weite suchte.

Die alte Schulzen nahm sich des verwundeten an,
verband ihm den Fusz und heilte ihn, wonach der Storch
eine grosze Zuneigung zu ihr an den Tag legte. Als
er vollständig wieder hergestellt war, sagte einst die
Alte, die vor der Thüre Wolle spann, zu ihrem Liebling,
der ohne Furcht auf dem Hofe umherlief, sein Futter
aus der Hand seiner Retterin nahm und dann auch auf
das Dach zu seinem Weibchen flog: Kneppendräjer, ik
hebbe di nun dien Been jeheelt, nu kanst du mi uet

jennet Lant, wo du nu balle hentrekst, oek fiär mine
Möe wat metbrengen.

Das Storchenpaar zog bald darauf fort, und als es im
nächsten Frühjahr wiedererschien, war die Alte zufällig
vor der Hinterthür. Sieh, da flog der Storch ganz dreist
zu ihr vom Dache hernieder und legte eine goldene
Münze zu ihren Füszen. Auf der Münze stand eine In-
schrift, die aber selbst der Prediger des nächsten Ortes
nicht lesen konnte. Lange wurde das Goldstück in der
Familie als Andenken aufbewahrt, kam dann in das
Schulzenamt und von hier an den Amtmann in Neuen-
hagen, wo die Gabower früher Hofedienste zu leisten
hatten. Der Amtmann hatte nemlich die ihm auf einem
Gelage erzählte Geschichte für ein Märchen gehalten und
durch den Augenschein erst eines bessern belehrt werden
müssen. — Wo aber seitdem die Goldmünze verblieben,
weisz niemand, da der Amtmann aus Neuenhagen fortge-
zogen ist. (Rubehn.)

61.
Der Backobstdieb im Monde.

Im vorigen Jahrhundert, als um Alt-Reetz noch viele
Gärten waren, standen hinter dem Dorfe eine ganze Reihe
Backöfen, in denen viel Obst gebacken wurde, das sei-
nen Weg nach der nächsten Stadt und nach Berlin nahm.
Die Öfen wurden immer nur mit einem Bund Erbsstroh
zugestellt. —

Einst wollten hier zwei Fischerknechte Obst stehlen.
Da der Mond sehr hell schien, sagte der eine: Der
alte Mond wird uns verrathen! — Der andere erwie-
derte aber: Ich will ihn mit dem Erbsenbund zuhalten
während du das Obst aus dem Ofen raffst. — Kaum
hatte der zweite diese Spottrede ausgesprochen, so war

er vor den Augen seines Genossen verschwunden, der ihn überall vergebens suchte, bis er ihn endlich im Monde gewahrte. — Und noch bis auf den heutigen Tag bemerkt man im Vollmond den Backobstdieb mit dem Erbsenbund in der Hand.

(Rubehn.)

62.
Die Unnererdschken in Alt-Reetz.

Im Montagschen Hause in Alt-Reetz trug sich in früheren Zeiten folgendes zu: An dem Heiligenabend eines Weihnachtsfestes waren alle Hausbewohner, auszer der Hausfrau, welche im Wochenbette lag, nach der Kirche gegangen. Plötzlich vernahm die Frau von ihrem Himmelbette aus ein summendes und zischendes Geräusch, und die Gardinen zurückziehend, ward sie zwischen Ofen und Wand vieler kleiner Gestalten gewahr, welche sich anschickten Stühle an den Tisch zu rücken, diesen zu decken und kupferne Schüsseln, reichlich gefüllt, zinnerne Teller, Krüge und Löffel aufzutragen. — Hierauf erschienen von hinter dem Ofen her 20 bis 30 Personen paarweise, als ob irgend ein Fest gefeiert werden sollte, hielten einen Umzug und begannen dann das Mahl. Man hatte zwar kein Licht auf die Tafel gestellt, doch war das Zimmer so erhellt, dasz man jeden Gegenstand ganz deutlich erkennen konnte, und es schien, als ob die Helle den Geräthen entströmte.

Die Wöchnerin sah dies alles mit pochendem Herzen an, denn sie wuste wol, was man sich von verschwundenen Kindern, besonders Säuglingen erzählte, die von Unnererdschken geraubt sein sollten. Ein Raub ihres Säuglings erschien ihr um so unvermeidlicher, als das Kind eben jetzt zu schreien anfing. — Die Unnererdsch-

ken horchten hoch auf, beriethen sich und schienen sich
zu zanken, wahrscheinlich weil eine Partei das Kind ent-
führen, die andere es der Mutter belassen wollte. End-
lich beruhigten sie sich wieder und speisten weiter.
Inzwischen war eine geraume Zeit verflossen, so
dasz die Kirchengänger zurückkehrten. Die Zwerge ver-
nahmen ihre Annäherung und dachten an den Rückzug.
Einige aber eilten nun an das Himmelbett und wollten
die Gardinen aus einander ziehen, um, während die an-
dern die Geräthschaften von der Tafel einpackten, das
Kind zu rauben und mitzunehmen. Die Frau hielt aber
die Gardinen fest zusammen. Endlich waren alle Un-
nererdschken hinter dem Ofen verschwunden; nur einige
leere Schüsseln hatten sie in der Eile stehen lassen, die
man viele Jahre lang in dem Hause aufbewahrte. Zu
Anfang dieses Jahrhunderts lieszen die Hausbewohner
eine Ofenthür daraus machen, die noch jetzt in dem
Montagschen Hause vorhanden ist.

Während es vor dem Erscheinen der Unnererdschken
in dem Hause nur ärmlich zuging, kehrte jetzt Wolha-
benheit ein, die man allgemein den Zwergen zuschrieb.

(Rubehn. Schon benutzt von Fontane: Wanderungen durch
die Mark Brandenburg Theil II. das Oderland u. s. w.
Seite 530 ff.)

63.
Holt über!

Diesen Ruf vernehmen die Fährleute bei Grosz-
Neuendorf, Calenzig und Schaumburg wol öfters noch
des Abends spät, aber sie leisten nur mit Widerstreben
und in der Regel nur dann folge, wenn ihnen die
Stimme bekannt ist und man sich namenkundig machen
kann. — Das hat seinen Grund darin, dasz die Fähr-
leute schon zu wiederholten Malen geäfft wurden.

7

Auf den bekannten Ruf an das jenseitige Ufer ge-
fahren, bemerkten sie niemand dort und erhielten auch
auf ihr Schreien keine Antwort. Kaum aber waren sie
eine Strecke zurückgefahren, so erschallte die Stimme
von neuem rechts oder links vom Landungplatz. Man
ruderte zurück und bemerkte dann ein altes, gekrümm-
tes Weib mit aufgelöstem Haar. — Es rief: Hier bin
ich! klatschte mit den Händen, schlug ein höhnisches
weithin schallendes Gelächter auf, wurde immer kleiner
und kleiner und verschwand zuletzt spurlos.

Man erzählt von dem alten Weibe, es soll eine Hexe
sein, die viel Unglück in der Gegend gestiftet und sich
endlich aus Lebensüberdrusz bei Schaumburg in der
Oder ersäuft habe. Zur Strafe für ihr ruchloses Leben
könne sie im Tode keine Ruhe finden und müsse des
Nachts an den Ufern des Stromes umherirren, wobei sie
den Fährleuten und Reisenden allerlei Schabernack zu-
füge. — Daher beeilen sich denn die Leute stäts noch
vor Abend die Ufer der Oder zu erreichen.

(Rubehn.)

64.
Der Spuk bei Alt-Wrietzen.

Bei Erbauung des Dorfes Neu-Lietzegöricke lebten
dort zwei Brüder, namens Höhne, die Handel mit
Schweinen weit aus Polen her trieben. Einst erzürnten
sich beide, und der eine trieb mit den Schweinen von
Lietzegöricke nach Alt-Wrietzen zu, um sie allein zu ver-
kaufen. Sein Bruder eilte ihm aber zu Pferde nach und
holte ihn an der Stelle ein, wo jetzt das Schwinewussche
Gehöft ist und früher ein Nebenarm der Oder, die Woltzitze,
flosz. Es entstand ein Kampf zwischen den Brüdern,
und der eine derselben fand dabei seinen Tod.

Seit der Zeit ist es auf dieser Stelle nicht richtig; viele haben hier schon Spuke gesehen, und man mied, besonders früher, bevor das benannte Gehöft hier erbaut war, die Gegend.

Einst kam ein alter Fischer aus Alt-Wustrow von Alt-Wrietzen, wo Kirchmes gefeiert wurde, ziemlich spät zurück. — Er hatte stark gelaufen und trug überdies noch ein tüchtiges Bündel voll Pfannkuchen, woher er sich ermüdet auf einen Zaun niedersetzte. — Doch kaum ruht er hier einen Augenblick, so geschehen drei starke Schläge gegen den Zaun, und das Kuchenbündel ist verschwunden. — In Schweisz gebadet kommt der Alte zu Hause an und verfällt in eine tiefe Ohnmacht.

Manchmal bemerkte man auch ein schönes groszes Kalb im Grase, das ganz geduldig zu sein schien; doch wenn es die Grasmäher greifen wollten, so führte es sie gewöhnlich in den Sumpf und verschwand. — Der Gastwirt von Neu-Lietzegöricke kam auch einst spät abends mit einem Wagen Bier an der Stelle vorüber; plötzlich standen die Pferde still und wollten auch trotz alles Antreibens nicht anziehen. — Dem Fuhrmann blieb demnach nichts übrig als auszuspannen um nach Hause zu reiten. Da bemerkte er denn, dasz alle vier Räder von dem Wagen abgezogen waren. — Am andern Morgen waren die Räder wieder am Wagen, und es hielt gar nicht schwer das Gefährt nach Hause zu schaffen.

(Rubehn.)

65.

Ulenschpel[1]) uppen Oaderdam.

Ulenschpel schtunt in Wriäzen[2]) uppen Oaderdam un schütte in Sak vul Koelköppe uet, so det si alle deän Dam runger renden. Ener trulte doahen, deär

7*

eänger doahen, un ener rende jeroade innen Kruoch,
deär ungen dicht annen Dam schtunt. Doa reep
Ulenschpel: Veäle Köppe, veäle Sinne! aber deär het
jeroade minen Sin! — leep hingerdran un drunk in
orntlichen Schluk.

As er wedder ruetjunk, heel vörre Deäre in Fracht-
fuerman. Hinger det ene Peärt leen frische Ros-eäppel,
diä roekten. Doa nam er in Schtok un krazte mank.
Assen froaten, wat er doa siäkte, seäd er: Ik hebbe im-
mer jehöert, wuo Roek is, mut oek Füer sin! aber hia
fing ik nischt.

¹) Eulenspiegel. — ²) Wrietzen a. O.

(Lehrer Fischer zu Schmarfendorf bei Schönfliesz.)

Aus der Neumark.

66.
Vanne Ungereerschkins.

(Jerschtet Enge.)

Vör ollen Tiden attestierten¹) hiä (Schmarfendorf
bei Schönfliesz) veäle Ungereerschkins. Si woanten inne
Eäre un kemen blos manchmal tu Dae üm diä Men-
schen tuo neäckern odder tuo helpen. Enen Uetjank
hadden si vört Schoenfliätsche Enge bi den Schteenkepuol,
deän eängern vört Peätzigsche Enge bi den Schleidoarn-
schtruek, dicht ant Kesterlant. Am liäwsten woaren si
vört Schoenfliätsche Enge. Doa woante links inne lezte
Wirtschaft olle Hüpke. Van doa borchten si sich meest
det Hautwerkstüech, wat si bruekten. Balle hoalten si
sich in Troch, balle inne Schpoade odder inne Hacke,

manchmoal oek inne Ledder, un wat sone Dinge meer
sint. Hüpkis leten eär ruoig alles, wat si wullen; sie
wusten jo, det si eäre Sachen richtig turügge kreen, un
ene Hant wascht diä eänger: diä Ungereerschkins woa-
ren oek wedder jefeällig un jungen eär up alle Oart
tuo Hant. Olle Hüpke woar met sine Wirtschaft bes-
ser uppen Zuch, as diä eänger Kosseäten. Sine Küöe
woaren immer schwellenfet, wiels diä Ungereerschkins si
diä Nacht fuoderten, un wen Hüpkis det Abens in
Schtrau anlechten, deän haddent diä Ungereerschkins
det Morjens uetjedrescht.

Weär aber schpeäde vanne Schtat kam, deär muste
sich helschen in acht neämen, detten diä Ungereerschkins
ni ungerkrichten, besonders wen er enen tuo veäl je-
drunken hadde.

So woar ees deär Dachlöner Keäpernik uet Woarten-
berch noa Schoenfliät jewest, hadde inne Apteke²) in
beäten tuo lange jeseäten un kam ierscht schpeäde tuo-
rügge, so det et wol so inne 12. Schtunde sin kunne, as
er annen Gruoseberch woar, un doabi had er no in biz tuo
diäp inne Flasche jekikt. As er also an diffen Berch
kimt, siet er vör sich luter klene Jeschtalten uppen Wech
danzen. Eäm funk et an tuo gruseln, aber wat sul er
moaken? Heä muste sich in Herte foaten un lopen mid-
den dörch. Aber det woar iń Jank, an deän het heä
sien Leäwe lank jedacht. Vör eäm, hinger eäm danzten
diä Ungereerschkins, zoddelten eäm anne Rokschöte,
moakten eäm lange Neäsen un fopten eäm up alle Oart.
Doabi sungen si in eens:

> Wi danzen hiä deän kippe, kippe
> Keäpernik!
> Wi danzen hiä deän kippe, kippe
> Keäpernik!

Deät eärjerte eäm no am meesten; deän keen Be-
soapener let sich jeärne seggen, det er kipt. Aber
wat hulpt? Heä muste ruoig sine Schtroate lopen un duon,

as wen ert goar ni höerte. Nu kam er annen Krüez-
wech dicht vört Enge, doa blewen si tuorügge, aber si
sungen immer no:

Wi danzen hiä deän kippe, kippe
Keäpernik! —

Doa dreät er sich üm un rüpt:

So wul ik, det drin jescheten wier,
un det wul ik! —

Det sulle eäm aber binoa leet werren. Diä Unger-
eerschkins brölten wi diä Ossen vör Boesheet, schmeten
met Knippel un Schtene un kamen hingerdran jerent, det
si en gripen wullen. Knapper Noet kun er no bi Hüpkis
'rin schpringen un diä Huesdeäre hinger sich tuoschloan.
Doabi klemt er sinen Kittelschoet met in. Deän reten
diä Ungereerschkins af, un deän eängern Dach fungen
en diä Lüde bi den Schteenkepuol uppen Schtok jehangen,
det jedweäder siän kunne, heä dürwe up diä Unger-
eerschkins ni schimpen.

¹) existierten. — ²) Kaufmannsladen, wo auch zugleich Bier
und Brantweinschank ist.

67.
Vanne Ungereerschkins.
(Twetet Enge.)

Hüpkis wullen inne Hochtied uetrichten un brueten,
kochten, bakten un broadeten. Et woar tuo schpüren,
det diä Ungereerschkins eäre Hant met int Schpel had-
den; deän deär Herfche woar nich een Schpierkin anje-
breänt, deär Floadenkuoke schmekte wi Taft un Lüsch-
pappier, un det Knödeldrinken woar so schtark, det et
deän Tappen utet Fas dreef.

Deän Hochtiedsdach Noamiddach hüöte³) in Scheper-
kneächt, deän si Willem niämten, sine Schoape uppe
Rätpuolweäse biet Kesterlant. Doa kemen met ees uten

Schleidoarnschtruek, deär hüetschen Daes no dicht annen
Wech schteet, luter klene Meännekis up eäm loes un
froaten eäm: Hiä jift et jo wol hüte Hochtied? — Jau,
secht er, Hupkins Düörte friet sich Rogges Micheln. —
Na werschte ni hengoan? — Nää, unserener wert jo doa
doch ni jeacht. —

Diä Scheperlüde woaren tuo deärmoals ni sonder-
lich anjesiän, wiels diä Lüde immer meenten, si wiren
wat fuel, un wiels si bi eär Hüöden wider nischt tuo
duon hedden, sinnewierten[2]) si eäwer jeden Quark noa
un wullen immer klüöker sin, as in eänger Mensch, wat
oek hüet tuo Dae no oft deär Fal sin sal. Na, det loat
ik aber unjesecht.

Diä Ungereerschkins aber seäden tuo eäm: Na, kum
man uppen Aent hen; hiä heste inne rode Kappe, wen
du diä upsetten deest, kan di kener siän. — Un doamet
huschen se wedder innen Schtruek.

Mien Willem drift uppen Aent noa Hues un denkt:
Du wist doch ierscht versiäken, ob di wirklich kener
siet. — Heä set diä Kappe up, jeet inne Schtuwe un set
sich annen Disch, wuo diä eängern al up eäm passen.
Bi inne Wile froat ener van diä Kneächte: Wuo blift
deän hüte Willem? un jeet ruet un willen siäken. Heä
jeet eäm noa, nimt diä Kappe af, löpt wedder rin un
set sich annen Disch. Weär woar froer as mien Willem?
Veäl eäten kun un wul er nich; aber diä Scheper hollen
up Ornunk bi den Disch, drüm must er doa bliwen, bet
si alle sat wiren. Sine Jedanken woaren aber al bi
Hüpkis un seten doa annen Disch, drüm wur er düchtig
uetjelacht, as er deän Leäper verkiert inne Buokweet-
grütte tunkte un deän Schteäl oek jetroest int Muel schtoek.
Aber so wi oek man deär Meesterkneächt deän Dank-
schpruch jebeät[3]) hadde, schprunk er up, un heidi! junk
et noa Hüpkins.

Doa sitten diä Jeäste annen Disch, eäten un drin-
ken noa Herzenlust, un bi eär rüm schpringen diä

Ungereerschkins ümher un neämen van jeden Teälder det
beste wech. Si hadden alle eäre rode Kappen up,
doarüm kun si kener siän as Willem. In schlimsten
möken si et met Kester un Priäster. Doa seten wol
inne halwe Meängel bi rüm un freten met, so det sich
alle Lüde wunderten, wuo diä alles leten.

Mien Willem leet et sich oek wol sin. Fe⁴) woar
er van Natur ni, un nuden⁵) kener saech, ierscht recht
ni. Heä at un drunk, wat eäm guot schmekte, un wiels
eäm diä Ungereerschkis in eens tuoproesten,⁶) wort et
vant drinken in beäten tuoveäl. Doabi drengeln sich
diä klene Meännekis immer an eäm ran un hopzen inne
Höe, un heä merkt wol, si willen eäm diä rode Kappe
afriten. Diä mucht er aber üm kenen Preis wedder
afjeäwen; deän nu kun er sich jo öfter in guoden Dach
moaken, un wen er sich jeroadewerts bi Herschafts sulle
tuo Gaste bidden. Oek had er sich al veärjenoamen,
enen un deän eängern, deän er ni recht grüön woar, in
Schabernak antuoduon. Heä heel doarüm deän Kop
schtief in di Höe, as wen er grote Vatermörders üm hadde,
so det diä Ungereerschkis ni ran langen kunnen. Diä
aber jewen oek ni noa; si musten diä Kappe wedder
hebben, et kam, wuot kam, un as si seen, det si met
Jewalt nischt uetrichten kunnen, jungen si met Hinger-
list tuo Werke. Si reäden Willem tuo, deän Bruetman
in dummen Schtreech tuo schpeälen; he sulle sich neämlich
uppen Disch hucken un moaken eäm, met Reschpekt
tuo vermellen, wat uppen Teälder. Jerscht wul er
zwoarsch nich; aber deär Brantwien schteech eäm immer
meer tuo Kop, diä Ungereerschkins leten ni noa, un
Rogges Michel woar jeroade sien bester Freunt oek ni,
doarüm leet er sich metter Tied bereäden. Heä klabbert
uppen Disch, trekt diä leädern Büksen raf, hukt sich hen
un wil sien Jescheäft anfangen. — Aber doa hadden
diä Ungereerschkins man drup jeluert. Husch, schpringt
ener in diä Höe un rit eäm diä Kappe af. — Doa sit

er, weär en siän wil! Diä Jeäste kunnen sich ierscht
goar nich uet diä Jeschichte verneämen (un woaren ganz
verblüft, wuo metten moal deär Moantschien heäkam),
so wi si aber merkten, wat det bedüden sulle, schprungen
si alle up Willem loes un hebben eäm diä Krücken so
verkielt, det er sich kuem noa Hues schleppen kunne un
in poar Dae int Bedde liggen muste.

Diä Ungereerschkins had ert tuojeschneäden; so wi
sich wedder ener bi eäm siän liäte, wul ert eäm wol
bedüden. Aber heä het kenen meer tuo siän jekricht,
et reep blos manchmoal uten Schleidoarnschtruek voär:
Willem! Willem! Wiste ni wedder tuo Hochtied goan?
— Doabi wort er van junk un olt jefopt. Det eärjerte
eäm so, det er neächsten Urboan wechtrekte un kener
meer wat van eäm jehöert het.

[1]) hüödete = hütete. — [2]) simulierten. — [3]) jebeädet, gebetet.
— [4]) feige, blöde. — [5]) als, da ihn. — [6]) in einem fort zutranken,
zu ihm prosit sagten.

(Lehrer Fischer zu Schmarfendorf bei Schönfliess.)

68.

Diä 3 Brüöder.

Een Burjemeester hadde 3 Jonges un wuste ni,
wellen he diä Wirtschaft jeäwen sulle. Deär jüngste woar
deär kliäkste, aber heä woar blint. Doa schikt er si
alle 3 uppe Jacht, un weär deän ierschten Hoasen
schiäten würre, deär sulle diä Wirtschaft hebben. Diä
beden ölsten wullen deän blinden foppen, helen sine
Flinte up enen Schtruek loes un sechten: Schiät! doa sit
in Hoase.

Aber hingern Schtruek sat in Woarheet- in Hoase;
deär Jonge schoet un troffen oek. Wetste wat? sechte
deär ölste tum tweten, wi willen unsen Bruoder doet

schloan, un deän wirtschaften wi tuosammen. — Deär wulle nich; aber deär ölste drauete eäm, heä wullen oek doet schloan, doa wort ert oek willens. Doa schloech deär ölste deän klenen doet un begroech en up enen Berch. Aber utet Graf waste inne Wide, diä hunk alle eäre Tacken no de Erde.

Ees hüöte up deän neämlichen Berch in Scheper sine Schoape. Heä sette sich uppet Graf, schneet sich in Tacken vanne Wide af un moakte sich inne Flöte. As er nu an tuo ˙flöten funk, sunk diä Flöte ganz klächlich:

> Ach, Scheper, wat du bloasest,
> det di dien Herze krenkt;
> hiä mi mien ölster Bruoder schloech
> un mi up diffen Berch begroech!

Un so oft er bloasen muchte, diä Flöte sunk immer diäselbije Wise. Doa funk et eäm an tuo gruseln; heä leep rasch no sinen Meester un leet deän bloasen. Doa sunk diä Flöte wedder:

> Ach Scheper, wat usw.

Deär Scheper leep no sinen Hern un leet deän flöten. Doa sunk diä Flöte:

> Ach Herre, wat usw.

Deär Her leep no deän König, un as deär bloaste, sunk diä Flöte:

> Ach König, wat usw.

Doa lepen si alle no deän Burjemeester, un as deär flöte, sunk diä Flöte:

> Ach Vater, wat usw.

Doa nam diä Mutter diä Flöte, un si sunk:

> Ach Mutter, wat usw.

Doa flöte deär twete Bruoder, un diä Flöte sunk:

> Ach Bruoder, wat usw.

Deär ölste Bruoder woar ruet jelopen, un as si den
rinhoalten, must er oek flöten, ob er gliech ni wulle. Doa
sunk diä Flöte so wilt, det et alle an tuo schuggern
funk:

Ach Mörder, wat du bloasest,
det di ant Leäwen krenkt!
Doa du deän eijnen Bruoder schloechst
un mi up diffen Berch begroechst. —

Doa jungen si hen un hoalten deän armen Blinden
un jewen eäm in eerlich christlich Begräbnis uppen
Kirchhof; Vater un Mutter schtorwen vör Herzeleet un
wurren dicht jeänge eäm begraet. Deär ölste Bruoder
aber wurre jeköpt un up deän neämlichen Berch inje-
buddelt; aber uet sien Graf wassen luter dulle Bilsen,[1]
un üm Mitternacht schteet er up un rent oane Ruo un
Rast üm deän Berch un jünselt doabi, det jeden diä
Hoare tuo Berje schtoan, deärt tuo hören kricht.

[1] Bilsenkraut.

(Lehrer Fischer zu Schmarfendorf.)

II.

Märchen.

1.

Dië Peädehupe,[1]) där Kukuk un dië wille Douë.

Dië Peädehupe, där Kukuk un dië wille Douë hadden
ens alle drëi tesaem inne Kuë, dië hen se ümmer hen-
jefuërt, wuë dät beste Fuëder, dät lengste Gras un där
schönste Klei woar. Alle Doe het se eender müst hüë-
den, enen Dach dië Peädehupe, den engern Dach där
Kukuk un den dridden dië wille Douë, un ümmer so
widder. Doaföär het öär dän dië Kuë dië Mellek un
Bottere un Kese jejeän, so dät et bede Parten hen
guët jehat un kene Noet hen brukt te lidene.

Dän enen Dach, wië dië Peädehupe jeroade hüëden
mut, goet dië Kuë etwas te wiet rin int Gras up ne
leje Weäse,[2]) un doa met ens falt se rin un blëit drin
lëien. Doa schrëit dië Peädehupe ümmer: Olle up![3])
up! up! Olle up! up! up! Äber dië Kuë bleech lëien[4])
un kam nich wedder ruet. Doa komt dän oek där
Kukuk tertuë, där dië Peädehupe so hadde schrëien
höern, där seäd ümmer: Kruepruet![5]) Kruepruet! Äber
se is nich wedder ruet jekoam, un sëi het müst ver-
supen. Entlich is dän oek dië wille Douë noch je-
koamen; äber doa woar dië Kuë al doet. Un doa het
se dän an te·wenene un an te jammerne jefangen un
het ümmer jeschräu: Mine schöne Kuë, Kuë, Kuë![6])

Mine schöne Kuë, Kuë, —Kuë, — Kuë! — Un seït där
Tiet schrëit dië Peädehupe ümmer noch bes upn hütijen
Dach: Olle uppupup! Olle uppupup! un där Kukuk:
Kruepruet! Kruepruet! un dië Douë jammert ümmer
noch: Mine schöne Kuë, Kuë, Kuë! Mine schöne Kuë,
Kuë, — Kuë, — Kuë, — Kuë!

[1]) Widehopf. — [2]) auf einer niedrigen Wiese. — [3]) Alte auf! ist
schnell zu sprechen. — [4]) blieb liegen. — [5]) Kriech heraus! gezogen
zu sprechen! — [6]) u gezogen und klagend zu sprechen, nach und
nach langsamer werdend.

(Lehrer Frenzel zu Treuenbrietzen.)

2.
Wuërumme dië wille Douë son liëderig Nest bout.

Eer[1]) Tiet mut et doch ganz endersch sin jewest
wië zunt,[2]) dünne hen dië Diëre noch künt reädn. Doa
het oek ens dië wille Douë inne Kuë jehat, dië het se
ümmer henjefüërt, wuë dät beste Fuëder woar, un doa-
föär het öär dië Kuë Mellik un Bottere jejeän. Doa
komt ens dië Doue bëidn Elster tum Besuech, un doa
kan se sich goar nich jenuch wundern öer sin schönet
Nest, dät et so hübsch ringestnrum tuë is, bloes een kleen
Lok tum rinkrupen, doa kan där Wint ha koam, wuë
wil, un et kan rängen[3]) un schneien so sere, wi et wil,
doa sit e schuel[4]) drin. Det jefalt öär so guët, dät se
sich oek son schönet Nest wünscht. Drumme froet se
dn Elster, wië son Nest jebout wärt, un ob et öär nich
leern wil. Där Elster is jo äber oek nich upn Kop je-
faln; där seäd foerts:[5]) Wen dou mëi dine Kuë jefst, dän
wil ik et dëi leern. — Dië Doue is dät oek gliech ter-
friedn. Där Elster äber seäd: Jërscht jef se mëi, dän
wil ik et dëi leern. — Doa goet dië Doue glieks hen

na Hues un hoalt dië Kuë, un där Elster wert öär nou
dät Nest leern bouen. Hä wält nou innen rechtn groetn
Boem uet, där bone[6]) inne hübsche Micke[7]) het, sükt
nou dräue Riestackene[8]) tesam un past dië recht hübsch
rin, dät e doa sien Nest kan rupschteln. Wië nou äber
so ofte foertfleet un hoalt so wat weket, wuëmet e dät
Inwendije, so dän Top,[9]) upbout, doa wert dië Doue dië
Tiet·te lank, un doa seäd se, eet Nest färig is: Ik kan
dät Nest nou schoen! un fleet foert. Den Elster woart
recht; hä hadde doch nou öäre Kuë, wuënoa schoen so
lange jepiërt[10]) hadde. — Wië nou äber dië Doue in
Nest bouen wil, doa weet se widder nüscht meer, as dät
där Elster iërscht het in poar dräue Riestekskene[11])
henjeleät. So moekt set nou oek blos, un widder kan se
et nich un het et oek nonnich jeleert bes upn hüdijen
Dach. Öäre Nest is so schlecht jebout, dät man kan
van üngene dörrich dië Eiere siën. Öäre Kuë het öär
äber ternoa doch jereut, un drumme schrëit se hüet noch:
Mine schöne Kuë, Kuë, Kuë! Mine schöne Kuë!

---

[1]) In früherer Zeit. — [2]) jetzt. — [3]) regnen. — [4]) geschützt,
vgl. damit: die Schule vom griech. scholé = Musze, Ort der Ruhe.
— [5]) gleich. — [6]) oben — [7]) Astgabel, meist nur von der zwei-
theiligen gebraucht; bei der dreitheiligen sagt man meist schon:
Drëimik. — [8]) trockene Reiszacken, — zweige; so nennt man alle,
auch die kleinsten, aber meist nur die ohne Nadeln; solche mit Na-
deln heiszen auszer Riestacken auch noch Kiëntacken, Kiënschtackene.
auch sogar blosz Kiënschen, und wenn sie klein sind, Kuënschtackene
und Kuënschen; für beides, wenn es klein ist, hat man auch den
Ausdruck Knak. Zweiglein mit noch anhaftenden Nadeln nimmt die
Elster nicht zum Nest. — [9]) Topf, d. h. das eigentliche, daraus zu-
sammen gebackene Nest, das ringsherum mit Reisich umgeben und
inwendig weich ausgefüttert ist. — [10]) etwa = getrachtet, es sagt
aber noch mehr als trachten, mit Anstrengung aller Kräfte das
Ziel zu erreichen suchen. Besonders wird der Ausdruck vom Hunde
gebraucht, wenn er zu fressen haben will, oder wenn er durchaus in
die Stube will und gewissermaszen stäts auf der Lauer steht, sein
Begehren auch noch durch Kratzen, Winseln usw. kund gibt; dgl.
auch von Kindern, wo es dann übergeht in prampiërn, wenn sie un-

ablässig quälen usw. um etwas zu erlangen. Das noch sinnverwandte gampeln wird mehr in entgegengesetztem Sinne gebraucht, wenn die Kräfte noch nicht oder nicht mehr ausreichen (wie bei kleinen Kindern, Kranken, schwachen Greisen usw.) um das gewünschte Object oder Ziel zu erlangen. — [11]) Diminutiv von 8.

(Frenzel.)

3.
Worüm diä wille Duwe eär Nest so leäkerig buen deet.

As unse liäwer Hergot diä Veäle jeschaffen hadde, wees er jeden, wuo heä sien Nest buen sulle, vannen Schtorch bet uppen Tuenkönig. Diä wille Duwe woar ene van diä ierschten jewest, diä er jemoakt hadde, un si woar al müöde, eer diä eängern tu Dae kemen. Si sette sich .innen Paradiesgoarten uppen Ast un verschleep diä ganze Ungerwisung. As si upwachte, woar unse Hergot al wech, un diä eänger Veäle vertelden eär, wat si jeliert hadden un meken sich gliech biet Nesterbuen. Aber diä Duwe sat un weente deän ganzen Dach. — As nu deän eängern Dach unse Hergot wedder keem un Adam moaken wulle, secht er: Diä Kroeche[1]) sal di et liren! — wiels heä selwest hüte kene Tied hadde. — Diä Kroeche funk an un lechte diä Balken. Dunne reep diä Duwe: Nu weet ik et al! Nu weet ik et al! — Det eärjerte diä Kroeche; si floech furt, un siet diä Tied lecht diä wille Duwe eäre Eier up diä blote Balken.

[1]) Krähe.

(Lehrer Fischer zu Schmarfendorf bei Schönfliesz i. N.)

4.

Dië Kra[1]) un där Drilelster.[2])

Ens het dië Kra tuë den Drilelster jeseät: Jëi[3]) sin
doch recht dum! Jëi moaken jou[4]) alle Joar sonne wide
Rese un öer son groet Woater, wië lichte köän je[5]) doa
nich Unglük hebben! So dum bin ik lange nich, ik blëie
ruhig hië. Et is wol innen Winter nich ganz so warm
wië innen Sommer, äber dät schoet[6]) nüscht, et is hië
oek hübsch, un sonne wide Rese wür ik ni moaken.
Versüëk doch mbal un blëië[7]) doch oek hië! — Där
Drilelster denkt: Dië Kra het recht, jefärlich un wiet hen
is et; du wilst moal versüëken un hiëblëien. Wen dië et
uetholt, werscht et du oek wol uetholn köän. — Un
richtig, hä blëit den Winter öer hië. Wi et äber so
umme Winachten un Nëiëjoar henkomt, wuë dië Nacht-
fröste nonnich uetblëien, wië jender seäd,[8]) doa wert et
äber so recht grimmig un schnident kolt; där Schnei
blinkert man so un knirt un knart, un dië Fenstere
hoam den ganzen Dach nich loes. Doa wert etten Drilelster
doch leet, dät e hië jeblän is; äm friërt doch goar te sere,
un hä schrëit ümmer vör Kölle: Et is verbliks[9]) kolt!
Et is verbliks kolt! — Dië Kra antwoert äm äber ganz
dräuë:[10]) So is et alle Joar! So is et alle Joar? — Van
där Tiet an is där Drilelster den Winter öer nich wed-
der hië jeblän.

---

[1]) Krähe (Corvus cornix.). — [2]) aus der Gattung der Würger
(Lanius, wahrsch. L. excubitor, da der Dorndreher, L. spinitorquus
usw. gewöhnlich Dickköpfe genannt werden) sog. von seinem Fluge
und von seiner entfernten Ähnlichkeit mit der Elster (Corvus pica).
— [3]) Ihr, nemlich die Drillelster; dieses Wort wird auch stäts als
Anredepronom gebracht für alle Personen, die man nicht mit du an-
redet; nur in seltenen Fällen (gegen Personen höheren Standes) be-
dient man sich des Sie. Jëi entspricht ganz dem frz. vous, nur dasz
du weit häufiger angewandt wird als jëi. — [4]) ja. — [5]) leicht
könnt ihr. — [6]) schadet. — [7]) bleibe; ebenso wird auch gebraucht:

blëich. — [8]) sprichwörtliche Redensart; jender = jemand, es hat aber den Charakter einer bestimmten Persönlichkeit angenommen. Von diesem jender erzählt man, er habe um Neujahr, nach dem Wetter befragt, prophezeit: Die Nachtfröste bleiben noch nicht aus! — [9]) verdammt, verflucht. — [10]) trocken, ironisch.

(Frenzel.)

5.
Dät Rätsel vanne Douen[1]) un Erreften.[2])

En Buëre het ens Erreften jesät, un wi e met Sän färig is, kikt e sich noch ens dät ganze besäde Felt an, un wi e so wedder afsiets wechgoet un wilt Säloaken afleien,[3]) seät e so för sich hen:

Wen se koamen, dän koamen se nich,
un wen se nich koamen, dän koamen se.

Dät hëort der König, där tuëfellig vörbëi komt. Där weet nu goar nich, wat där Buëre doamet meent, kan et sich oek goar nich denken. Un so froet e den dän Buëre, wat e doamet seien[4]) wil. I, seäd där Buëre, dät is ganz eenfach; wen dië Douen koamen un freäten dië jesäde Erreften up, dän köän se nich ruet koamen un upgoan; wen dië Douen äber nich koamen, dän wärn oek wol mine Erreften upgoan, wen süs guët Weäder is. — Doa het äm där König in guëdet Jeschenke jejeän un het äm schtrenge verboaden, hä sal et kenen Menschen seien, bes e fufzigmoal den König jesiën het. Där Buëre verschprekt et äm oek.

Wië nu där König noa Hues komt, jeft e dät Rätsel bëi de Toafele up. Äber dät hettet keen enziger jeroet. Doa het et den doch eender so üngere Hant uetjekuntschaft, wuë där König dät Rätsel hajekrän het. Un wië nu iërscht dät jewüst het, doa is e rasch henjereest tuë dän Buëre un het ne jequeält un äm himlische guëde Woert jejeän, hä sal et äm doch man seien, wat et is. Där Buëre äber seät: Ik derref et nich eer seien, bes ik fufzigmoal den König jesiën hebbe. Doa foet där Fremde inne Tasche un jeft äm fufzig blanke Doalder un seät: Doa is fufzigmoal där König, nu sal e et äm seien. — Un doa seät et där Buëre äm oek.

Den engern Dach, wië nu där König wedder dät Rätsel upjeft, doa wet et jo nu där oek un seät äm nu, dät et dië Erreften un dië Douen sin. Doa wert där König äber böse upn Buëre, dät e et doch jeseät het, un weil hä as König doch meer weten mut, as alle dië endern. Hä loet nu also glieks den Buëre koamen, un dünne siët e ne ganz borschtig an van Kop bes te Fuëten un froet äm dän, wië doatuë komt, dät e dät Rätsel doch jeseät het, doa e äm wärnt där Tiet doch nonnich fufzigmoal jesiën het. Där Buëre äber fürricht sich goar nich, sondern schmunzelt son bitsken un seäd goar nüscht un foet blos schtille inne Tasche un wisten König dië fufzig Doaldere un froet äm dän, op e doa nich fufzigmoal drup schtoet. Doa künne äm där König goar nüscht anhän; äber jeergert un jeboest het e sich furrichtboar, un jewisse het et dän där engere, där et sich schon fufzig Doaldere hadde kosten loaten, müten uetboaden.

¹) Tauben. — ²) Erbsen. — ³) ablegen. — ⁴) sagen.

(Frenzel.)

6.

De Farraschtant.

(Vgl. Kuhn und Schwartz. Nordd. Sagen usw. S. 321.)

Morjen wänt[1]) jeroed 100,000 Joa, doa growen twe
Buamäkens an äan Huesjäbel, doa, wo jeroed de Kella
unnat Hues was, to Fröjoastied in äan Goan.[2]) Kam doa
en recht ol dik Kröet unnat Fulment ruet to krupen un
gluept[3]) do beiden Mäkens recht früntlich an. Beid
füngen lued up an to lachen un to krieschen öwa dät
unjeschtalt Beest. De ölst nam äan Schpoden un schmeet
de Kröet an de Mua un säd: Ä, wat äkelt mi vör dät
ol Jedriew! — ik hau et doet! Nä, secht de jüngst, do
dät nich; kiek mo, dät is jo eben so goet en Jeschöpf,
as du bist; wat kan de Kröet wol doavöa, dät se so
heslich uetsüet? Se gaf sich vä Möej,[4]) äa Schwesta
doahen to brengen, dät se et lewen leet. De Kröet keek
bal dät e Mäken, un denn'oesten de enna recht leewlich[5])
an, un as de Mäkens ümmato öwa äa lachten, ergat äa
dät, se kroep werra rin in äa Loch int Fulment.

Fief Wochen no diffen Vöafal waschten de beiden
Mäkens obends ens af in äa Köken.[6]) Met ens knart
de Kelladöa; se jeit up, un en recht ol krum heslich
Wief kümt uten Kella un secht: Gode(n Obent! As se äa
werra Vedderink boden hadden,[7]) säd de Olsch: Ik sal
ju gröszen va Fru Kröten, un se let ju al beid bidden,
ji möchten doch morjen Nacht üm Klok twelf in juen
Kella kommen un doa Farra schtoen[8]) bi Fru Kröten
äa Twellingsdöchta. Wat sal ik va en Bescheit brengen?
Nemen ji et an? — Jo, säden de Mäkens un zittaten
un beewten an en ganzen Liew. Un doamet jift de Olsch
jera Mäken en Farrabreef un jink werra rin innen
Kella. As se wech wia, flistaten de Mäkens un beröden
sich, wat se doen wuln. Vaschproken hadden se et, also
nemen se sich vöa, oek Woat to holn, so grulich as

äa dät oek wia. Se lüechten met de Lamp noch rin innen Kella, künnen öwast va de Olsch nüscht mea jewoa wän.

As de enna Nacht kam, waschten se werra et unrein Tüech va dät Obenbroed af; dennoesten trekten se sich äan besten Schtoet an un luaten, dät et twelf schloen sul. Metten twelften Schlach jingen se rin innen Kella met äa Licht. As se de Trep runna schtejen, merkten se wol, dät hia äa Licht ganz unnüz was. De Kella sach nich mea ut as en Kella, he had sich vawandelt inne sea proppa Puzschtuew. Midden in de Schtuew schtunt en Döepdisch,[9]) doa up en Tella met Döepwota un twe brennent Lichta. Hinna dän Disch schtunt de Preesta un Kösta un uek de ol Grosmutta, de äa de Farrabreew bröcht had. Dicht bi diffe Olsch sat de Wochenfru, un bi äa schtunt äa Man. Im ganzen wian et 6 Farralüed: twe Junkjesellen-Päten und via Jungfa-Päten. Midden in de Schtuew boben annen Böen[10]) hink en groten Mölnschteen annen fien siden Foden. Bi de Döep kam nu jeroed dät Mäken, de de Kröet had doet moken wult, unna dan Mölnschteen to schtoen. Wat de unna de Döep uetschtoen däd, dät kan ik keen Minschen vateln. Vör Angst, dät de Sidenfoden intweiriten kün un de Schteen äa doet schloen, broek äa sun Angstschweet uet, dät se öwa un döwa ganz nat wia.

As dän Preesta si Döepreed to En was un de Kinna döept wian, boet de Kinddöepsvota de beid Mäkens wat to äten an; se öwast künnen vör Angst nüscht äten, se bedankten sich un säden, se hadden nich lenga Tiet. Na, säd doa de Kinddöepsvota, wen ji nüscht äten wiln, den müd ik uppen enna Wief mien Dank bewisen. Holt ju Schörten up!

Un doamet nam he en Füaschip un schipt de beid Mäkens äa Schörten vul glönig Kolen uten Kaffeloem. Se öwast moekten, dät se uet dän Kella keem. De ölst leet vör Angst unnaweegs äa Schört loes un schüt de

Kolen wech, ää wia bang, se würd sich ää Schört ganz un goa vabrennen; de jüngst öwa beheel ää Kolen bes int Köken; doa schüt se se hen uppen Füaret.[11]

Doaup jingen se beid to Bed, künnen öwast de ganze Nacht nich en Oej todoen. Se zittaten un beewten an al Glira öwa ään Farraschtant. As se morjens upschtünnen un Füa anpinkten un uppen Füaret Füa anmoken wuln, wia dät luta Golt un nich glönig Kolen, de dät jüngst Mäken doahenschüt had. Se moekt en früntlich Jesicht un nam sich ään Schaz un het nohea oek bal noch en ennan Schaz kräjen, de sich ää Jelt belewen leet.[12]

Ach, wat sach de ölst bedröewt uet, as se ke Golt kreech! Se leep hen up de Kellatrep un söekt al Eckens dörch, kün öwast ma sea wenig Knübbels finnen.

Süest du, säd doa de jüngst Schwesta, dät is doavöa, dät du Mutta Kröten hest an de Mua schmeten. Wen ik nich west wia, du hetst dät arm Diat doet moekt. Ena müd nich de Diara quälen ora doet moken, wen se uns nüscht doen; ena wet öftas nich, wat in sun Diat schtekt. Kiek mo, de Kröet ää Lewen hink an en siden Foden, as wi in unsen Goan gröwen, un di Lewen hink oek an en siden Foden, as du Farra schtünst.

Va diffe Tiet an het dät ölst Mäken nich öfta Kröten quält; hulp öwa nüscht, se kam nich öfta to sun Farraschtant, se must in arm Schtant bliwen un lewen oft doavan, wat ää Schwesta ää tokommen leet.

---

[1] werden es. — [2] Garten. — [3] sah. — [4] viele Mühe. — [5] lieblich. — [6] Küche. — [7] Gevatter geboten, gegrüszt hatten. — [8] Gevatterstehen. — [9] Tauftisch. — [10] an dem Boden. [11] Feuerherd. — [12] belieben liesz.

(Lehrer Pracht zu Röpersdorf bei Prenzlau.)

7.
Puks.

(Vgl. Kuhn und Schwartz: Nordd. Sag. usw. S. 15 ff., S. 469)

Was mo ens en Bua, de füat va de Schtat werra
hen no Hues un fint unnaweegs en Kalit,[1]) de is recht
schwoa. Wiel et a etwas schumrig was un si Peat nich
schtoen wuln, hunk a sich de Kalit annen Sodelknoop[2])
un nam se met no Hues. Mutta — röep a, as a to Hues
ankam, — ik heb di oek wat schöens metbröcht, kiek mo
to, wat et is! Ik heb de Kalit unnaweegs funnen, se mach
wol vu Jellt sint! Mutta nam em de Kalit af, droej se
no de Schtuew, moekt schwin Licht an un moekt ää Ka-
lit uf.

Met ens schpringt do en grisen Kota ruet un set
sich hen unnan Disch. O! secht de Buafru, de deit uns
jeroed sea nödig; Müse un Ratzen fräten uns oek bino
up. As Vota si Peat innen Schtal trekt, afschirt un wat
to freten vöaschüt had, jink a oek rin no de Schtuew.
Mutta had jeroed det Obenbroed uppen Disch droejt;
also nam he Plaz met si ganz Famielj annen Disch. De
grise Kota nam oek Plaz, as wen a to de Famielj toje-
höat; he set sich öwa unna ant En bi den Lemma-
jungen[3]) hen up de Bank un schnurt. Biet Obenbroed
bereet sich de Bua met si Lüed, wat se morjen doen wuln.
Jera kreech si Arbeït, un an dän Kota denkt ke Minsch.
Doa fünk a ganz vaneemlich an to brummen un froech:
Wat sal ik da doen? Altohoep krejen se en Schrek öwa
dän Kota, un kena säd em, wat he doen sul. As se
öwast morjens upschtünnen, had sich de Kota Arbeït
söekt. Al dät Schtro in de Schüen had a dörchennenna
wöelt, dät de Knecht en ganzen Dach to rümen un to
packen hadden, dät se et werra in Ornung bröchten.
As se hen noen Koeschtal kemen, had a de Köej[4]) met-
ten Schwanz an de Krib bunnen; de Pead innen Pead

schtal oek. De Schwien jingen uppen Huesböen ümhea, un de Schoep lejen uppen Heuschtal. De Duwen un de Höna seten mank de Jenf uppen Meskowen. — Kort un goet — de ganz Würtschaft was in e Nacht in de greulichst Vawirrung jeroden.

Va unjefär kümt Retschlach, de in dif ganz Jejent as en sea kloek Man bekant was; hen no dät Dörp. De Bua keek dörcht Fensta un krejen to seen; also moekt he dät Fensta up un reep: Brora Retschlach, kum mo hia en klei bitschen ranna! — Retschlach kam, un doa vatelt a em va si Unornung in si Würtschaft un va si Kalit un Kota.

I! secht Retschlach, Minsch, du bist jo en Glükskint! Dät is jo nich en Kota, dät is jo Puks! Dän müst du wat to doen jewen! He het di jo froejt: Wat sal ik da doen? Wen he nüscht to doen het, den deit a allahant Unlotzen.[5]) Schtil sitten kan a nich. Het a öwast vullup si Arbeit, so dät a sich orntlich quettern[6]) müd, den is he en groten Sejen int Hues.

As dät werra Obent wurd, un de Bua sich met si Lüed beroden däd, froech Puks werra: Wat sal ik da doen? — Doa antwoat em de Bua: Du kast en Dach öwa Fora[7]) schniden! — Dät was wat för Puksen! Dän ganzen Dach bumst si Loed[8]), un dän ganzen Schüenflua schneet a vul. Wen Vota ora ena va dät Jesint henjink üm em totokiken, den schtunt met emo de Loed ganz schtil, un ke Minsch un ke Puks wia to seen; kuem öwast wian se wech, so bumst de Loed werra loes. Ens keek Vota heemlich dörch de Riz in de Schüendöa, un doa sach a en klein Jung innen Bieschlach flitzen, de was ma ennathalw Foet groet un had en roden Rok an; de sach jeroed so uet, as en Oep[9]), dän se hia öftas uppen Kameel oran Boan[10]) to uns brengen. Obens un middachs kam richtig de grief Kota rin in de Schtuew un set sich met ran annen Disch un kreech uppen Tella wat to freten.

Va nu an wurd de Kota sea erenweert holn va dän Buan un va si Lüed. Kena dürft äm en Schowanak doen, un al Obent kreech a si beschtimt Arbeït förren ennan Dach. Se müsten em öwast ümma sun Arbeït jewen, wobi em kena up de Finga kiken kün; den wen he oft bi de Arbeït·schtöat wur, kreech a nich recht wat fertig. De Bua säd uek si Lüed, se müchten nich uet Niescherigkeit hengoen un Puks͜en tokiken, süs kün a bös' wän un sich en enna Schtel upsöken. — So lang, as Puks in diffen Buahof si Wesen dreew, had de Bua un si Famielj luta Glük un Sejen, un se wurn bal sea riek.

Ens öwast dacht de Groetknecht, he wul doch mo seen, 'wo Puks dät moekt, wen a Middach koekt. Vota un Mutta wian sündoejs no de Kirch goen. Doa set sich de Knecht unnan ümjeschtülpt Solttun,[11] wo an de Siet Löcha inborat wian, un keek dörch de Löcha hen noen ·Füaret.[12] Puks was met sien roden Rok sea bescheftigt bi sien Füaret. He kreech met wenig Holt de Dikerften, Nudeln un Fleesch bal goa. As öwast dän Knecht in si Tun dät Hoesten un Prueschen ankam, kreech Puks en Schrek un kroep jeschwin innen Backowen. Nohea, as de Knecht ruet kam uet si Vaschtek, kam de Kota oek ruta uet dän Backowen. Nu wian de Erften wol goa, öwa räwen[13] wian se nu nich. Also müst sich nu de Knecht ma alleen henschteln un riwen[14] de Erften. — As de Bua doavan höat, wurd a sea bös' up dän Kecht si Nìescherigkeit; he kreech düchtig Schel.[15] He säd em, wen he dät no ens probiat, den wür he en uet sien Deenst entloten.

Puks had nu goed Ru un het so in schtillen sien Hern vä Arbeït doen, un doarüm had en jera in dif Famielj recht leew.

[1] Kober. — [2] Sattelknopf. — [3] Lämmerjungen. — [4] Kühe. — [5] Unarten. — [6] sich sehr quälen, trans. quälen, peinigen. — [7] Futter. — [8] Häcksellade. — [9] Affe. — [10] oder Bären. — [11] Salztonne. — [12] Feuerherd. — [13] gerieben. — [14] reiben. — [15] Scheltworte.

(Pracht.)

8.
Moadriden.

(Vgl. Kuhn u. Schwartz: Nordd. Sag. usw. S. 14, 91.)

Was ens en Knecht, de heet Krischo,[1]) dän reet de
Moad al Nacht, un doabi günselt[2]) a ganz fürtalich; wen
de enna Knecht dät höan däd, den reep he bloes: Krischo!
— un met emo was dät Moadriden to En. Nu säden em
ens de Lüed, he sul sich ma si Tüffel[3]) vakiat vört Bed
setten, den keem de Moad nich. He däd dät, un dät
sal em hulpen hebben.

Jochen, de oek oft räden wur[4]), höat doavan un
vasöekt dät Mittel oek, öwast em wul et nich helpen. Va
al dät Pisaken[5]) in de Nacht sach a tolezt a ganz va-
quiest[6]) uet.

Kam doa ens en ol Karrienfru[7]) bi dän Buan in de
Schtuew, wo Jochen bi deent, un doa keem se bi ää
Vatelsel up dät Kapittel vant Moadriden. Doa säd de
Olsch: Weetst du wat, Jochen? Dät Moadriden is nüscht
ennas, as en junk Mäken va wiet hea, de het di leew;
de kümt ümmat Nachts dörcht Schlötelloch to krupen un
pisakt di. Wen du et jean hebben wist, derfst du ma
bloes enen henschteln an de Schtuwendöa, dera uppast;
wen du dennoesten nachts anfengst to günseln, den müd
de enna fix dät Schlötelloch toprümen[8]). Wen dät je-
scheen is, dennoesten kan a dien Noem ropen, un wen
du doavan upwoekst, den müst du topacken, den hest
du dät Mäken innen Arm. Jefölt se di, un wil se fri-
willig bi di bliwen un di Fru wän, den nim se; wil se
öwast nich, den twing se nich; moek ää werra dät Schlö-
telloch up, un se wät di nich öfta pisaken. Ennas[9]) kan
se nich werra weenkommen as dörch dät Schlötelloch, wo
se rin kommen is. Mi hem[10]) se öwast ümma secht,
dät et nich goet is, sun arm Wesen met Jewalt hia to
beholn; se hem öftas a en Man un oek Kinna to Hues;

äa Seel jeit öwast nachts rüm schpalunken un söekt sich wat bihea. So säd de Karrienfru.

As Jochen dät höan däd, säd a to Micheln, dän ennan Knecht: Höa mo, Brora Michel, dän Schpoes künnen wi uns wol moken. Wist du in de Nacht wo so lang uppassen, bet mi de Moad rid? Du kast et jo goet an mi Günseln höan, wen se doa is. O jo, säd Michel un schtelt sich in de neejst Nacht hen up de Lua. — Richtig! — üm Mitternacht günselt Jochen ganz erbermlich. Michel risch doabi un prümt dät Schlötelloch to, so as de Karrienfru äa dät leat had, un nu reep a: Jochen! Brora Jochen!.— un doa woekt Jochen up un pakt to. Richtig, he had en Mäken innen Arm. De kreech öwast nich en schlechten Schrek; se bettelt un quält em oek goa to sea, he sul se doch werra loes loten, se müst jo morjen frö för äa Kinna Eten koken. Em jemmat dät Zigötan[11]), un as he sach, dät se oek al en schrümslich Jesicht had, moekt a dät Schlötelloch werra up, un husch! as en Wint was se wech. Nu had a en halw Joa Ru; de had sich so vafäat[12]), dät se et nich werra wojen däd em to pisaken.

No en halw Joa öwast fünk dät Riden so sacht werra an. — So sast du doch ma seen, säd Jochen, kri ik di noch ens unna mi Hantjemeng, so wä ik di dät Riden anschtriken! He schtelt Micheln werra hen up de Lua an de Kommadöa. De iast Nacht bleewt schtil, öwast in de tweet Nacht jink dät Riden loes. Michel schtopt dät Schlötelloch to un reep: Jochen! Brora Jochen! — Jochen woekt up, pakt to, un richtig, he had werran Mäken innen Arm; öwast en recht hübsch jung Mäken. Oek dit Mäken kreech en ganz erbermlichen Schrek. Se had wol grote Lust werra uettoriten, öwast dät jink nich, dät Schlötelloch wia to un bleew oek to. He froech äa, of se si Fru wän wul? — Iast moekt se vä Winkelzüej, as se öwast sach, dät he en hübschen, glatten,

glien Keal was, flistat se em in de Oan: Jo, wen he se
hem wul! Doamet wian se also beid fertig. Jochen leet
sich met ää dremo afbeden[13]) un nohea truen. Fief
Joa hem se beid tohoep innen Eeschtant leewt. De
iast Joa was dät Schlöttelloch ümma to. Se had met
Jochen a twe Kinna.

Ens secht se to em: Mi leew Man, nu loep ik di
nich mea wech; kiek mo, ik heb jo hia bi di a twe
Kinna, de wä ik doch nich valoten! Jochen leet sich
bereden un rüemt dät Schlöttelloch rein uet. Se leep em
uek würklich nich wech, se bleew noch en ganz Joa
bi em.

Nu müst sich dät öwast todrojen, dät em de Müz
ens nich so recht sat; he poltat un bandiat dän ganzen
Dach un boet ää sogoa en poa Oafijen an. Ää wurd dät
Dings to vä, se fünk an to ween, säd Adjee to em,
puest ää beid Kinna tom Afschiet, un ee he dät Schlötel-
loch tokrien kün, husch! — wech wia se! — Nu sat a
doa met si klei Kinna as Witman un weent! öwa kena
kün em helpen! — Dät e Kint had se ümma noch
söejt[14]); bi dit Kint kaem se al Nacht un gaf em de
Bost, un dät enna Kint het se oek wascht un kemt; he
kreech se öwa nich doabi to seen, he höat öwa dät
Schurmurren un Rumprecken, un doan kün he et mer-
ken, dät se sich met de Kinna wat to doen moek. Öftas
höata se oek recht düetlich schnuksen, un doan merkt he,
dät ää wol dät Wechlopen leet sin mücht.

He het se licht werra fangen künt, he dürft jo ma
dät Schlöttelloch werra toschtoppen, wen se dät jüngst
Kint söjen däd; se mücht sich dät. oek wol denken, dät
he dät doen sul; öwast he däd dät nich, em was dät vä
to grulich met sun schpöekrijen Geist noch wira in Ee-
schtant to lewen, un so het se sich, as de Kinna iast[15])
son bitschen hertlich wian, ganz wech went.

---

[1]) Christian. — [2]) winselt. — [3]) Pantoffel. — [4]) geritten wurde.
[5]) quälen. — [6]) verkommen. — [7]) Frau mit einer Kiepe, Botenfrau.

⁸) zustopfen. — ⁹) anders. — ¹⁰) verkürzt aus hebben = haben. —
¹¹) klagen, lamentieren. — ¹²) eigentlich verfärbt, daher erschreckt.
— ¹³) eigentl. abbeten, aufbieten. — ¹⁴) gesäugt. — ¹⁵) erst.

(Pracht.)

9.
Sich di vöa!

Was mo ens en riek Bua innen Dörp, un de had
ma en enzig Dochta, un de was sea hübsch. De För-
schtasöen in dät Dörp had dät Mäken leew, un se was
em oek goet, wiel he vaschtennig un from wia. Johan,
so heet de Förschtasöen, had bi dät Mäken äa Öllan üm
äa anholn, had öwast en Korf kräjen. Nu was he doa-
öwa sea bedröewt, un Schallot, so heet dät Mäken,
oek. Üm dif Tied kam en riek Eddelman an un heel
üm Schallotten an. Wen oek de Eddelman tein Milen
wiet heakam, so säd de Bua doch: Jo! — den he föelt
sich dörch dän Andrach sea jeeert. Dät Mäken had nich
Lust, gnädje Fru to wän; se weent Dach und Nacht un
quält äa Öllan se nich an dän Eddelman to vafrien; se
müchten äa lewa Johannen tom Man jewen. Doamet
kam se öwast schön an. Vota un Mutta schimpten up
dät ol hungrig Jägavolk un schlojen äa Bit äa knarsch-
wech af. — Nu bereet sich Schallot heimlich met äan
Johan un vaschprak em, wiel se sich Vota un Mutta
nich werrasetten dürft, dät se, so lang as se leewt, nich
dät Eebette met dän Eddelman deieln wul, un sult äa
oek et Lewen kosten. Doamet trenten se sich beid;
wat se öwast beid weent hem, kan ena sich denken.
Bal no diffe lezt Unnaredunk kam de Eddelman
un heel Valobunk, un bal nohea Hochtied met Schallotten.
As de Hochtiedsdach to En wia, loet a si jung Fru met
al äan Riektum uppen Wojen un füat met äa af tein
Milen wiet wech no si Schlos. As ´se doa anhelen, sach

de jung Fru, dät dät ganz Schlos belüecht un met
Strüza und Krenzen uetpuzt wia, dät junge Eepoa to
Eren. Bedientas un Kammajumfas leten sich seen un
wian em beiden behülplich, as se uet ää Kutsch uetschte-
jen. Se was also nu gnädje'Fru un had öwa sea vä
Lüed to reden. Ää Man was oek ümma artig un frünt-
lich jejen ää, un jewis würn se glüklich leewt hem, wen
se nich Johannen sun Vaschpreken jeft had. — Nu öwast
was se ümma truarig un weent. Wat wira unna ää beid
vöagoen is, weet ke Minsch.

As se son Monat lank tosammen leewt hadden,
woekt de Fru ens et Morjens up un keek üm sich. Se
was nich in ää proppa Schloepschtuew in ää warm Duen-
bet, se was innen Goan unnan Fleraschtruek[1]), un as
se sich recht besach, was se ke Minsch mea, se was en
recht ol heslich Kröet. Va ään Man was nüscht to hoän
ora to seen. Se hupst innen Goan ümhea un sach, dät
de Goan runtum metten sea hoech Mua inschloten was.
Ant Rutakommen was nich to denken. As ää de Hunga
ankam, söekt se sich ää Eten, d. h. sunt as de Kröten
toschteit. Se sach in dän Goan oek noch vä enna Diara:
Müse, Ratzen, Padden, Schlangen, Heiditschen[2]) usw.,
öwast al dif Diara künt ena an ää Ojen anseen, dät se
nich unvernünftije Jeschöpfe wian; se sejen so sea be-
dröewt un unglüklich uet, un uet ää Ojen lepen be-
schtendig Troen. Reden kün dif Diara nich, öwast ää
Schtimmen höaten sich so jemmalich an, dät et een ornt-
lich et Hert brak, un ena met ää ween müst un dät
was Schien un Bewies jenoech, dät se sea unglüklich
wian.

Nu müdden wi de arm gnädje Fru in ää Krötenje-
schalt en bitschen valoten un uns torük vasetten no
dät Förschtahues. De arm Johan kün si Bruet glat un
goa nich vajeten; beschtennig schtunt se em vör Ojen,
so vä Möej he sich oek gaf se to vajeten un up enna
Jedanken to kommen. — Wo macht[3]) upschtüns[4]) dät

arm Mäken wo goen? jemmariat a so vör sich hen. Ke
Minsch kün em trösten, den kena kün em dät werra
jewen, wat he leew had. Va al diffen Groem wurd he
tolezt ganz krank.

So sat a ens det Obens oek ganz bedröewt in si
Vota sien Grosvotaschtoel, as a up si Vota si Schriew-
pult en groet schwart Boek liggen sach. Dät Boek had
he noch góa nich seen, also moekt a, üm sich de Grillen
to vadriwen, dät Boek up un lesta in.⁵) De Schproek
was em ganz unbekant. As a son kort Tied lest had,
rustelt doa wat hinna sien Rücken. He süet sich üm
un kreech nich en schlechten Schrek. Hinna em
schtünnen luta Geista, de he dörch si Lesen citiert had.
De Geista reten nüscht un he oek nich. As a de Je-
schtalten son tietlank met anseen had, dreecht a sich
werra üm un las wirra in dät Boek. Je wira he las,
je mea keem rinna bi em in de Schtuew. Poa wiana
bi, de sejen sea grimmig uet un drauten em mette
Fuest, so dät em sea bang wäen däd. Wat sul he öwast
moken? Se wian emo doa, un wechgoan wuln se nich
werra. As a son Schtun·met dif Geista tohoep⁶) säten
had, traet si Vota to si groet Freud in de Schtuew met
si Flint. — Jung! wat möekst du? säd si Vota to em.
— Doch ik derf di nich scheln, ik heb alleen Schult
doan, dät ik dät Boek doa heb liggen loten. Du hesta
nu a in lest, un mi Schuldigkeit is et nu, di met dät
Boek bekant to moken. — De Vota nam nu dät Boek
un las dät Kapittel, wat de Söen vörwats lest had, werra
torük, un al de Geista jingen ena no en ennan werra
ruet ute Schtuwendöa un leten Vota un Söen alleen. —
Mi leew Söen, säd nu de Vota, dit Boek handelt va de
schwart Kunst, de ik va nu an di oek lean wil; du müst
mi öwast vaschpreken, dät du de Kunst ni tom Bösen
bruken wist; du derfst se ma bruken, üm unschüllig
Lüed uet äa Unglük to riten. Wist du mi dät vaschpre-
ken, dän wil ik di, so oft ik Tied heb, Unnaricht jewen.

De Söen vaschpraek dän Vota dät met Hant un Munt, un doa unnaricht he en, so oft he kün. De Söen was sea jelerig un wüst bal mea va de Kunst as si Vota. He vatieft sich no jeroed so in de Kunst, dät em de Hiroglifen un Teiken uet de ölst Schproken ganz kloa wurn.

Ens et Obens, assa metten sea schwea Kapittel fertig was, feel em si Bruet werra in. Wat mach dät leew Kint moken? dacht a so bi sich. — Du hest nu so vä leat, dacht a, du müst nu uek uetreken köen, wo se is, wat se moekt, wo et äa jeit, un of se noch an di denkt. — Gliek jink a an de Arbeit, un no twe Schtun bröcht a ruet, dät äa Man, de Eddelman, ena van de gröetst Zauberer wia, un dät a äa in än Schloep met sien Zauberschtok to en recht ol heslich Kröet zaubert had, doarüm dät se Johannen dät Vaschpreken jeft had, dät se dät Eebet nich met dän Eddelman deieln wul, un dät a de Kröet in sien Goan to sitten had, un dät se ena doadörch erlösen kün, wen ena äa en Pus jewen däd.

As a dät ruta rekent had, leet et em to Hues ke Ru mea. He nam va Vota un Mutta Afschiet un moekt sich uppen Wech no dän Eddelman si Schlos. No vä Hen- un Heareisen, wobi he oft si Boek befrojen must, funt he richtig dän Wech. Was jeroed an en sea schön Frülingsobent, as a va fean de Schlostörm to seen kreech. Freudig leep he doa up to un kam noch vört Düestawän an bi dät Schlos. He funt al de Jebüda vaschloten, un ke Minsch leet sich seen ora höan. Also dacht he: Hüet kast doch nüscht mea anfangen, wist ma hen goen upt fri Felt un leggen di doa hen tom schlopen, morjen wäst jo werra in di Boek lesen köen, wat du wira anfangen müst, üm int Schlos ora innen Goan rintokommen. He leed sich upt Felt nerra un schleep recht sacht. Morjens frü hoelt a si Boek ruet, un las, dät a nich ennas in dän Goan kommen wür, as wen a de Jeschtalt vannen Oedlea anneem. Gliek schtudiat a wira un funt dät ebräisch Woat, wat a uetschpreken müst, um sich innen Oedlea to vawandeln. He söekt sich oek gliek dät Woat up, wat he as Oedlea uetschpreken müst, üm werra Minsch to wäen. Beid Wöat sint mi oek jenau bekant, ik mücht ma nich jean, dät se al un jera weten sul; de Minschheit kün doamet groten Misbruek driwen. Wen z. B. de Schandoa[7]) son Mörda oran Deew upsöekt, so kan sich jo de Mörda ora Schpizbueb in Fleej[8]) vawandeln un setten sich dän Schandoan upt Näf ora moken sich ton Muef un krupen innen Muefloch. Went so wia, den kün de Schandoa lang söken, un de Polizei nüzten ää Schtokbreew to goa nüscht. Doarüm also wil ik de beid Wöad lewa för mi beholn.

Jenoech, de Förschtasöen, Johan, vawandelt sich innen Oedlea un floech öwa de hoej Mua rin in dän Goan. Kuem was a doa ankommen, so keem al de vawünscht un vazaubert Diara üm em rüm un füngen an to ween. Dät jemmat em so, dät a oek anfüng to ween. He reet de Diara an, de öwast künnen em nich antwoaten. Se hadden ke minschlich Schproek. As a nu so dän Schtiech up un af leep, kreech a doa dicht annen Schtiech en recht ol dik Kröet to seen, un de keek em oek so recht jemmalich an. Gliek dacht he: Sul dät wo Schallot sint? Ümt jewist to schpelen un üm sien Pus nich annen unrecht Kröet to vajewen, froech he iast si Boek üm Roet un funt, dät in diffen Goan ma een enzig Kröet was. Also bükt he sich fuats, üm up äan Rosenmunt so recht en schönen Schmaz uptodrücken. As si Liebst merkt, wat he wul, kam se em recht früntlich intjejen to krupen, üm em ää leewlich Müelken antobeden. He naem se innen Arm un pust se no Herzenslust.-

Jeschah doa öwast en Knal, as wen ena en Kanoen loesschüt! — Un met emo wian al de Diara werra Min-

schen, un he had nich mea en Kröet, he had Schallotten
innen Arm, un se had em ümfoet. Al de Jebüda, dät
Schlos met samst dän Goan wian vaschwunnen. Was jo
ma luta Zaubawerk. — Al de Minschen bedankten sich
nu bi em, dät he se erlöest had, un jera jink nu sien
Wech no Hues. Johan nam oek si Bruet unnan Arm
un jink met ää hen no dät neechst Dörp. Doa nam he
sich en Wojen an un füat hen no ää Öllan. De öwast
wunnaten sich nich wenig, dät Schallot met Johannen
antofüan kam; as se ää öwast al beid ää Jeschicht va-
telt hadden, un as nu Johan werra sien Heiroets-An-
drach moek, willichten beid Oln sea jean in de Frijoet.[9])
Se wian nu dörch Schoden kloek worn. Ää Hochtied
moekten se ganz schtil af un trekten hen no de Försch-
tari; doa hem se bi si Öllan en recht glüklich Lewen
füat. As de ol Jäga schturw, kreech Johan de Försch-
tari, un so had he bis an sien Doet si goed Broed.

Va dän Eddelman hem se tiedlebens nich werra
wat to seen kräjen; mücht em oek wo schlecht bekom-
men sint, den Johan was in de schwart Kunst em wiet
öwalejen. Dät müd em ena öwast loten un tom
Ruem noreden, dät a va si Kunst wira keen Jebruek
moekt heţ.

[1]) Fliederstrauch. — [2]) Eidechsen — [3]) mag es. — [4]) jetzt. —
[5]) las darin. — [6]) zusammen. — [7]) Gendarm. — [8]) Fliege. —
[9]) Heirat.

(Pracht.)

10.

De Schaz innen köppan Pot.

Wian ens twe Bröra,[1]) Chrischo un Peta. Chrischo
was riek un had ne schön Buawürtschaft. Peta leewt
met si Fru un söben Kinna in bittalich Armut; he was
Arbeitsman. Ens kümt Peta, as de Noet goa to groet bi

em is, hen no sin Brora un bit em, dät he em doch mücht een Schepel Roggen borjen, wen he iast so vä vadeent had, wul he en em oek jean betolen. Chrischo schloech em si Bit öwast knarschwech af; he säd: Ik heb keen Roggen to valien, un ik bruek uek mi Jelt noetwendig alleen. — Bedröewt, dät nu Fru un Kinna nüscht to äten krien wän, jeit Peta dörch si Votas Goan, de öwast upschtüns sien geizijen Brora höat. Wät jo doch son groet Sünt nich sint, denkt a, wen ik mi va mien Vota sien Appelboem e Tasch vul Eppel plük för mi Fru un Kinna. Kuem denkt he dät bi sich, so schtiecht a oek a rup up dän Appelboem un plükt recht drel. Was a en bitschen schumrig, as he doa sat. — Met ens höat a wat rusteln, un as he üm sich keek, wurd he jewoa, dät Chrischo met si Fru ankeem. Beid drojen en groten köppan Pot, dän setten se jeroed unna dän Appelboem nerra, wo Peta up sat. Chrischo groew en deep Loch in de Ead, set dän Pot rin in dät Loch un säd to dän Bösen: Dät letst du nich ea uet di Hen, as bis di ena en ganz schwarten Hoen brengt, de oek nich een wit Fera an sien Liew het. Doamet moekt he dät Loch to, dremmelt de lof Ead fest un jeit sien Weej. — Peta schtiecht runna met si Eppel un jeit oek si Weej. — As he to Hues ankam, deielt he si Eppel uet, säd öwast nüscht va dän vagroewten Schaz. To si Fru öwast secht he: Mutta, wi müdden uns werra Höna anschaffen, dät sin doch goa to nüzlich Vöjel. Si Fru had em sea leew, also reet se nich doajejen. Se köft ne Kluk un set se met feftein Eia. Unna de Küken was richtig en ganz schwarten Hoen. No en half Joa nam he en un dröcht en nachts hen no dän Appelboem un secht: Hia breng ik di dän Hoen, worup de Schaz vaset is. Utet Gebüsch antwoat em ne Schtim: Wen ji mi dät Jelt nich wuln lenga loten, den hed ji et oek lewa kün ganz beholn!

Doch Peta nimt sien Hoen un schmitten hen up de Schtel, wo de Pot ingroewt is. — Gliek heewt sich de Hoen un flücht in de Luft in de Höej un vaschwint. Peta groewt dän Pot uet un dröchten no Hues. Va dif Tied an jingt em met si Famielj sea goet.

No en poa Joa kam si Fru in Wochen, un doa richt he en groet Kindelbia uet un bit oek sien Brora to Farra.[2]) Chrischo füat met si Famielj oek hen, un bi dif Jelejenheit kricht Chrischo sien Fru dän köppan Pot up Petan si Ketelbret to seen. Se vatelt dät äan Man, un beid brengen bal no dät Kindelbia oek en schwarten Hoen no dän Appelboem un schmiten en doa hen. Doch de Bösa fengt fürchtalich an to lachen un secht: Keal, wat bist du doch dum! Son lichten Flooch up dät Jelt to leggen! — Chrischo müst ma ruhig met ankiken, dät sich si Brora öwa sien Schaz freut. He was öwast doch noch riek noech,[3]) wen si Brora oek en 4000 Dola afkräjen had. Klojen durft he nich, den to de Tied, as dif Jeschicht sich todroej, wurden de Minschen, de sich met de schwart Kunst inleten, öffentlich vabrent; also was he fro, went vaschwäjen bleew.

(Pracht.)

11.
König un Zaldoet.

Ens must en Zaldoet unschuldig Schtroef liden va sien Ofzia. Da nam sich de Zaldoet vöa, dän Ofzia bien König to vaklojen. As a bal no diffen Vöafal up 8 Doej Urlaub kreech, üm si Öllan to besöken, benuzt he dif Tied, üm no de Residenz tom König to goen. Unnaweechs kam a dörch en groten Busch un vabiestat doa so sea, dät a glat un goa nich werra kan torecht

finnen. Midden in diffen Busch bejejent em en enna
Man, de was oek vabiestat un wust oek nich hen ora
hea. Dät was de König, de had Jägatüech an, wiel he
met enna vorneem Lüed un Jägas tohoep upt Jacht
trekt was. Beid moken Bekantschaft; de König secht
öwa sien Schtant nich, un de Zaldoet secht nich, dät he
henreisen wil no en König. Ena fröecht nu dän ennan
no dän rechten Wech no de Residenz; as se sich öwast
al beid vaschtendicht hem, dät se al beid no de Residenz wiln,
bliwen se beid tohoep, jeroden öwast ümma wira rin int Je-
lüech. [1]) Tolezt, as se al beid ganz un goa vatwoelt [2]) sint,
krien se va fean en Höel to seen. Se denken, se wän doa
Kolenschwelas antreffen un lopen doa up to, jeroden öwast
rin inne Räubahöel, de va 24 Räubas bewoent wät. De
König zittat un beewt an en ganzen Liew för Angst;
he denkt: Nanu is di Lewen Gras. Nich so de Zaldoet.
He wust sich to helpen, he säd: Mi leew Hern, ik gröest
Hantwerk, ik heb oek to ne Räubaband höat, öwast up-
schtüns bin ik feirig. [3]) Unse Band het groet Unglük
hat, se is va unsen König si Zaldoten vaschprengt worn.
Vä va unf Lüed hem se jefangen noem, un de ennan
sint van een [4]) goen. Unf Haubtman heet Katusch, dän
het de König oek jefangen kräjen un uphangen loten.
— Wo süet et nu uet, kan ik bi ju nich en Unnakom-
men finnen? Diffa hia is en Dissatüer un söekt bi ju
intotreten. Wi hem öwast recht vä rümma söken müst,
e wi ju Nest hem upfinnen künt. Dif Höel het würklich
en schön Loej, se licht vä mea vaschtoken, as Katu-
schen sien.

De Räubas glöewten dät, wat he säd un jewen bei-
den de Hant, un se musten vaschpreken, äan Haubtman
treu un jehoersam to sint. — Nu hadden se foljende
Ornung unna sich infüat: Doechs schtriekten twelw üm-
hea un de enna twelw schlepen ora rauten [5]) sich; nachts
löesten dif twelw de iasten af un leden sich tom schlopen
nerra. —

Twelw also wian ma in de Höel un ne ol Fru, de äat Eten koekt, as de König met dän Zaldoten to äa henjeroden däd. Dät ol Müttaken droej jeroed dät Eten uppen Disch, un de Räubas nöechten äa ni Kamroden, sich met ran to setten. E se dät däden, secht de Zaldoet to dän König heemlich: Leej du oek ma jo dät Metza bien Eten vakiat vör di hen, so dät et met Schpiz no di Brost to liggen kümt, den dät is bi de Räubas Jebruek. As se nu eten, vagaet de König doch dif Lea; doa kreech a öwast schwap! ens jejen de Oan va dän Zaldoten. Du Schlüngel! säd a, ik wä di met Manier eten lean! Doaöwa füng de ganz Band lued up an to lachen: se meinten, dät wäa se broew va em, dät a sien Leajung so to Ornung went.[6]) — As se äan Wien un Brentwien düchtig toschproken hadden, wurn se altohoep recht molum un rederisch. Wea de grülichst Jeschicht vateln kün, dät was de besta. Doa kün en eerlich Minschenkint wat to höan krien!

Mi leew Kamroden, fünk doa de Zaldoet an, ik wil ju to godalezt noch en Kunstschtük vöamoken, wat mi jewis kena sal nomoken köen. Ik kan en ganzen Emma vul koeknichten[8]) Wien met een Toech uetsupen, so detta keen eenzig Druppen van an de Ead goen sal. De Räubas säden: Dät is nich so! un hoelten en ganzen Emma vul uet äan Kella, goten en innen Ketel un koekten, dät a so recht büljen[9]) däd. De Zaldoet nam dän Ketel un secht: Nanu schtelt ju al twelw recht dicht in en Kreis runt üm mi rüm un jeft Achtunk. Jeit e Druppen vabi, den kö ji mi gleich en Kop afhaun. Du Jäga öwast derfst nich met innen Kreis schtoen, dän dät schikt sich nich, dät sich de Leajungs met de Jesellen vamengelian.[10]) As de König sich henschtelt had an de Hölendöa, un as de Räubas al innen Kreis schtoen däden un em recht prik ankeken, set de Zaldoet dän Ketel an si Muel un schwenkt en plözlich innen Kreis rümtüm un goet äa dän koeknichten Wien in de Ojen. Gliek trekt

a dän iasten besten sien Säbel uet un haut ää al twelw
de Köp af. Was en licht Schtük Arbeit, den se künnen
jo altohoep nich kiken. De Räubamutta was jeroed int
Köken[11]) un höat va diffen Moschpoek oek nich en
bitschen. De Liechen wurn fix anne Siet bröcht, was
oek de höchst Tied, den nu keem no jeroed de enna
twelf Räubas an üm to eten un sich to raun.

Se bewilkomten de beid ni Kamroden oek recht
früntlich, den de Zaldoet wust so jeschikt üm ää rüm to
reden, dät se em löewten. Se nöechten ää ni Kamroden
oek met ran an de Tofel. Biet Eten wurn werra sun
grülich Jeschichten vatelt un belacht, so lang, bis se al-
tohoep ziemlich besopen wian; doa säd de Zaldoet: Mi
leew Kamroden, ji möjent mi löwen ora nich, — ik kan
en ganzen Emma vul koeknig Öel uetsupen met een
eenzigen Toech, so dät uek nich een Druppen vabi löpt.
Jeit ena vawi, so kö ji mi upt Schtel mien Kop afhaun.
Schtelt ju altohoep innen Kreis üm mi rüm un brengt
mi koeknig Öel. De Räubas moekten in ään Ketel Öel
koeknig heet, dät et ma so bülcht un langten em dän
Ketel hen. He nam dän Ketel un reep: Past up! un in
Ojenblik dreecht a sich innen Kreis rüm, un — braetsch!
— goet a ää dät koeknig Öel in de Ojen. Dan nam
a werra dän iasten van de Räubas dän Säbel af un haut
al de twelf ää Kop af. De König must werra bi diffe
Affärj an de Döa schtoen.

As nu de ganz Band doet was, jingen se rin in de
Höel un söekten sich dät jeroewt Jelt — wian an
20,000 Dola Papiajelt — un moekten sich uppen Wech
no de Residenz. De Olsch müst ää dän rechten Wech
wisen. Se keem nu bal ruet uet dän Busch un hadden
de Residenz vör Ojen. Je nej se ran keem an de
Schtat, je möda wurd de Zaldoet, un je freudijer wurd
de König. Jean wia he gliek rin goen in de Schtat,
öwast he mücht sien tapfern un kloken Kamroden nich

jean valoten, also rauten se sich iast en poa Schtun nich
wiet vant Doa uet. Dan reinewiaten[13]) se sich en bit-
schen va Schtof[14]) un Schmuz un jingen rin in de Schtat.
Rau—s! reep doa de Schiltwach an de Doawach, den
se kent dän König. Ganz vaduzt keek de Zaldoet hen
no de enna Zaldoten, de ää Jewea för em beiden prä-
sendiaten.

Höa mo, säd de Zaldoet nu to dän König: Ik glöew,
ena va uns beiden is König, den de Wach moekt jo
jeroed sun Hofias[15]) vör uns, as vörn König. Nä, säd
de König, de König is jeroed inne Kutsch hia vabi
füat. Ach, dät is recht schoed, säd de Zaldoet, nu bin
ik unnüz reist, ik had met unsen König sea nödig wat
to reden. Kum du ma hen noet Königsschlos, säd de
König, ik bin doa bekant, ik wä di torecht wisen. De
König wät jewis so wiet nich füat sint, he wät jewis bal
werra kommen. Wi köen uns jo doa befrojen. Beid
jingen hen noet Schlos, treden öwast in dän Doawech
in, wo ke Schiltwach schtunt. Nu füaten de König rin
inne Schtuew un säd em, he sul sich doa ma so lang
nerra setten, he wür sich erkundijen, of de König bal
werra kommen wür.

Nu jink he va em ruet un trekt sich ennas an. No
ne halw Schtun kaem en Bedienta un säd to dän Zal-
doten, he sul em foljen. He jink met em, un so kaem
a innen groten sea proppan Soel, wo ke Minsch in was.
Schüchtan schtunt a hia an de Döa schtil. Dät duat
nich lang, so jink en groet Flüjeldöa up un de König
met de Könijin an een un de Prinzessin an en ennan
Arm kemen rin un schtelten sich vör em hen.

Wat brengst du mi, mi Söen, säd de König. Ach,
säd de Zaldoet, Ew. Majestät usw., un nu bröcht a si
Kloej an, dät he unschüllig had müst Schtroef liden.
Doa säd de König: Mi Söen, di Recht sal di wän, öwast
di Schläj hest du emo wech, dät is nich to ennan, eben

so wenig, as ik et ennan kan, dät du mi hest ens jejen de Oan jeft. Mi nimt de Schläj oek kena werra af.

Doa keek de Zaldoat dän König iast jenau an un wurd jewoa, dät de König dät west wia, womet he in de Räubahöel tohoep wat eten had, un womet he tohoep reist was. Em wurd jewaltig bang; doch de König reet sea früntlich met em, un to de Könijin un· to de Prinzessin säd a: Dit is de Zaldoet, dän ik mi Lewen to vadanken heb. Ik kan minen Dank nich bessa jejen di bewisen, säd a to dän Zaldoten, as wen ik di to minen Schwigasöen moek. Ji köen ju al beid doaöwa besinnen. Uet mi Schlos un uet mi Familj kümst du öwast nu nich werra wech. Mi Lant kan oek no mi keen bessan König krien, du bist mutig un tapfa un doabi oek kloek. Dät hest du in de Räubahöel bewäsen, as du de 24 Räubas öwa Siet bröcht hest. Hia hest du mi Hant, ik neem di tom Rejenten met an.

De Prinzessin funt bal Jefallen an dän schmucken jungen Minschen, un he leet sich oek belewen üm äa Hant antoholn. Also hem se Hochtied moekt un Kinna buet un Hüsa zeugt, un wen se nich schtorwen sint, so möjen se hüet wol noch lewen.

Dän Offizia het a vajeft, den de wia jo de Uersach dät he König wurd.

¹) Gebüsch. — ²) verirrt. — ³) unbeschäftigt. — ⁴) von einander. — ⁵) ruhten. — ⁶) gewöhnt. — ⁷) aus Betrunkenheit lustig. — ⁸) kochenden. — ⁹) aufwallen, aufbrausen, vgl. frz. bouillir. — ¹⁰) vermischen. — ¹¹) Küche. — ¹²) hier: Geschichte, Vorgang, sonst so viel als: Quark, ein verächtliches Ding. — ¹³) renovierten, reinigten. — ¹⁴) Staub. — ¹⁵) Honneurs, von hofieren.

(Pracht.)

12.

De bös Schteefmutta.

Was mo ens en Man, un de had met si Fru twe Kinna, en Jung un e Mäken. Dät Mäken was näjen[1]) Joa un heet Schtina[2]); de Jung was acht Joa un heet Kadel[3]). Doa schturw de Mutta. Oen Fru kün de Man nich bliwen; he friet also recht no sien Jefallen, kreech öwast nich en Fru, he kreech en Hex annen Hals. So jeit et oft hea in de Welt; ena denkt, dät ena dät Glük recht foten wil un griept met beid Hen innen Leem. Wecka Minsch kan öwast oek dät Wiwa- tüech dät wol anseen, wo se jesunnen sint? So uek hia.

Kena was mea to beduan, as de arm Kinna. Al Doej delcht un kiewt[4]) se öwa äa, dät se nich in ora uet wusten. De Vota mücht sich met si Hex nich jean vatöan[5]), also schweech he ganz schtil, wen se schendiat[6]) un de Kinna so mördalich prüjelt. Ruhig trekt he sich si Schloepmüz öwat Oan un weent hinnan Owen ora in de Komma si bittalich Troen.

Met si tweet Fru had he oek noch en Schteefdochta metfriet, de heet Fiken[7]), de had et sea goet; de dürft kena scheef ankiken; went ena doch däd, den fuer de ol Hex up un greep noen Schtok.

Ik vajeet et al mien Doej nich: Was jeroed to Wintatied, as de Eadbodden foethoech met Schne be- dekt was, doa schikt de ol Hex dät ölst Mäken, Schtinan, hen noen Busch no Besingplücken. Dät arm Kint weent un schreech uek goa to sea; dät hulp öwast nüscht, se must fuat. Se leep hen no dän Busch un günselt[8]) doa ümhea, kün öwast ke Besing fin. To Hues dürft dät Mäken oen Besing nich kommen, den gaft wat metten Bessenschteel. Wat sul se moken? — In äa Angst jink se ümma wira in dän Busch rin, so wiet, dät se tolezt nich mea wust, wo se hengoen sul. As se oen Schtech un Wech dörch dän Schne doahen woden däd, kam se

entlich annen kleen gulden Hüesken. Schüchtan leep se
rup uppen Flua, un bescheiden klopt se met ään Finga
an de Schtuwendöa. Marein! — röpt ena in de Schtuew.
Ganz sacht moekt se de Döa up, un vör äa schtunt met
emo de Huesfru. Se was sea heslich, had hin un vöa
en Puckel, un vöa int Muel had se twe sun lang Tän
boben, de jera dre Tol lank wian. Wen oek de Fru
sea heslich uetsach, so had se doch en goed Hert. Se
was en Fe un froech dät Mäken ganz früntlich: Mi
Dochta, wat brengstu mi? Doamet fünk Schtina an to
ween, un de Troen lepen äa öwa äa schöen Anjesicht.
Ach, säd se, ik sal mi Mutta Besing plücken un kan goa
nüscht fin. — De Fe secht wira nüscht, as: Kum mo
hea, mi Dochta, un lank mi mo de Näjnotel up, ik kan
mi nich goet bücken. Recht anschtennig un bescheiden
jink Schtina hen un däd äa de Näjnotel uplangen. Ik
bedank mi! säd de Fe, un doamet leep se ruet noet
Köken. Bien halw Schtun kam se werra rin un bröcht
Schtinan ganz nien siden Antoech un oek en Tella vul
Besing. Äa Lumpen müst se wechschmiten un de ni
Klera antrecken. So, säd se, nu go ma no Hues un
droej di Muttan de Besing hen. Schtina bedankt sich
recht höeflich, gaf de Fru de Hand, moekt ään Knix un
moekt sich uppen Wech.

Was dät öwast en Upseen, as se to Hues ankam!
Wo hest du de Besing un de Klera krejen, Mäken! säd
de ol Hex. De hest du jewis schtolen! — Nä, Mutta,
säd Schtina, dät het mi de Fru met de lang Tän, de
in dän Busch in dät gulden Hüesken woent, jeft! De
Besing sal ik di jewen, un de Klera sal ik äa tum An-
denken drojen! — Doamet was de Olsch tofreden.

Bi viatein Doej must Kadel hen no dän Busch. Wiel
si Rok un si Hosen intwei wian, dacht se, he kün sich
oek en ennan Antoech holen. He must bi de gröetst
Kül ruet no Besing plücken. Schtina säd em Bescheit,
also jink he nich so vä unnüz hen un hea. Em froa

öwast ganz erbermlich, un doarüm weent he şea. He jink jeroed rin in dän Busch un kam uek glüklich hen no dät gulden Hüesken. Schüchtan klopt he sacht an de Schtuwendöa. Marein! reep de Fe! Goden Dach! säd he. — Schön Dank! säd se, — Mi Söen, wat brengst du mi? froech se em. Ik sal mi Muttan Besing plücken un kan goa nüscht fin, säd he, — un doabi weent he si bittalich Troen. — Kum mo hea, säd de Fe, un lank mi mo de Schea up, ik kan mi nich goet bücken! Kadel langt ää recht anschtennig de Schea up. De Fe bedankt sich un leep ruet noet Köken. As se werra rin kam, bröcht se em en ganzen nien Rok un en ganz ni Poa Hosen, de must he sich antrecken. Nohea gaf se em en Tella vul Besing för si Mutta. He bedankt sich, säd Adjees, moekt en Dina un leep freudig no Hues. Vota, Mutta un Fiken wunnaten sich nich wenig, as he oek met proppa Tüech ankam.

I, Fiken, säd de ol Hex, wen dät so jeit, den müst du oek hen no Besing plücken! Se was a drüttein Joa, as se no de Fe lopen must; se was öwast goa to plump un jeroed to, so rechten Püffel was Fiken. Va ää Mutta had se et jo'nich ennas seen. As ää Schtina un Kadel Bescheit secht hadden, leep Fiken hen no dän Busch. Se kam oek glüklich an bi dät gulden Hüesken. Se jink rup uppen Flua un van Flua oen antokloppen jeroed rin in de Schtuew, schtelt sich doa hen annen Schtiel, schtoek en Finga int Muel un säd nich moel: goden Dach!

Wat brengst du mi, mi Dochta? säd de Fe. Recht püflich säd se: Ik sal mi Mutta Besing plücken un kan nüscht fin. Kum mo hea, säd de Fe, un lank mi mo dän Fingahoet up, ik kan mi nich goet bücken. — Dät jeit mi jeroed eben so as di, säd Fiken, ik kan mi oek nich goet bücken; hol di man en enna Deenstmäken, wen du di nich bücken kast.

Kuem had se dät Woat schproken, doa trekt de

Fe hinnan Schpejel ne Roed ruet un haut se recht düchtig för äa wief Muel. De Klera reet se äa al runna van Liew, un ganz noeklich[9]) schmeet se se ruet innen Schne. Fürchtalich brölt Fiken un leep no Hues. As äa Mutta, de ol Hex, dät jewoa wurd, wul se sich räken an Schtina un Kadel; se dacht, de hadden Schult doaan, dät se se bi de Fe vaklatscht hadden.

Also nam se de beiden Kinna un schmeet se in de Komma un schloet de Kommadöa dicht to. Se wul se iast fet moken un nohea schlachten un upfreten. In de Kommadöa borat se twe Löcha, doa suln de Kinna öftas äan Finga dörchschteken, doaan wul se proben, ob se oek a fet noech wian. Dörcht Fensta krejen se äa Eten.

As se viatein Doej goet forat[10]) wian, kam de Hex an de Döa un säd: Schtina, schtek mo dien Finga dörcht Loch in de Döa! Schitna öwast nam en Schtok un schtoek en dörch. De Hex, de nam en Metza un schneet in dän Schtok un reep: Moga[11]), moga! — Se dacht, se had in Schtinan äan Finga schneden. Nohea reep se: Kadel, schtek du mo dien Finga dörcht Loch! Kadel schtoek öwast oek en Schtok dörch. — Moga, moga! reep de ol Hex un forat se noch viatein Doej dörcht Fensta. As se öwast ümma nich fetta wurn, den de Kinna schtoken ümma en Schtok dörcht Loch, doa säd de Hex: Schlachten do ik ju doch, wen ji oek nich fetta wän; morjen müdden ji al beid ran!

Ach, wat hem de Kinna in dif Nacht beet! De leew Hergot erbarmte sich oek öwa äa; he schikt de Fe hen an dät Fensta. De Fe nam en Zauberschtok, langt rin int Fensta un tikte Schtinan uppen Kop, un se wur en Ent; dennoesten tikt se Kadeln uppen Kop, un he wurd in en Erpel[12]) vawandelt. As Minschen künnen se nich dörch dät Fensta kommen, den dät Fensta wia to klein; as Enten kün se de Fe goet dörchholen.

Kuem wian se dörch dät Fensta, so zaubert de Fe met äan Zauberschtok en groten Se, de noch öwa ne Miel lank un eben so breet was, un doa leet se de beiden Enten rup schwemmen. De Fe nam nu va äa Afschiet, reep äa öwast noch to, dät se sich jo un jo nich va de Hex suln krien loten. Met Sunnen-Upgank kam de Olsch an un wul de beid Kinna schlachten. Se schloet de Kommadöa up, kreech öwast nich en schlechten Schrek, as se sach, dät de Kinna wech wian. Se jink jeschwin hen un schloech äa Hexenboek up; doa las se, dät se de Fe in twe Enten vawandelt had, un dät se beid uppen Se to finnen wian. Töewt[13]) ma, secht se, ik wä ju doch wol krien! Se nam Päpakoken un Schtuten,[14]) jink hen annen Se, schmeet dät de Enten hen upt Wota un reep: Liet! Liet! De Enten freten dän Päpakoken up un repen: Paek! Paek! — neem sich öwast sea in acht, dät se nich to dicht ant Lant ran kommen däden. So freten se sich recht sat in dän Päpakoken un Schtuten, öwa krien leten se sich nich.

As dät nich glücken wul, wurd de Olsch ganz dul un wütent; se läd[15]) sich hen un soep dän ganzen Se uet. De Enten rönten nu upt Lant wech, un de Olsch äa no. Äa Buek was öwast va dät vä Wota so dik un schwea, dät se nich sea rönnen kün. As se sich ümma dülla anschtrengt, üm de Enten to krien, plazt äa met ens de Buek, al dät Wota leep werra ruet un rin in de Grunt, woet iast west wia. De Enten schwümmen werra rup upt Wota; de ol Hex was öwast musendoet. As de Fe dät höat, kam se un schloech met äa Zauberschtock Schtinan un Kadeln uppen Kop; glick wurn se werra Minschen. Se nam se al beid an de Hant un bröcht se hen no äan Vota un vamoenten, dät, wen he no ens frien sul, he sich bessa vör Hexen in acht neem möcht. Fiken schturw bal nohea ant Hertschpan vör Erjer, dät et nu Schtinan un Kadeln so sea goet jink.

De Man het sich nohea de Fe friet, het öwa ke Kinna met äa hat. De Kinna haddent nu sea goet un wurn orntliche Minschen.

[1] neun. — [2] Christine. — [3] Karl. — [4] lärmt und schlägt. — [5] erzürnen. — [6] schimpft. — [7] Sophie. — [8] ,winselt, -weint. — [9] nackend. — [10] gefüttert. — [11] mager. — [12] Enterich. — [13] wartet. — [14] Kuchen — [15] legte.

(Pracht.)

13.
Dum Hans.

Was mo ens en Vota, un de had dre Söens, Michel, Mertien un Hans. De beiden ölsten hadden goet wat leat, se wian för äa Tied würklich, wat ena seggen kan, kloek to nennen. De jüngsta was ma sun oln Hutzel;[1] wo he henschowen wur, doa jink a hen un wira nich. Leat had he wira nüscht as eten un drinken; doabi öwast vaschtunt he sien Man to holn; he bast[2] sich dät Liew so vul, dät a nohea an 4 Schtun liggen kün üm dät Eten to vaduen.

Ens, as sich de dre Bröra dörchennenna moel düchtig zankt un huscht[3] hadden, säd de Vota: Höat mo, ji Küelbödels,[4] dät ji al dre to Hues uppen Mes[5] liggen doen, wil mi nich so recht innen Kop; ik wil ju ma seggen: Ji müdden altohoep ruet in de Welt, ji müdden ju wat vasöken. De öwast sich dät meist vasöekt het, went Joa to En jeit, de sal mi Hues un Hof erwen. Freudig jingen de beiden ölsten Bröra af, de jüngsta must ruetschowen wän utet Hues. So jingen se al dre tohoep hen noen groet Heid, de ne Miel wiet va äa Hues af wia. Midden in de Heid jingen dre Weej vaneen. Michel jink dän Wech rechts, Mertien links, un de ol dum Hans twalt Näs intlank ümmer jeroed uet un

kam tolezt so deep rin in dän Busch, dät a ganz un goa vatwoelt un goa nich werra ruta fin kün. As a son poa Doej in dän Busch rüm lopen was, un de Hunga em an sien Mojen racht,[7]) schteech he uppen recht groten Boem üm bessa öwatokiken; he wul doch jean weten, wo he henlopen müst üm bal ruta to kommen uet de Heid.

Kuem was he rup up dän Boem, so kam en groet Löew an to lopen; he leep jeroed hen no dän Boem, wo he up sat. Unna dän Boem fünk he an to rachen, un dät duat nich dejers,[8]) so trekt he doa en Dischdoek ruet. — Dischdoek, decke dich! — säd de Löew, un gliek breidelt sich dät Dischdoek vaneen, un Jesodenes un Jebrodenes schtunt ta so vä up, as ena ma eten wul. Hans sach doa va sien Boem Ries un Fisch, Wien, Napkoken, Bermschtuten,[9]) Pomeln,[10]) Koelzaloet,[11]) Kälwabroden, Hommelbroden usw. — jenoech, up dät Dischdoek schtünt als up, wo ena ma de Höej[12]) up krien kün. As Hans dät sach, doa figoelt[13]) em si Moej recht innen Liew, he had jean meteten, dürft öwast nich, he must biet Jüngeln un Jipan[14]) bewennen loten. De Löew frat sich recht dik! wickelt dät Dischdoek werra tohoep un schtoekt et rin in dät Loch, buddelt et to, dremmelt et fest un wackelt werra af in de Heid rin.

Dät was son Freten för Hansen! Jeschwin schteech he runna va sien Boem, krazt sich dät Dischdoek oek ruet un säd: Dischdoek, decke dich! Gliek dekt sich dät Dischdoek vaneen, un doa up schtunt werra als, wo ena ma Aptiet to krien kan. Wen ena groten Hunga het, den let ena sich nich vä nöjen,[15]) jo, ena set sich wo unjenödicht hen un et. Hans was ke Kostvaachta, un groten Hunga had he oek, also set he sich nerra un schloech sich dän Buek vul, schpöelt met dän besten Wien sich dän Hals rein un pakt alles werra in dät Dischdoek rin. Eben wul he et werra rin schteken in dät Loch, as em infeel, dät he dät Dischdoek oek wo noch öfta bruken kün. Also wickelt he et tohoep, schtekt

et sich in sien Renzel un moekt, dät a fuat kam. Up
dän Boem had he seen, wo he henlopen müst üm ruet
uet de Heid to kommen, un doahen jink he; kam oek
glüklich no en halw Schtun hen upt fri Felt. Hia funt
a en Wech, dän jink a no, un doa kreech he va fean
groet Schtat to seen. Up de wannat a los. He was
noch nich wiet lopen, doa bejejent em en ol Inwalied,
de droech en Tornista uppen Rüggen. Hans boet em
Vedderink[16]) un froech em, wo he hen goen wul. Ik go
uet, secht de Inwalied, un söek mi wat to eten. O, secht
Hans, wen wira nüscht is, ik heb wat bi mi dän Hunga
to schtiln, un doamet secht he: Dischdoek, decke dich!
— Gliek dekt sich dät Dischdoek, un beid letent sich
goet schmecken. De Olla wunnat sich öwa nich wenig
öwa dät Dischdoek. He kreech Lust Hansen dät afto-
köpen ora aftotueschen. De öwa had nich Lust sich va
sien Dischdoek to trennen. De Olla boet Hansen sien
Tornista för dät Dischdoek an. As Hans nich tue-
schen wul, klopt a an dän Tornista un secht:

> Zehntausend - Mann raus,
> zu Fusz uud zu Pferd,
> in voller Montur
> mit vollem Gewehr! —

Sogleich marschierten zehntausent Zaldoten ruet uet
dän Tornister un exerzierten no dän Oln si Kommando.
As Hans dät jenoech bewunnat had, leet a se al werra
rin marschiern. — Ach, säd Hans, dät is en proppan
Tornista, dän mücht ik wo hebben! — Dän kast du
krien, wen du mi di Dischdoek doavöa jewen wist. Beid
wurn enig öwa ään Tuesch.

De Inwalied jink nu no de Heid to met dät Disch-
doek, un Hans jink met sien Tornista uppen Rüggen no
de Schtat to. Kuem was Hans en poa Hunnat Schrit
fuat, doa wia em de Tuesch a werra leet. He dacht an

dät schön Eten un Drinken, dät he, wen he dät Disch-
doek beholn had, al Doej had hebben künt; nu öwast
sul he werra Hungapoten suen. Bedröewt set he sich
nerra uppen Schteen un begrübelt sien döemlichen Han-
del. Met ens fölt em in: Wist doch mo seen, of de
Zaldoten oek wo ruet kommen wän, wen du dän Tor-
nista anreden deist. He klopt an un secht:

> Zehntausend Mann raus,
> zu Fusz und zu Pferd,
> in voller Montur,
> mit vollem Gewehr!

Richtig, se kommen al ruetmarschiert un schteln
sich to sien Befeel vör em in Paroed up. —
As he süet, dät de Zaldoten up si Kommando höan,
moekt he to dän Schpruch, dän em de Inwalied leat het,
noch twe Rejen¹⁷) to; he secht:

> Jaget dem Kerl nach,
> nehmt ihm das Tischtuch ab!

De Zaldoten däden dät upt Schtel, se moekten sich
hinna dän Inwaliden hea, neem em dät Dischdoek wech
un bröchtent to Hansen. De öwa leet si Zaldoten al-
tohoep werra rin marschiern in sien Tornista, schnüaten
sich uppen Rüggen, schtok si Dischdoek to sich un
wackelte wira sich noch mea to vasöken.
Vör de Schtat bejejent em en ol afjedankt Zaldoet
metten dretütigen Hoet uppen Kop. Goden Dach! säd
Hans. Schön Dank! säd de Olla. Wo sal de Reif hen-
goen, säd Hans. Ik heb Hunga, ik söek mi wat to eten,
säd de Zaldoet. — O, säd Hans, wen wira nüscht is,
den kan ik helpen, ik hebben goed Mojenploesta bi mi.
Doamet secht he: Dischdoek, decke dich! — Dät Disch-
doek breidelt sich vaneen, un beid setten sich ran un

eten un drinken no Herzenslust. As se sat sint, bedankt
sich de Olla un bewunnat Hansen si schön Dischdoek.
Höa mo, Brora, säd a to Hansen: Wist mi nich dät
Dischdoek väköpen? ora wist met mi tueschen? Ik wil
di mien dretütigen Hoet doavöa jewen. — Jä, dät sul
mi wo noch feieln[18]) met dien oln murklichen Hoet to
tueschen, de is jo doch to nüscht nüt.

As de Zaldoet höat, dät Hans sien Hoet so sea
schlecht heel, säd he: Hans, set di mo en bitschen nerra
an de Ead. Hans däd dät, un doa dreecht de Olla sien
Hoet uppen Kop rüntüm, un met ens flöjen uet al dre
Tüten luta Kanoenkujeln ruet. Hans kreech nich en
schlechten Schrek, as a dät Knaln un Knostan va dät
Kanoniern höat. Goet was et, dät he an de Ead sat,
süs hadden de Kujeln em truffen. Hans bewunnat dän
Hoet, un as em de Zaldoat nu noch ens dän Tuesch
anboet, besund a sich nich lang, he nam dän Huet un
gaf em si Dischdoek doavöa. As de Olla öwast en
poa Hunnat Schrit fuat was, secht Hans to sien Tornista:

Zehntausend Mann raus,
zu Fusz und zu Pferd,
in voller Montur,
mit vollem Gewehr,
jaget dem Kerl nach,
nehmt ihm das Tischtuch ab!

Sogleich marschierten de Zaldoten ruet uet dän
Tornista un neem dän Oln dät Dischdoek werra wech
un bröchtent Hansen.

So had sich Hans dre sea nüzlich Schtük in de
Würtschaft anschaft. He reist noch en bitschen int Lant
ümhea; to eten un to drinken had a jo, un bang bruekt
em oek nich to sint, dät em Räuba ora Schpizbuben an-
faln würn, he had jo zeen Dausent Zaldoten bi sich, de
em bischtoen künnen, went jo mo schlim wän sul.

As et Joa to En jink, moekt he sich uppen Wech no Hues. As a ankam, wian si Bröra, Michel un Mertien a doa. De hadden wira nüscht leat as kloekreden. As Hans in de Schtuew trat, füngen si Bröra lued up an to lachen un to schpotten, se dachten, Hans wür ümma noch sun Döemlak sint, as vörn Joa. Se keem öwast up ganz enna Jedanken, as Hans se ruet nöejt[19]) noet Felt un ää doa si Kunstschtücka vöamoekt.

Woto nützen di da nu dät Dischdoek, de Tornista un de Hoet? frojen se Hansen. — Wat dät va döemlich Reed sint, secht Hans! ik go doamet noen König, moek em de Kunstschtücka vöa un hol üm si enzig Dochta an. He wät mi de Prinzessin wo jewen, un den wä ik König, wen mi Schwigavota doet is.

Si Bröra lachten em düchtig wat uet un hadden en ganz tom Narren; heimlich öwast grübelten se, wo se et anfangen wuln, dät se de dre Wunnaschtük an sich bröchten. As Hans ens nich to Hues was, leden[20]) se em in si Komma en ganz enna Dischdoek un en ganz ennan Tornista un en ganz ennan Hoet, wat öwa jeroed so uetsach, as wat Hans metbröcht had; de echt Schtücka neem se un reisten doamet hen noen König. As se dän König de Kunstschtücka vöamoken däden, wunnat he sich nich wenig, un as de ölst Brora sien Heiroetsandrach moek, säd de König nich nä, un de Prinzessin säd oek nich nä; also kün de Frigoet vör sich goen. Se bereten sich so: So lang, as de ol König leewt, sul he rejian, un nohca sul Hansen si ölst Brora, Michel, König, si tweet Brora, Mertien, öwast Minista sint.

Dät was goed noech uetdacht, dät kam öwast ganz ennas. De Torüstungen to de Hochtied duaten doch en 4—6 Wochen; den de Bruet must docht Betwerk un ää Klera to de Uetschtüa in Ornung brengen. Ena wet jo, wat dät bi uns a för Ümschten moekt, wen unf Döchta Hochtied moken; nu kan sich ena oek en Begrif doavan moken, wat doato höat, wen son Prinzessin frien deit.

Unna de Tied wul sich Hans ens en Tiedvadriew
moken; he nam si Jerätschaften un jink doamet noet
Felt. He säd: Dischdoek, decke dich! öwa dät Dischdoek
wul sich nich decken. He säd:

> Zehntausend Mann raus,
> zu Fusz und zu Pferd,
> in voller Montur,
> mit vollem Gewehr! —

öwa als was schtil; ke Zaldoet leet sich seen. He set
sich dän dretütijen Hoet uppen Kop, he dreechten ümma
uppen Kop rümtüm, öwa ke Kanoenkujel wul ruetflejen.
Hans merkt wol, dät em si Bröra bedrojen hadden, un
as he de Sachen jenau bekeek, was he si Sach jewis.
He droech se no Hues, schmeet se rin in de Komma
un leep si Bröra no, hen no de Residenzschtat.
    Nu must sich dät so recht wunnalich bejeben, dät
em unnaweechs eu Man metten Kar vul Bessen bejejent.
Goden Dach, Landsman, säd de Bessenman! — Wo
salt Reif hengoen? froech Hans. — Ik kom van de
Schtat un heb Lust mi de Welt en bitschen üm de Oan
to schloen. Upschtüns öwast jefölt et mi in de Welt
schlecht, den ik heb groten Hunga, säd de Bessenbinna.
    Dät is recht schoed, dät mi mi Bröra üm dät schön
Dischdoek bröcht hebben, säd Hans; wen ikt noch hed,
den wia uns beiden hulpen. — Un doamet vatelt he dän
Bessenkarra dän Bedruch, dän si Bröra an em utöewt
hadden. — Dät is öwast recht schuntig va di Bröra,
säd de Bessenbinna, so an di to handeln; öwast loet ma
sint, de Schelmschtreich söln em beiden schlecht be-
kommen. Wen du mi vaschpreken deist, dät ik di
böwast Ministä wän sal, den wil ik di to dät Königreich
vahelpen. Hans vaschproek em dät metten Hantschlach.
Kiek mo, säd nu de Bessenbinna, hia heb ik en oln
Mantel unna mi Bessen to liggen; wen ena sich dän

ümnimt, den is ena unsichtboa. Doamet nam he sich
dän Mantel üm, un richtig, he was vaschwunnen; Hans
kün uek glat ün goa nüscht seen. Diffen óln Mantel
nimst du di üm, säd de Bessenkeal, un löpst jeroed
rin int Königsschlos un süest di jelejen Tied met af, wo
du di Sachen werra an di brengst. — Un hia heb ik oek
noch en Sak, doa sint luta Knüppel in; dän nimst du di
unnan Arm, un wen du in Jefoa kümst, derfst du ma
bloes seggen: Knüppel, ruet uten Sak! den kommen se di
to Hülp un prüjeln up dän loes, dän du äa beteikenst.
Nu nim de beid Schtük un loep. Ik wünsch di oek vä
Jelük, dät als mach no dien Wunsch uetfaln. Vajet mi
öwa oek nich, wen du König worn bist.

Hans froech em noch, worüm dät he da nich va-
söekt had, de Prinzessin to krien? Mi Sően, säd de
Bessenkeal, dät Wiwatüech köat[21]) to diffen Tiden a
sea; dät sal ümma en glien Wuchs un en gli un glat Je-
sicht sint, un dät heb ik, wie du süest, nich mea. Mi
Jesicht is met Pockennoan[22]) öwatrekt un a sea schrüms-
lich; ik bin jo oek a 62 Joa olt. Du öwast bist noch
en glien glatten Keal; wen du di orntlich antrekt hest,
den nimt se di jewis. Se müd di jo neem, den du hest
jo de Macht öwa dän König un si Prinzessin. Doamet
neem se beid Afschiet.

Hans nam sich dän oln Mantel üm un sien Sak
unnan Arm un wannat up de Schtat to. Ke Minsch sach
em, as he dörcht Doa rin leep in de Schtat, un ke
Minsch sach em, as he int königlich Schlos rin leep.
He kam sea bal met si Bröra tohoep; he höat al äa
Reden met an, he bleew oek bi äa, as se beid alleen
wian, un doa höat a oek met an, wi sea se sich öwa
äa Schelmschtreich freuten. Heimlich bereten se sich
beid, wo se äa künstlich Zaubersachen vaschteken wuln.
Se jingen beid hen no en afjelejen Schtuew, hoelten se
van de Riechel un dröjen se hen noen heimlich Komma
un schtöken se doa in Sak. Hans jink ümma met äa

un keek äa Schelmschtreich met an, se öwa künnen em
nich seen, un reden däd Hans nich. As de Bröra nu
werra wech jingen, bleew Hans in de Komma bi si
Sachen. Hans droech iast sien Sak met de Knüppels
runna un vaschtoek en innen Goan, nohea hoelt he dän
Sak met dät Dischdoek, dän Tornista un dän Hoet un
vaschtoek en oek innen Goan. Nu jink he bi si Sachen
hen un hea schpaziern; he dacht, si Bröra suln in Goan
schpaziern goen. Dän iasten Dach luat he vajebens; se
kemen nich. Hansen fünk an to hungan; he kün wol
sien Dischdoek sich decken loten, öwast dät däd he
ditmo nich, he jink lewa met sien Mantel rin int Schlos,
set sich ran annen Disch un aet met dän König un met
vä enna vorneem Lüed, oek met si Bröra un de Prin-
zessin Obenbroed. Bi dif Jelejenheit wurd a oek driest
un foet si Prinzessin üm un gaf äan Pus, se kün em jo
nich seen, un föelt mach se dän Pus oek wo nich hebben.
As de König to Bet goen wul, jink he hen no en Goan
üm si Sachen to höden; em wia doch goa to bang, se
künnen em schtolen wän. Dän ennan Dach jejen Mid-
dach schpazierten si Bröra wirklich in dän Goan un
kemen oek dicht ran no Hansen, künnen em öwast
nich seen. Hans säd: Knüppel, ruet uten Sak un haut
mi schelmsch Bröra recht düchtig wat!

De Knüppels moekten äa Sach broew; wen he äa
nich befolen had, uptohöan un werra rin to krupen in
äan Sak, den hedden se se al beid doet haut. Hans
nam nu sien Mantel af un säd äa, se suln sich dän
Ojenblik no Hues schean! — Dät däden se öwast nich,
se pakten em lewa an un wuln em doet moken. Hans
öwast reep: Knüppel, ruet uten Sak! un doamet krejen
se noch en jehörijen Gank updekt för äa Unlotzen.[25])

Nu sejen se wol in, dät se hia äa Rol uetschpeelt
hadden; se moekten, dät se ruet kemen uten Goan. Hans
leet nu si zehndausent Man upmarschiern un beset dän
Goan un dät Schlos met Zaldoten. As als in Ornunk is,

jeit a rinna no en König un brengt si Werf²⁴) an. De
König wil wo iast nüscht va dän Handel weten, as em
Hans öwast dän Bedruch vatelt, dän si Bröra an em
uetöewt hadden, un as he sach, dät si ganz Schlos met
Hansen si Zaldoten beset is, willicht a in, dät Hans si
Schwigasöen wän sul. He reep de Prinzessin un vatelt
ää dän Bedruch va Hansen si Bröra un schtelt ää Han-
sen vöa un froech ää, of se en hem wul. — Jo, säd
se, un gaf Hansen ää rechta Hant, un doamet was et
fört iast afmoekt, bis nohea de Preesta dät Poa truet.

Hans had de Prinzessin sea leew, un se em oek,
un so hem se beid en sea glüklich Lewen füat. As de
ol König schturw, wurd he König. He moekt dän oln
Bessenbinna to sien böwasten Minista, un beid hem dät
Reich sea glüklich rejiat. De Sachen, de em to dät
Königreich vahulpen hadden, wurden sea eben vaschto-
ken, dät se nich in unrecht Hen kommen müchten.

An si Bröra het Hans nich Rach öewt, he däd ää
goeds. Schoden künnen se em nu nich mea doen, wiel
se nich wusten, wo Hans de Sachen vaschtoken had. —
An de Erwschaft va sien Vota, an Hues un Hof, wat em
doch va Rechtswejen tokam, wiel he sich dät meist va-
söekt had, moekt Hans ke Anschprüch, he öwaleet de
Würtschaft si Bröra; he was jo doch riek noech. So
leewt he glüklich un tofreden met si Fru, un wen a nich
schtorwen is, den leewt he hüetjen Dachs noch.

¹) Dummkopf. — ²) frasz. — ³) in den Haaren gezaust. —
⁴) ihr Buben. — ⁵) Mist. — ⁶) verirrt. — ⁷) kratzt. — ⁸) lange. —
⁹) Bärmkuchen. — ¹⁰) Weizenbrote — ¹¹) Kopfsalat. — ¹²) groszes
Verlangen, etwas mehr als Appetit. — ¹³) knurrt. — ¹⁴) beide Wör-
ter = begehren, verlangen. — ¹⁵) nöthigen. — ¹⁶) bietet ihm Ge-
vatter, grüszt ihn. — ¹⁷) Reihen. — ¹⁸) fehlen. — ¹⁹) nöthigt. —
²⁰) legten. — ²¹) kürt, wählt. — ²²) Pockennarben. — ²³) Bosheiten. —
²⁴) Gewerbe, Anliegen.

14.

Diä 12 Schpizbuowen.

Een armer Bure schtorf met sine Fru un hingerleet twee Kinger, in Jonge un in Meäken un fünf Schoape. Nu hüöte deär Jonge alle Dae diä Schoape, un det Meäken bleef tuo Hues un besorchte diä Wirtschaft. Ees woar deär Jonge met sine Schoape dicht annen Busch, doa kam in Jäer ruet, deär hadde inne Flinte un inne Vijjeline un wulle met eäm tueschen; heä sulle eäm diä 5 Schoape jeäwen, doaveär sul er diä Flinte un diä Vijjeline hebben. Deär Jonge secht: Neä, det kan ik ni. Mien Vater un mine Mutter sint doet, un ik hebbe nischt, as diä 5 Schoape, diä mut ik scheren un diä Wulle verköpen, det ik met mine Schwester tuo leäwen hebbe. —

Na, duech et man, sechte deär Jäer, wen du up diä Vijjeline schpeälst, mut allens danzen. — Det kun eäm binoa jefallen, heä leet sich bereäden un tueschte. — As er nu na Hues junk, bejeängt eäm in Jude. Heä nam sine Vijjeline veär un funk an to schpeälen. Deär Jude schmeet sien Pak hen un danzte, wat Tüech heel. Jerscht lacht er; aber entlich schreech er: Holt an! holt an! — I wuo wer ik anhollen, ik schpeäle tuo mien Pläsier. — Ik jeäwe di zeän Doaler, schreech deär Jude, un danzte doabi, det eäm deär Schweet diä Lengen raf leep. Aber deär Jonge schpeälte immer furt, bet Mauschel reep: Ik jeäwe di fufzich Doaler. — Doa heel er an, nam diä fufzich Doaler un leep na Hues.

Sine Schwester wunderte sich, det er one Schoape kam, un weente eäre bitre Troanen, as si höerte, wat er vör in Tuesch jemoakt hadde; aber as si diä fufzich Doaler saech, woar si tuofriden. Deän eängern Dach nam er sine Vijjeline ungern Arm, hunk sich diä Flinte üm un junk uppe Jacht.

Aber innen Busch verdoalt er un kunne ni wedder tuorecht fingen. Hungrig un dorschtig kam er an in Hues, wuo inne olle Fru met 12 Schpizbuowen woanten. Diä Schpizbuowen woaren uppen Roef uet un diä Fru alleen tuo Hues. Heä froate diä Fru, ob si eäm nischt künne tuo eäten jeäwen; si jaf eäm in Stük dre Broed un in Schluk Woater. Er froate wider, ob er ni künne diä Nacht doa bliwen. Si sechte: Ne, eäre Lüede kemen wedder, un diä ruektent gleich, wen in Fremder doa wire un schlöen en doet. Heä woar aber so müöde, det er ni wider kunne, un sechte, heä wulle ungert Holt krupen, wat inne Schtuwe lach; doa würn si eäm ni fingen. Ierscht froat er aber diä Fru, wat det vör in grotet Schwert wire, wat anne Want hinge. Si vertelte eäm, det künne kener beären, deär ni 3 moal ute Kruose[1]) jedrunken hedde, diä doa uppen Disch schtunt. Doamet junk si ruet inne Küche un kroamte doa rüm. Met ees höert er wat trampeln. Det sint diä Räuber! denkt er, un woar wi deär Wint ungert Holt. Doa kemen 6 Räuber rin un setten sich annen Disch. Met ees funk ener an tuo schnüffeln un secht: Ik ruke Broade! — Doa ruekten diä eängern oek un schpürden, det ener ungert Holt sat. Indes kemen diä seäks eängern un nu trekten si deän armen Hans ungert Holt veär' un wullen eäm fuerzen[2]) deän Kop afhauen.

Heä queälte aber van Himmel tuo Erden, si sullen eäm bloes no een Enge up sine Vijjeline schpeälen loaten, deän wul er jo met Freuden schterwen. Up sien gotsjeämerlichet Bidden leten si et tuo, sechten aber: Vorm Essen ist kein Tanz! un setten sich annen Disch, wuo diä Olle Wien un Broaden upjedraen hadde. As si sat wiren, nam er diä Vijjeline un funk an tuo schpeälen. Doa krichte ener deän eängern ümt Lief tuo packen un si danzten, det et man so schtoemte;[3]) diä Olle kam ute Küche, hadden Bessen inne Hant un schprunk immer midden drunger. Nu schreen si alle: Holt an! holt an!

Heä aber sechte: I, wuo wer ik anhollen, ik schpeäle tuo
mien Pläsier. — Heä schpeälte so lange, bet si alle doa
leen un wiren oenmechtig. Nu drunk er 3 moal ute
Kruose, nam det grote Schwert un haude eär alle deän
Kop af, bloes diä olle Fru leet er leäwen. As er deän
eängern Morjen upschtunt, muste eäm diä Olle deän Wech
na Hues wisen; heä hoalde sine Schwester un wulle nu met
eär un diä olle Fru tuosammen wirtschaften. Nu junk er
alle Dae uppe Jacht. Ees sach er in groten Hoasen,
lechte diä Flinte an un wullen schiäten. Deär Hoase
aber sechte: Du, duech mi nischt; ik kan di oek no ees
helpen! — Heä leten leäwen un nam en met. In eänger
moal bejeängt eäm in Fos, un as ern schiäten wil, secht
er: Du, duech mi nischt; ik kan di oek no ees helpen!
— Heä leten leäwen un nam en oek met. Wedder moal
bejeängt eäm in Wulf, un as er eäwen so tuo eäm sechte,
nam ern oek met. Un den oek no moal bejeängt eäm
in Beer, un as deär oek eäwenso tuo em sechte, nam
ern oek met. Tuo Huse schpunt er si alle 4 innen
Goarten. Diä olle Fru aber junk met sine Schwester
in diä Koamer, wuo diä 12 Schpizbuowen leen un ver-
telte eär, wuo guot si immer tuo eär jewest wiren, un
wen si man no leäwten, eär würren si ierscht recht guot
duon; den sie wire no junk, un in junget Meäken hadden
si sich al immer jewünscht. So dreef si et alle Dae un
moaktet so lange, det sich det Meäken recht bedriäwte,
det diä Schpizbuowen ni meer leäwten. Jeroade so wul
et diä Olle aber hebben. Si nam si uppe Side un
tuschelte eär tuo, si kün si wol wedder lebendig moaken,
wen si et man ni eären Bruoder seäde. Doa nam si
Leäwensbalsam, beschtriekte doamet diä Heälse, sette diä
Köppe wedder up, un nu wurren si alle wedder lebendig.
Wen nu Hans uppe Jacht junk, fungen si an tuo danzen
un tuo juobeln; wen er aber wedder kam, lechten si
sich rein schtille in eäre Koamer, as wen si doet wiren.
Diä Schwester jefeel det Dulliern wunderschön, un si

wünschte bloes, det et immer so jinge; aber wen eär Bruoder kam, woar diä Freude uet.

Tuolezt wurre si eäm so gram, det si sich bereäden leet eäm tuo bingen; deän so waten sich diä Räuber ni meer ran. As er ees sich boate, junk si hen un froaten, ob er oek schwemmen künne, wen er diä Heänge upn Rüggen hele. Heä wult eär wisen; aber wen er schwumb, deän rutschten eäm diä Heänge immer wedder raf. Doa secht si, si wulle si eäm hingen tuosammen bingen. Heä dachte nischt böset un leet sich ruoig bingen. Si aber klatschte inne Heänge un jaf so diä Räuber in Teken, diä al luerten. Si kemen anjerent un grepen eäm, so seer er oek rende. Diä Vijjeline jewen si em ni wedder, det wust er wol; doarüm secht er, si sullen eäm no ene Schtunde verjinnen,[4]) det er sine Sele Got befeälen künne. Wiels diä Schwester oek vör eäm bede, trekten si eäm in Schterwehemde an, setten eäm inne Schterwekappe up un schpunten uppen Beäne. Wieldes sat deär Fos un deär Hoase uppen Tuen un sunten sich; deär Wulf un deär Beer woaren ungen un froaten, wat inne Welt passierte. Ach, secht deär Fos, met unsen Hern mut et ni richtig sin; deär sit uppen Beäne un weent, un doabi het er in Schterwehemde an un inne Schterwekappe up. — Rasch loept hen, secht deär Wulf, un froat eäm, wat eäm feelt! — Deär Her secht utet Fenster ruet: Liäwe Tirekis, loept man wedder innen Busch un siäkt ju jue Heil; ik mut bi ne Schtunde schterwen! — Wuo sul det tuojoan? — Na, so un so. — Ho, ho, seggen si, so jeet det no ni, doa müöten wi oek ierscht in Wuert met reäden. — Si hoalen deän Wulf un deän Beer un beroatschloaen, wi si eären Hern helpen künnen. Drup seggen si tuo eäm: Loep man runger, un wen si di wat duon willen, deän rüpste: Tirekis, nu pakt man an! un deän werschte jo wider siän. Jesecht, — jedoan! Heä löpt runger, un as diä Räuber up eäm loes koamen, schriet er: Tirikis, nu pakt man an! Wie deär Wint

kemen si rin jeschtört; deär Wulf un deär Beer schmeten
enen noa deän eängern tuo Bodden, det eär Hören un
Siän verjunk, derwiel schneet eäm rasch deär Fos diä
Heänge loes. Nu nam er wedder det grote Schwert un
haude aln deän Kop af, bloes sine Schwester leet er
leäwen; aber tuor Schtroafe bunk er si an enen Boem.

In diä Räuberhöle wort et eäm aber doch tuo un-
heemlich, doarüm siäkt er sich diä beste · Kutsche ute
Remise, pakt si sich vul Jelt un fuer inne wide Welt.
Doa kam er an ene Schtat, diä ganz met schwarten Floer
behangen woar, un wuo alle Lüde schwart anjetrekt
jungen. Hiä keert er in un froat deän Wirt: Wat issen
hiä loes? — Ach, secht deär, dicht bi diä Schtat woant
innen groten Walt in grulijer Drache, deän mut alle Joar
inne Prinzessin jeopfert werren, sonst frit er Lant un
Lüde up. Dit Joar is diä Prinzessin dran, diä Könijin
werren sal, drüm truert diä ganze Schtat. Weär deän
Drachen schleet, deär sal diä Prinzessin kriäen un König
werren. — Det wil ik duon! secht Hans. Aber deär
Wirt schöddert medden Kop un secht: Det loat sin; doa
het al mencher sien Leäwen dran jejeäwen, un di wertet
ni besser joan. — Doch wat heä sich eenmoal innen
Kop jeset hadde, doavan leet er ni af; heä fuer no diä
Prinzessin un sechte eär, si sulle man guoden Muot heb-
ben, heä würre si befreien.

Si freude sich un jaf eäm eären Schnupduok un
eären Rink, wuo in bedes eär Noame drin schtunt. As nu
deär Dach kam, fuer er no deän Walt un nam sine
Tire met. Bi diä ierschte Böme heelt er schtille, schteech
vannen Waen, nam det grote Schwert, wou er diä Räu-
ber met doetjeschloan hadde, un junk deän Drachen ent-
jeänge. Det woar aber in furchtboaret Tier mit twelf
Köppe, diä enerwies[5]) Feuer un Flammen schpukten, det
et grulich woar met antuokicken. As er Hansen siet,
brumt er un secht: Ertwörmkin, wat wist dudeu hiä?
— Na, ik froae di jo ni, wat du hiä wist! secht Hans.

Doa word deär Drache böse un wul up eäm loes schtörten; aber Hans rüpt: Tierkis, nu pakt man an! — Doa schpringen si tuo un riten deän Drachen gleich seäks Köppe af, un deän hollen siden fest, det er eäm diä eängern oek afhauen kan, wuobi eäm Hoare un Boart verbreänten. Deän schneet er uet alle Köppe diä Tungen ruet, bingt si in diä Prinzessin eären Schnupduok un lecht si uppen Waen; doadrup lecht er sich oek hen un schleep, wiels er doch barbaersch müöde jeworden woar. Diä Tierkis hadden sich oek so afjemaracht, det si fest inschlepen. Diä Prinzessin aber paste met Schmerzen up Noaricht un schikte eären Kutscher uet, heä sulle siän, wuo diä Sachen schtoan. Deär funk Hansen schloapen un haude eäm ganz schtille deän Kop af. Deän nam er diä 12 Drachenköppe met un vertelde inne Schtat, heä hadde deän Drachen doet jeschloan, deär deän Burschen upjefreäten hedde. Diä Prinzessin kunnen aber ni liden un bete deän König üm een Joar Frist, eer siden sich friäen wulle.

Ungerdes woaren diä Tire wedder upjewacht un keken sich no eären Hern üm. Aber wat krichten si vörn Schrek, as si sien, det eäm deär Kop af woar. Doa gult keen langet Besinnen. Deär Fos un deär Hoase musten eäwer Hals, eäwer Kop rennen un hoalen Leäwensbalsam. Si beschtreken deän Hals, pasten deän Kop wedder up, un Hans wort wedder lebendig. Di Jeschichte hadde eäm jeergert, doarüm fuer er ni nodde Schtat, sundern wedder inne wide Wacht.

Eäwert Joar kam er wedder noa diä Schtat, doa woar allens roet uetjeschloan, diä Lüde moakten lustije Jesichter un woaren alle vergnüöcht un fidéle. Heä froate inne Herberje: Wat is deän hiä loes? — I, secht deär Wirt, hüte vört Joar het unse Prinzessin eär Kutscher deän Drachen doetjeschloan, deän si sulle jeopfert werren, un doaveär mut si en sich nu friäen, un hüte sal diä Hochtied sin. — Na, doa jeet et wol hoch heä?

Ob unserener oek wol wat van diä Moaltied kricht? — Ach, wuo sast du doa wat van kriäen! — Wourup willen wi wedden, det ik doa wat kriäe? — Wuodrup du wist, un went mien ganzet Hues is! — Na guot! Du jifst mi dien ganzet Hues, wen ik wat kriäe, un ik jeäwe di alles, wat ik hebbe, wen ik nischt kriäe. — Heä schrift in Briäf an diä Prinzessin un jiften deän Hoasen, hangt eäm oek deän Duok üm un lecht deän Rink rin un schikten metsamt deän Fos an diä Prinzessin. Diä kikt jeroade tuom Fenster ruet, siet deän Hoasen ankoamen un secht, et saln jeder passiern loaten, wuo er wil. Deär Fos bleef anne Deäre schtoan; deär Hoase aber löpt rin un schpringt diä Prinzessin uppe Schlippe. As diä deän Briäf jeleäsen het, secht si: Na, du werscht oek ni veäl draën! — O, secht er, hinger diä Deäre schteet mien Bruoder Fos, deär kan draën helpen. — Nu jift si eäm so veäle met, as si bede draën kunnen. Deär Wirt bedrüöwte sich, det er sine Wedde verloaren hadde, aber Hans sechte: Kum man un et met! Ik wil dien Hues ni; ik bin riker as du. — Deän leet er sich in Heäkselkorf jeäwen un schikte deän Wulf un deän Beer hen, si sullen meer hoalen. Diä Prinzessin pakte eär deän Korf knarrendich vul un leet si wedder lopen; deän schikte si aber eäre eijene beste Kutsche un prechtije Prinzenkledung un leten in eär Schlos hoalen. Bi Dische must er jeänge eär sitten, un hinger eäm schtunden deär Wulf, deär Beer, deär Fos un deär Hoase un krichten, wat eär Herze wünschte. Wi si nu so sitten, kimt deär Kutscher rin, hêt diä 12 Drachenköppe innen Korf un secht: Hüte vört Joar hebbe ik deän groten Drachen doet jeschloan un unse Lant van diä grote Plaje befreit, doaveär fordere ik nu minen Loen. Un weärt ni glowen wil, det ik et jewest bin: hiä sin diä 12 Drachenköppe! un doabi wiest er si inne Höë. Hans nam in Kop, moek eäm det Muel up un sechte: Hadde deän deär Drache kene Tunge? — Nä! sechte deär Kutscher un word roet. Aber, sechte Hans, jeder Mensch het doch inne Tunge, jedet Wörmkin het inne Tunge un deär Drache sulle kene Tunge hebben? — Hiä sint diä Drachentungen! schreech er, un doabi lecht er si alle uppen Disch. Deär Kutscher wulle uetriten, aber deär König sechte, si sullen eäm ni ruetloaten. Deän schtunt er up un froate, wat met deän jeschiäen sulle, deär et so jemoakt hadde, un doabi vertelder, wat deär Kutscher begoan hadde, wi et eäm Hans vörheä bericht hadde. Diä Jeäste sechten: Heä sal met 4 Ossen utenneänger-jereäten werren. — Deär Kutscher kreech sinen Loen, wi et eäm diä Jeäste tuojeschneäden hadden; Hans aber friäte sich diä Prinzessin un word balle König. Si freuten sich un dankten Got, det alles so guot afjelopen woar, un wen si nich jeschtorwen sin, deän leäwen si hüetschen Dach no un werren morjen hiä vörbi koamen.

¹) aus dem Kruge. — ²) sogleich. — ³) staubte. — ⁴) ver-gönnen. — ⁵) in einem fort

(Lehrer Fischer zu Schmarfendorf.)

15.
Deär schtarke Gotliäf.

In een klenet Dörp woante in groter Her, deär woar gotloes un böse. Sine Lüde verheel er schlecht in Eäten un Drinken, doabi musten si forsch arbeden, un went Joar rüm woar, kreen si nonnimoal eär richtig Loen uetjetoalt. In det nämliche Dörp woanten in poar olle Lüde, diä hadden keen Kint. Kimt enes Abens in oller Man bi eär rin un froate, ob er ni künne Nacht bliwen; heä wire al bi den reichen Hern jewest, aber deär hedden ni upjenoamen un hedden met Schlach un Schleä wechjejaet. Ob si nu wol man arm wiren, so behelen

si deän doch doa un jewen eäm tuo eäten un tuo drinken,
so guot un so schlecht et sone·arme Lüde man hebben;
si leten eäm oek in eäre eijene Bedde schloapen un
moken sich in Schtraulajer hinger diä Helle. As er deän
eängern Morjen diä Nudelsuppe uethadde un lopen wulle,
secht er: Tuom Dank vör juë Jefellichkeet wil ik ju wat
guots profzeien. Eäwert Joar werren ji in klenen
Jongen kriäen, deän loat Gotliäf döpen un loaten söen,[1]
bes er 12 Joare olt is. Deän vermiätn man an juën
Hern, un et wert ju in juë olle Daë an nischt felen, un
alle Lüde werren ju dankboar sin. Wi heä secht, so je-
schacht. Aber deär Jonge word schmeälich schtark, un
wen eäm manchmoal diä eänger Jonges foppen wullen,
det er diä Titte no krichte, deän kreech er enen bi den
Wickel un schmeten upt ierschte beste Schtraudak, det
eäm deär Kop man so klapperte, un wen er deän
runger truëlte, deän hapstern up, det er kenen Schoaden
liden kunne. As er nu 12 Joar olt woar, wur er jeschpeänt,[2] junk
rup nodden Hern un wulle sich vermiäden. Der Her
froaden, wat er an Loen verlangen deäde. Doa het er
jesecht, Loen wul er ni hebben; aber went Joar rüm
wire, wul er eäm inne Oerfië jeäwen. Deär Her dachte
bi sich: Et is in guoder Arbeder, un det kan jo so schlim
ni werren; tuor Noet breng icken eäwer diä Side, eert
Joar rüm is. — So kam er bi deän Hern in Diänst.
Deär Gotliäf woar aber goar ni sat tuo kriäen, un manch-
moal, wen diä Fru jebacken hadde, freet eär alles Broed
uten Backaën. Doabi verjunk noa un noa immer meer
vant Joar un deär Her kreech al alle Manschetten vör
sine Oerfië; deän det sach er wol, wen si eäm Gotliäf
so·recht uten Ef-ef jaf, deän woar sien Leäwen Gras.
Gotliäf woar in Hauptarbeder, un wen er ierscht dran
woar, deän leet er sich van kenen wat vöärmoaken;
aber enen groten Feelder hadder doch: heä schleep
jeärne wat lange. Secht enen Abent deär Her tuo diä

eänger Kneächte: Morjen schtoan ji ganz früö up un hoalen Holt, aber Gotliäfen wekt kener up, un wen er met sine Fure ni so früö hiä is, as ji, deän schloan widen doet. As Gotliäf deän eängern Morjen upschtoet, is et balle Middach un diä Kneächte woaren lange eäwer alle Berje. —

Doa het er fix anjeschpant un jejaet, wat er kunne, immer uppen Busch tuo. Aber heä is no ni half hen, doa bejeängen eäm al diä eänger Kneächte. Heä rasch raf vannen Waën jeschprungen un hinger sich deän Schossee upjereäten, so det diä Kneächte ni reäwer keänen. Deän foart er wider, det et man' so dunnert un zittert, rit innen Busch in poar Böme ute Eäre, loat si up un jaët turügge. As er wedder no diä Kneächte kimt, diä immer no an deät Loch dammen, nimt er sinen Waën uppen Rüggen, draten reäwer un foart na Huse. Deän jeet er hen, möktet Loch wedder tuo un let diä eänger Kneächte pek reäwer.

Deän eängern Abent meät deär Her jeden Kneächt in Felt met Disteln af un seäde wedder, wen Gotliäf sien Felt ni so früö ferdich krichte, as diä eängern, deän sul er doet jeschloan werren. Gotliäf verschleep diä richtije Tied wedder. Aber as er henkam, foet er diä Distelschtuden met diä blote Hant an un reet si uet; diä eängern Kneächte hadden Heänschkis an un priäkelten sich doch no. So word er wedder eer ferdich.

Uppen Hof woar in diäper Pitten, doa feel deär Emmer rin, un deär Her seäde Gotliäfen, heä sulle rin klabbern un hoalen en wedder ruet. As er drin woar, musten diä eänger Kneächte koamen un schmiten grote Schtener rin. Aber Gotliäf schreech: Jaët doch diä Hüöner wech! diä kratzen mi jo allen Sant in diä Oën.

— Un doabi nam er diä Schtener un schmeet si wedder ruet, det deär Her metsamst diä Kneächte uetriten muste. —

Nu hadde deär Her in Bruoder, deär woar Jeneroal, an deän schrecf er in Briäf, heä sulle Gotliäfen doa henschtellen, wuo diä meeste Kuëln henkemen, un doamet schikt er Gotliäfen hen. Heä hadde eäm.in Peärd tuom Riden metjejeäwen, det feel eäm ungerweäns. Heä reet eäm diä rechte Hingerküle uet, nam. si as Loepschtok un marschierte tuo Fuot wider. As deär Jeneroal deän Briäf jeleäsen hadde, seäd er, heä sulle inne Wile doabliwen un kicken sich deän Kriech met an un schtelten oek richtig an diä schlimste Ecke. As diä ierschte Kuël kam, floech si vör eäm in diä Eäre, det eäm deär Sant inne Oën schprizte. Doa word er böse, leep up diä Feinde loes un schloech si met sine Peäreküle alle inne Flucht.

Deär Jeneroal rete eäm tuo, heä sulle doabliwen, heä wullen oek glejch tuom Ungerofzier moaken; aber heä seäde: Nä, ik wil ierscht mien Joar uet diänen! — un junk no Huse. Nu woart Joar üm, un deär Her sulle deän eängern Dach sine Oerfië kriäen. Aber deär queälte van Himmel tuo Eerden, Gotliäf sul si eäm schenken. Gotliäf wulle lange nich; aber as eäm deär Her verschproek, heä wulle eäm sien ganzet Guot jeäwen un bloes sien Jelt behollen, doa seäd er, heä wul et duon; aber deär Her müste eäm enen schtellen, deän er si jeäwen künne. Deär Her willichte alles in un schtelde deän Scheper. Deär kam deän eängern Dach un brachte sinen Hunt met. Gotliäf jaf eäm inne Oerfië, det er gleich hoech inne Luft floech; doabi foat er deän Hunt mette Bene un nam en oek met. So floën si drei uetjeschloane Daë lank; aber deän vierten Dach vör Morjens felen si raf un blewen up ene Heumite liggen, wuo si sich van eäre lange Reise uetruoën kunnen.

Gotliäf kreech det Guot, nam sine olle Öllern tuo sich un versorchte si bet an eär selijet Enge. Diä Lüde int Dörp haddent van nu an besser, un deär Scheper

un sien Hunt kreen det Gnoadenbroed vör alle Schtra-
poazen, diä si up eäre Himmelfoart uetjeschtoan hadden.

(Nach einer andern Erzählungsweise befahl der
Gast, dasz Gottlieb bis in sein siebentes Jahr gesäugt
werden sollte. Nach sieben Jahren kam er wieder, führte
Gottlieb in die Heide und hiesz ihn eine grosze Eiche
ausziehen. Gottlieb war noch nicht stark genug, darum
muste er noch sieben Jahr saugen. Da bestand er seine
Probe und ging bei dem Herrn in Dienst.

¹) saugen. — ²) spänen = entwöhnen. (Fischer.)

16.
Deär Hoan un diä Hinne.

Deär Hoan junk ees met sine Fru noa graën, un
doabi fungen si in Botterfas, wuo Botter drin woar. Si
growent in, det et kener fingen sulle un jungen no Hues.
Diä Hinne woar sere nileäckerich un hedde jerne diä
Botter gleich uetjeeäten, aber det wire Unroad, seäde
deär Hoan, uppen Aldach Botter eäten; si wullen si sich
hoalen, wen ees wat orntlichet loes wire. Diä Hinne
muste sich also det Bottereäten bejeäwen un sinnewierte
in eens furt, wuo si et anschtellen sulle, det si wat van
diä Botter kreë. Kümt si enen Dach un secht tuom Hoan:
Ik bin hüet tuo Kingelbier injeloaden! — Deär Hoan
secht: Blief man hiä! — Si queält eäm: Loat mi immer
hengoan; et is jo ni alle Daë Kingelbier!

Deär Hoan woar van Natuer wat weekherzich un
Tuoreäden hulp bi eäm, drüm leet er si lopen. As se
uppen Abent na Hues kam, froat er: Wuo hitten det
Kint? — Si antwuert eäm: Virtel uet! un deär Hoan
dachte nischt arjes.

In eängern Dach kimt diä Hinne wedder un secht:
Ik bin tuo Kingelbier injeloaden! — Deär Hoan secht:

Blief man hiä! — Si queält eäm wedder, un heä leet si
lopen. As er uppen Abent froat, wuo det Kint hit, ant-
wuert si eäm: Half — uet! un deär Hoan woar tuofriden.
Tuom dridden moal kimt diä Hinne un secht: Ik bin
tuo Kingelbier injeloaden! un deär guotwillije Hoan let
si richtig wedder lopen. Wi er uppen Abent froat, wuo
det drit Kint hit, antwuert si eäm: Dreivirtel — uet!
— Deät kam deän Hoan do balle verdeächtich veär un
heä secht: Ik mut oek ees wedder noa mine Botter
kicken! — Deän eängern Dach leep er hen un siet,
dettet Botterfas balle leddich is. Nu merkt er wol, det
diä Hinne eär Kingelbier immer biet Botterfas afjehollen
het; eäm löpt diä Galle eäwer, un heä secht tuo diä
Hinne: Di sal deär Jeier hoalen! Wi heä secht, so je-
schacht! Diä Nacht kam deär Jeier un hoalt diä Hinne.
Deät doech deän Hoan leet; deän so haddert jo ni je-
meent. Heä moakt sich gleich up diä Schtrümpe un
wulle diä Hinne wedder hoalen. Ungerweäns bejeängt
eäm diä Knöepnoadel un froat: Wuo werschten hen? —
Na doa un doa! — Derf ik metkoamen? — Deär Hoan
secht: Jau! un nam si met. Doa bejeängt eäm det Ei
un froat eäm: Wuo werschten hen? — Na doa un doa!
— Derf ik metkoamen? — Deär Hoan secht: Jau! un
nam si met. Doa bejeängt eäm deär Meälenschteen un
froat: Wuo werschten hen? — Na doa un doa! — Derf
ik metkoamen? — Deär Hoan secht: Jau! un nam en
oek no met.
Deär Jeier woar ni tuo Hues, as si henkemen; heä
woar furt jejoan un wulle alle sine Freunde tuo Hochtied
bidden. Derwiel sat diä Hinne uppen Fiäerheert un
sulle Grütte kochen. Si sat jeroade un riärte vuller
Forsche, un doabi sunk si so vör sich hen: Riärümme,
riärümme! diä Grütte breänt an! — un doabi lepen eär
diä Troanen immer deän Schnaël raf; deän det hadde si
in eäre Bruetjoare oft met eären Hoan jeschpeält. As
nu eär Man rinkeem un froade, ob si wedder met wulle,

secht si met Freuden: Jau! floech vannen Fiärheert
runger un schneäbelte sich met eäm. Nu moakte deär
Hoan inne Hinne van Schtrau, sètte si uppen Fiärheert
un schtoek eär deän Leäper innen Schnaël; det Ei
lecht er int Fiäer, diä Knöepnoale schtoek er int Han-
duok, un deän Meälenschteen lecht er nau uppet Dak.
Deän aber reet er met sine Fru uet, wat si lopen un
fliäen künnen.

As nu deär Jeier wedder kam un in diä Köäken
kikte, hadde diä Schtrauhinne diä Grütte loaten anbreännen,
un det Fiäer woar uetjejoan. Doa word er böse un jaf
diä Hinne inne Dachtel, det si vannen Heert floech. Nu
wul ert Fiäer wedder anpuesten; aber doa plazte det Ei
un floech eäm int Jesicht, det eäm diä ganze Oën ver-
kliestert woaren. Heä namt Handuok un wulle si sich
wedder uetwischen; doa reet er sich inne Noadel, det et
bluote. Doadrup wul er ruetrennen un siäken diä Hinne;
doa feel deär Meälenschteen vant Dak un schloechen
musedoet. Deär Hoan un diä Hinne freuden sich, det si
so glüklich wedder tuosammen jekoamen wiren un eten
det lezte Virtel Botter in Libe un Friden tuosammen
uet. Un wen diä Hinne deän Hoan ees eärjerte un heä
wedder fluochen wulle, deän dacht er dran, wuo schlecht
eäm det daotuomoalen bekoamen woar, un leet et liä-
wer sin. (Fischer.)

III.

Kinderspiele, Spielreime und Räthsel.

1.

a. Ena is de Wulf, ena is de Hueswürt, de enna Kinna sin Güssel,[1]) de nich wiet va dän Würt un dän Wulf schtoen.

Hueswürt: O mi leew Wuijensken,[1]) komt to Hues!

Güssel: Wi derwen nich!

H.: Wovöa?

G.: Vör dän Wulf!

H.: Wo sit de Wulf?

G.: Hinna dän Barch.

H.: Wat deit a da doan?

G.: He plükt sich en Blöemken.

H.: Wat deit a met dät Blöemken?

G.: He flecht sich en Krenzken.

H.: Wat deit a met dät Krenzken?

G.: He schtröept en sich uppet Schwenzken.

H.: Wat het a ju to leden doan?

G.: Groten Pot vul Grüt uetfreten.

H.: Wo groet?

G.: As en Broed.

H.: Wo lank?

G.: As en langen Sälenschtrank.[2])

H.: O mi leew Wuijensken, komt to Hues! —

Nu rönnen de Güssel al, un de Wulf gript sich eent doavan.

[1]) junge Gänse. — [2]) Sielstrang.

(Röpersdorf bei Prenzlau.)

b. Die Kinder stellen sich in eine Reihe auszer zweien, von denen das eine vor die Reihe tritt und fragt, während das andere, den Wolf vorstellend, abseits geht und, wenn nach dem letzten Rufe die Kinder auf den Rufer zueilen, so viel als möglich greift.

Einer: Alle mine Pulejeänskin koamt na Hues!
Alle: Wi derwen man nich!
E.: Wourüm deän nich?
A.: Vört Wülwekin.
E.: Wou issent Wülwekin?
A.: Hingert Schtrükekin.
E.: Wat deet et hingert Schtrükekin?
A.: Et plükt sich in bla ba Blüämekin.
E.: Wat deet et met bla ba Blüämekin?
A.: Et winget sich in Kreänsekin?
E.: Wat deet et mettet Kreänsikin?
A.: Et hangt et sich upt Schweänsekin?
E.: Wat deet et met upt Schweänsekin?
A.: Et jeet inne Kirche un singt in Jesank.
E.: Wou lank?
A.: As diä Banke lank.
E.: Wuo groet?
A.: As es Broed.
E.: Alle mine Pulejeänskin koamt na Hues!

(Schmarfendorf bei Schönfliesz i. d. Neumark.)

---

c. Hulejensken, kôamt to Hues!
    Wi derwen nich.
    Worüm den nich?
    De Wulf sit hinnän Busch.
    Wat deit he doa?
    He schliept sich et Mez.
    Wat wil he dôamet?
    He wil uns al dän Hals afschnijen.

Wat hebben ji en dän to le doan?
Wi hebben em en Pot vul Grüt ümschtoet.
Wo groet?
As en Broed.
Wo lank?
As ne Bank.
Hulejensken, kôamt to Hues!

(Seebeck im Ruppiner Kreise.)

2.

a. Mädchen fassen sich an, tanzen im Kreise herum und singen:

Hier ist Gras, hier ist Gras
unter meinen Füszen.
Ich hab verloren mein feins Liebchen,
musz es wieder suchen
hier und dort immerfort.
Unter diesen allen
wird wol eine drunter sein,
die wird mir wol gefallen.
Lasz ich gehn, lasz ich stehn —
wer wird sich nach andern umsehn!

(Ukermark.)

b. Hier ists grün, und dort ists grün
wol unter meinen Füszen.
Ich hab verloren meinen Schatz,
ich werd ihn suchen müssen.
Dreh dich um, dreh dich um
bist du es, oder bist dus nicht.
Ach nein, ach nein, sie ist es nicht,
die mir ein Küszchen schuldig ist.

(Berlin.)

3.

Die Kinder stellen sich im Kreise auf, fassen sich
an und singen:

a. Ringe ringe Rosenkranz,
set in Pötkin Woater bi,
morjen wiln wi waschen
schöne schwarte Sachen.
Wil deär Hoane kreäen,
schloat en uppen Breäen:*)
kickerickickiii!

Dabei hucken sich alle nieder, richten sich aber
bald wieder in die Höhe. (Schmarfendorf bei Schönfliesz.)

b. Ringel ringel Rosenkranz,
setz en Töpken Wasser bei,
morjen woln wer waschen
grosze Wäsche, kleine Wäsche.
Wenn der Hahn wird krähen,
schlajen wern uffen Bräen.
(Landsberg a. W., ebenso im Nieder-Barnim.)

c. Ringel ringel Rosenkranz, Möllendanz,
Ketchen licht in de Wije,
schpint rote Side,
klene Näte, grote Näte:
kickerickicki—! (Im Havellande.)

d. Ringel ringel Rosenkranz,
buten hengt de Kattenschwanz;
kleine Noät, grote Noät:
kickeriki! (Fahrland bei Potsdam. Seebeck.)

e. Ringel ringel Rosenkranz,
buten hengt de Kattenschwanz,
Käëtel hengt upt Füër,
Jumfern sint to düër:
kickeriki! (Seebeck.)

---

*) Brägen, Hirnschädel.

4.
Rundgesang.

Grünkohl, Grünkohl ist die beste Pflanze,
steht der Pfeifer auf dem Berg, läszt die Jungfer tanzen.
Tanz mit mir, tanz mit mir,
ich hab ne bunte Schürze für!
Mit mir auch, mit mir auch,
meine Schürze blinkert auch!*)   (Nieder-Barnim.)

*) In Potsdam: mei   ist von Kambertauch! (= cambric.)

5.
Rundgesang.

a. Klare, klare Seide,
   so klar wie ein Haar,
   hat gesponnen sieben Jahr,
   sieben Jahre um und um,
   Fräulein N. kehrt sich um.
   Fräulein N. hat sich umgekehrt,
   der Bräutigam hat ihr en Kranz beschert,
   aus lauter grünen Blättern,
   so klar wie ein Haar,
   hat gesponnen sieben Jahr usw.   (Berlin.)

b. Ik schtöet an de Ket,
   det de Ket klingen sal;
   ik weet en schöen Vajel,
   de so schöen singen kan
   wi ene Nachtviole,
   het lääjen soäwen Jôar,
   soäwen Jôar üm un düm
   dräjt sich Mamsel Mariken üm.
   Mamsel Mariken het sich ümjedräjt,
   oär Bruetman het oär en Kranz beschärt,

so klar as en Hôar,
et vergôan soäwen Jôar,
soäwen Jôar üm un düm
dräjt sich Mamsel Lowise üm. usw.

(Seebeck im Ruppiner Kreise.)

c. Klare klare Seide,
stosz ich an die Kette,
lasz die Kette klingeln!
Weisz einen schönen Vogel,
der so schön singen kann,
singt so klar
wie ein Haar;
es vergingen sieben Jahr,
sieben Jahr sind um un dum,
Fräulein N. dreht sich um. —
Fräulein N. hat sich umgedreht,
der Bräutgam hat ihr en Kranz beschert
von lauter grünen Blättern. (Von vorn.)

(Berlin.)

d. Wir treten auf die Kette,
dasz die Kette klingt;
drin haben wir en Vogel,
der singt so schön und fein;
hat gesungen sieben Jahr,
sieben Jahr sind um un dum.
Welches ist die schönste?
Die Jungfer N. dreht sich um. —
Die Jungfer N. hat sich umgedreht,
Der Bräutgam hat ihr en Kranz beschert;
schlieszen wir die Kette,
und die am besten singen kann,
die hat gelebet sieben Jahr;
sieben Jahr sind um un dum,
die Jungfer N. dreht sich um.
Heida usw.

(Grünberg i. Schl.)

6.
Rundgesang.

a. Wer steht denn drauszen vor der Thür
und thut so leif' anklopfen? —
Es ist die Gärtnerin, steht dafür. —
Was hat sie denn zu schaffen?
Schlieszt auf den Kreis! —
Ei so hab ich überwunden,
dasz ich hab mein Schatz gefunden.

(Grünberg i. Schl.)

b. Es regnet auf der Brücke,
und es ward nasz;
es hat mich was verdrossen,
ich weisz schon was.
Ei so hab ich usw. (wie a.)

(Ebenda.)

7.

Adam hatte sieben Söhne,
sieben Söhne hatte Adam;
sie aszen nicht,
sie tranken nicht,
sie hatten keine Frau und Kinder nicht,
sie waren aber froh
und machten immer so!

Oder:

sie aszen nicht,
sie tranken nicht,
sie waren alle lüderlich,
und machten immer so!

Hierbei verzieht man das Gesicht und sucht den Zuhörer zum lachen zu bringen.

(Allgemein.)

8.

Wenn ein Kind sich von den andern beim Spiele
entfernt, so sagt es in Alt Töplitz bei Potsdam:

> Ik goa na Hues
> un broade mi ne Mues
> un legge se uppe Treppe
> un neäme grote (oder: 24) Heppe.

Im nächsten Dorfe Gettin:

> un legge se uppen Bischlach
> un bite eör det Kni af.

In Seebeck im Ruppiner Kreise:

> Ik gôa nôa Hues,
> brôaj mi ne Mues;
> ik schtäk se uppen Tacken;
> du sast se afschnappen!

9.

Wenn zwei Kinder Dinge mit einander ausge-
tauscht*) haben, so sagt jedes:

> Tuesch, tuesch!
> kum mi jo nich in mien Hues,
> süs schmiet ik di met deen Bessenschtäel ruet!

und dadurch wird der Tausch unwiderruflich gemacht.

(Alt-Töplitz bei Potsdam.)

*) In Berlin nennt man das kiterpitern, in der Neumark kaupeln,
ebenso in Grünberg in Schl.

10.

Mütterchen-Spiel.

Mütterchen, warum spinnen Sie denn so fleiszig? —
Ich musz mir doch mein Brot verdienen. —
Wo ist Ihr Männeken? —
Der ist in der Kirche. —

Bum bum, bum bum! —
Wen lauten sie denn aus? —
Ihr Männeken. —
Wer hat ihn denn todt geschlagen? —
Wir alle, wir alle!   (Grünberg i. Schl.)

11.

Bettel - bettel - Müsekin,
schmiet mi wat int Hüsekin,
loat mi ni so lange schtoan,
ik mut no vör alle Deären*) goan.

Dabei steckt das Kind den rechten Zeigefinger nach
oben durch die geschlossene linke Hand und bewegt ihn
-hin und her.   (Alt-Töplitz bei Potsdam.)

*) In Potsdam: ein Häuschen weiter.

12.

Bei dem allbekannten Jägerspiel ruft in Berlin
der Jäger vor dem Angriff:
Häseken, verschwind, verschwind,
dasz des Jägers Hund nicht findt;
findt er dich, so schieszt er dich!
Piff paff puff!

13.

a. Joechen, Joechen, lot mi läewen,
wil dien besten Vajel jäewen;
Vajel sal mi Schtro jäewen,
Schtro wil ik de Ko jäewen,
Ko sal mi Melk jäewen,
Melk wil ik den Becker jäewen,
Becker sal mi Koken backen,
Koken wil ik de Bruet jäewen,

12*

Bruet sal mi Brôaje jäewen,
Broaje wil ik Vôajern jäewen,
Vôajer sal mien Dreier jäewen,
Dreier wil ik Muttern jäewen,
Mutter sal mi Titken jäewen,
Titken wil ik Mieskat jäewen,
Mieskat sal mi Müsingn fangen,
Müsingn wil ik innen Roek hangen.
Wen de Wiem brekt,
Felt alles innen Dreck.

(Seebeck im Ruppiner Kreise.)

---

b. Ich geh ins Gärtel,
   ich pflück mir a Blätel;
   Blätel geb ich der Kuh,
   Kuh gibt mir Milch;
   Milch geb ich em Kätzel,
   Kätzel gibt mir Fell;
   Fell geb ich em Gerber,
   Gerber gibt mir Geld;
   Geld geb ich em Müller,
   Müller gibt mir Mehl;
   Mehl geb ich em Bäcker,
   Bäcker gibt mir Brot;
   Brot ist meine liebe Lebensnoth.

(Grünberg in Schl.)

---

c. Guten Tag, meine Herren!
   Äppel sind kene Bernen,
   Bernen sind kene Äppel;
   die Wurscht hat zwei Zeppel,
   zwei Zeppel hat die Wurscht;
   der Bauer hat Durscht,
   Durscht hat der Bauer;
   das Leben wird ihm sauer,
   sauer wird ihm das Leben;

· der Weinstock hat drei Reben,
drei Reben hat der Weinstock;
ein Kalb ist kein Ziegenbock,
ein Ziegenbock ist kein Kalb —
da habt ihr meine Predigt halb! —
Halb habt ihr meine Predigt,
das Semmelschap ist ledig,
ledig ist das Semmelschap,
nun steig ich von der Kanzel herab!

(Alt-Töplitz bei Potsdam.)

Statt des 2. Theiles:

Halb ist meine Predigt,
mein Bauch ist jetzt ledig,
ledig ist mein Bauch;
meine Mütze ist rauch,
rauch ist meine Mütze;
mein Bruder heiszt Fritze,
Fritze heiszt mein Bruder;
ein Schwein ist kein Luder,
kein Luder ist ein Schwein;
meine Predigt geht jetzt ein;
hätt ihr nicht so sehr gelacht,
hätt ich meine Predigt noch viel weiter gemacht.

(Grünberg in Schl.)

14.

Wenn jemand in einer Gesellschaft zum Erzählen gedrängt wird, er aber nichts zu erzählen weisz oder keine Lust dazu hat, so spricht er:

Ik wer di wat vertellen
van Klinkenhoans Jesellen:
Woar ees in Bure, deär hadde inne Ule;
Bure sat in enen Winkel,
Ule sat innen eängern Winkel,
keek deär Buer diä Ule an —
Ule keek deän Bure an.

Ik wer di wat vertellen — — (wird wiederholt, bis die Gesellschaft Stillschweigen fordert. — Ist der Erzähler etwas derber Natur und die Gesellschaft eben nicht die feinste, so lautet der Vers so:

> Ik wer — — Jesellen:
> Woar ees in Man,
> der hadde kenen Kam,
> wul er moal ees bloasen,
> scheet er sich in diä Hoasen.)

> (Schmarfendorf bei Schönfliesz.)

15.

Spottlied auf ein altes Pferd.

> Hop hop hop hop hüre,
> Schulten olle Züre,[1]
> Schulten olle Rüdepeärt,[2]
> det is nich sechs Dreier weärt.

> (Alt-Töplitz bei Potsdam.)

[1] eigentüml. Benennung eines alten Zugpferdes. [2] Reitpferd.

16.

Der Storch wird verspottet.

> Knäpner, du Lankbeen,
> schteit up Schulten sien Damschteen,
> hetten Pôar rööje Schtäbeln an,
> let hem as en Eddelman,
> is doch man en Bettelman.

> (Seebeck im Ruppiner Kreise.)

17.

Die Marienwürmchen oder Brotwürmchen werden auf die Hand gesetzt, und damit sie fortfliegen, rufen die Kinder ihnen zu:

> a. Marienwürmkin, fliech üngert Schpint,
> wou alle dine Kinger sint!

Doa pipen diä Muse,
doa fiddelt deär Buk,
doa danzen diä Luse,
doa is et so schmuk.

(Schmarfendorf bei Schönfliesz.)

b. Marienwürmchen, fliege,
dein Vater ist im Kriege,
deine Mutter ist in Pommerland,
Pommerland ist abgebrannt! (Landsberg a. W.)
(Dasselbe auch zum Maikäfer.)

18.

Der Storch wird gebeten:
Schtorch, Schtorch, du Luder,
breng mi in jungschen Bruder!
Oder: Schtorch, Schtorch, du Nester,
breng mi ne jungsche Schwester! (Schmarfendorf.)

Kneppeneär, du Ester,
breng mi ne klene Schwester!
Oder: Kneppeneär, du Ruder,
breng mi en klenen Bruder!

(Alt-Töplitz bei Potsdam.

19.

Den Libellen oder Wasserjungfern, hier Schul-
lerbücke*) genannt, rufen die Kinder zu, wenn sie die-
selben gern greifen möchten:
Schullerbuk, sette di! plette di!
Ik jeäw di Bier un Brantewien! (Schmarfendorf.)

---

*) In Berlin heiszen sie Schiddebolt, in Potsdam Schillerbolt.
Übrigens mag hier eine prächtige Schul-Anekdote am Platze sein.
— In der Tertia eines Berliner Gymnasiums vertrat ein gelehrter
Phiologe einen kranken Collegen und commentierte scharfsinnig Ju-

20.

Den Schnecken rufen die Kinder zu:

a. Schnecke pipecke,
schtik dine alle vier Heären ruet;
wen du si ni ruter schtikst,
schteäk ik di Hues un Hof an! (Ebenda.)

---

b. Schnecke pumpecke,
steck deine 4 Hörnerchen raus,
sonst schmeisz ich dich innen Graben,
fressen dich die Raben. (Potsdam. Landsberg a. W.)

21.

Der Spinne wird zugerufen:

Schpinne, brengst du mi Glük, dän schtoech,
brengst du mi Unglük, dän goech!

(Seebeck im Ruppiner Kreise.)

---

lius Cäsars Commentare de bello gallico. Dabei vernahm er ein eigentümliches störendes Geräusch und richtete an den primus der Klasse die Frage: Quis turbat disciplinam? (Wer stört den Unter-richt?) Der primus, der sich nicht auf eine klassischere Antwort be-sinnen konnte, erwiederte: Der Schiddebolt. Darauf warnte der Lehrer den Schiddebolt väterlich nicht wieder zu stören und fuhr in seinen Expectorationen fort. Als das Geräusch sich wieder ver-nehmen liesz, rief der Lehrer zürnend: Schiddebolt, wenn Sie fort-fahren zu stören, lasse ich Sie nach Quarta bringen! Schiddebolt schwieg allerdings eine Weile, doch der Geist war willig, aber das Fleisch war schwach, und er fing von neuem zu summen an. Da wandte sich der Lehrer zornglühend an den primus: Primus, bringen Sie den Störenfried Schiddebold nach Quarta! Dort mag er so lange bleiben, bis er verspricht nicht wieder zu stören! — Die hierdurch herbeigeführte Erörterung über den Namen Schiddebolt erregte na-türlich allgemeine Heiterkeit.

22.

Wen de Kinna en Widenfleut afkloppen, den-
noesten singen se:

a. Bi bi bi bi bi bi Bastjoen,
   loet mi de allabeste Fleut afgoen,
   van Meiroen, van Tiemjoen,
   van dänen allabestcn Köta.[1])

(Röpersdorf bei Prenzlau.)

b. Sip, sap, sepe,
   moek mi ne Flöte,
   von Timejoan
   un Meieroan, —
   det müt hulderdebulder goan!

(Alt-Töplitz bei Potsdam.

c. Sip, sap, sepe,
   moek mi ne Flöte,
   sip, sap, surre,
   moek mi ne Purre,
   un wen se nich wil jeien,
   so schmiet ik se inne Deien![2])   (Ebenda.)

d. Kloppe, kloppe, Bulderjoan[3])
   loet de Widenfleuten afgoan,
   loet de Sunne schien
   bes Mertien![4])   (Ebenda.)

e. Wip wap wete
   moak mi inne Flete
   von Timioan,
   von Bastioan,
   werschte balle afgoan,
   wil ik met di tuo Gaste goan.
Oder es wird auch gedroht:
   Werschte ni balle afgoan,
   schmiet ik di hingern Tuen!

(Schmarfendorf bei Schönfliesz.)

f. Hop hop Kröte,
   mach mer ne Flöte
   von Bastian,
   von Timian,
   las se balle afgaen! (Landsberg a. W.)

¹) Köter, Hund. — ²) Teich. — ³) Baldrian. — ⁴) Martini,
11. November.

23.

Wen de Kinna en Rejenboen seen, dennoesten
singen se:

a. Rejenboen, moek mi nich nat,
   moek de olle Hure nat,
   de up Schulten Flua sat,
   de dän Tella vul Koel affrat.
   (Ròpersdorf bei Prenzlau.)

b. Räjenblat, moek mi nich nat,
   moek di potsdamsche*) Jumfern (auch: Huren) nat!
   (Alt-Töplitz bei Potsdam.)

*) In Potsdam: die berlinschen.

24.

Wiegenlieder.

a. Schloap, (Namen), schloap,
   vörre Deäre schteet in Schoap,
   uppen Hof schteet inne bunte Kuo,
   moak jeschwing det Hecken tuo;
   schloap, — ., schloap!

Schloap, .   ., schloap,
   vörre Deäre schtoan twe Schoap,
   in schwartet un in wittet,
   un bist ni schtil, deän bit et;
   schloap, .   schloap!
   (Schmarfendorf bei Schönfliesz.)

b. Schlaf, Kindicken, schlafe;
im Garten gehn zwei Schafe,
ein schwarzes und ein weiszes,
und wenn das Kind nicht schlafen will,
dann kommt das schwarz und beiszt es.

Schlaf, Kindicken, balde;
die Vöglein fliegen im Walde,
sie fliegen im Walde wol auf und nieder,
und bringen dem Kindicken die Ruh bald wieder.

Schlaf, Kindicken, feste;
wir kriegen heut fremde Gäste,
sie kommen von hinten und vorn herein,
es wird Herr Vetter und Frau Muhme sein.

Schlaf, Kindicken, süsze,
ich wiege dich mitte Füsze,
ich wiege dich mit der rechten Hand,
schlaf, Kindicken, alsobald.

Schlaf, Kindicken, eile;
ich habe nicht lange Weile,
ich musz bei mein feins Liebchen gehn,
und lassen die Wiege stille stehen.

(Alt-Töplitz bei Potsdam.)

Dazu noch in Fahrland bei Potsdam:

Schlafe, Kindeken, schlafe,
drauszen gehn die Schafe,
drauszen gehn die Lämmer und Küh,
Kindeken soll schlafen bis morgen früh.

c. Suse, Leämekin, suse!
Mutter is ni tuo Huse;
si is no deän Busch jekart,
brengt det Kint in Piepveälkin met,
in rechten schönen bunten,
wuo di kanst drin schumpen.

Suse .　　. met,
in rechten schönen jeälen,
wuo du kanst met schpeälen.

Oder:

Suse, Leämekin, suse,
wuo woant deän Peter Kruse?
In deän blanken Huse,
wuo diä blanke Jonges (Meäkens) joan,
un diä schwarte Meäkens (Jonges) schtoan.
Suse, Leämekin, suse!

(Schmarfendorf bei Schönfliesz.)

Zu gröszeren Kindern.

d. Guten Abend, gute Nacht,
mit Rosen bedacht,
mit Näglein[1]) besteckt,
schlüpft unter die Deck!
Morgen früh, wenns Gott will,
wirst du wieder geweckt.

(Alt-Töplitz bei Potsdam.)

e. Ru ru ralleken,
wat schteit in unse Schtalleken?
Ene rööje[2]) bunte Ko,
de kümt unse Willem to.
Vôajer[3]) hööjt de Schôap,
Mutter jeit innen Rosengôarn,
het de Scho un Schtrümp verlôarn,
kümt uppen Oawent nich wäe to Hues.
schlöpt wol bi de Fleddermues.
Fleddermues, kum, keer et Hues uet!
Schperlink, kum, droech et Mül ruet!

[1]) Nelken. — [2]) rothe. — [3]) Vater.

(Seebeck im Ruppiner Kreise.)

25.

Beim Kinderwarten wird gesungen oder ge-
sprochen:

1. a. Pikhönechen, Pikhönechen, du kümst up unsen Hof,
   du plükst uns al de Blöemkens af,
   du möekst dät goa to grof.
   Mamaken wät di scheln,
   Papaken wät di schloen,
   dät du uns nich de Blömekens
   up unsen Hof lezt schtoen.
   (Röpersdorf bei Prenzlau.)

   b. Puthinnicken, Puthönicken,
   wat duest in unsen Hof?
   du plükst uns alle Blümkens af,
   du moekst et goar tu grof.
   (Alt-Töplitz bei Potsdam.)

2. a. Hensken sat in Schoaschteen
   un flikte sine Scho,
   da kam en wakres Mädchen
   un schprak em fleiszig to.
   Hensken, wen du frien wist,
   Dan fri du ma no mi,
   ik heb oek noch sechs Dria,
   de wil ik jewen di.
   (Röpersdorf bei Prenzlau.)

   b. Hänschen sasz im Schornstein
   und flickte seine Schuh,
   da kam ein wackres Mädchen,
   die sah ihm fleiszig zu.

   Ach, Hänschen, willst du freien,
   so freie doch mit mir,
   ich habe noch sechs Dreier,
   die will ich geben dir. —

   Sechs Dreier sind zu wenig,
   zwei Groschen sind zu viel! —

Und als die Braut zur Kirche ging,
da war sie fein geflochten,
und als sie wieder nach Hause kam,
da hat sie ne junge Tochter.
Der Vater reist nach Pommerland
und holt dem Kind ein Wickelband,
und als er wieder nach Hause kam,
da war das Kind begraben
mit Schippen und mit Spaden. —
Hab ich dirs nicht gleich gesagt?
Scher dich bei die Wiege!
Nimm den Fuchsschwanz in die Hand
und kehr dem Kind die Fliege.

(Alt-Töplitz bei Potsdam.)

3. Där Wint, där wät,
där Hoane krät,
där Fos liet hingern Tuen.

(Ebenda.)

4. Ich ging mal über die Brücke,
und die war nasz.
da begegnet mir eine Zicke,
und die frasz Gras.
Ach, liebes Schätzchen, komm zu mir,
es sind ja schöne Mädchen hier.
Ei ja freilich,
wo ich bin, da weil ich!
Adieu, mein Kind!

(Schönfliesz.)

5. Eia popeia, was watschelt im Stroh?
es sind die lieben Gänschen, die watscheln so,
haben keine Strümpf und haben keine Schuh,
der Schuster hat kein Leder, keinen Leisten dazu.

(Ebenda. Landsberg a. W.)

6. Misekätzchen, Sengeschteärt,
danzt up unsen Füerheärt
oane Licht un oane Kien,
Misekätzchen kan nich sien.

(Alt-Töplitz bei Potsdam.)

7. Kinnewipkin, roet Lipkin, Neäsedripkin, Oën-
breämkin, ziep ziep Heärkin!
(Jedesmal wird der entsprechende Theil beim
kleinen Kinde mit dem Finger berührt, zuletzt wird
es am Ohre geziept.) (Schönfliesz.)

8. Vater het Muttern noa Kese jeschikt,
de Hoasen, di het e sich allene jeflikt.
Dabei tanzt man mit dem Kinde umher. (Ebenda.)

9. Beim Schaukeln auf den Knien:
Hulderdebulder dän Berch herraf,
det Päricken is verdrunken;
ach wie klaet där Reitersknecht,
ach wie schreit där Junker!
Hulderdebulder noa Möllen,
där rit uppet Föllen,
där rit uppet Rüderpeärt,
hulderdebulder ärn Schteärt! (Ebenda.)

10. Willem, Willem, plump int Wôater,
rit up Schulten sien bunten Kôater.
(Seebeck im Ruppiner Kreise.)

11. Kalien, Kalien,
fuddert Schwien,
schtek et Nütschken nich doed.
Lot läewen, lot läewen;
det deit jô keen goed! (Ebenda.)

12. Joechen, Poechen, Läberschtok,
Läwt dine Mutter noch? —
Jô, jô, se läwt noch,
sit upn Tuen un gapst noch. (Ebenda.)

13. Christjôan, Pischjôan Piep-Tobak,
schtek dät olle Wief innen Sak.
Kanst se nich meer drôajen,
schmit se innen Grôawen! (Ebenda.)

14. Kindel-, Kindel-, Kindelbierbroed,
    Schulten oär kleine Sau is doed;
    Womet soäln wi lüëjen? —
    Met Schulten oär kleinen Büëjel.¹)   (Ebenda.)

15. De Schulte schlacht en Kalf;
    De Kröjer kricht et half,
    De Köster kricht de Huet,
    De Preester rönt met hinnänuet.   (Ebenda.)

16. Hop, hop, hop nôa Möllen,
    Köster sit upt Föllen,
    Preester sit up de bunte Ko,
    Hop, hop, hop nôa Möllen to!
    Klabatter, klabatter, klabatter!   (Ebenda.)

17. Schulzens faule Grete
    sasz aufm Baum und nähte,
    fiel herab, fiel herab,
    und das linke Bein war ab.   (Mittenwalde.)

18. Die Mutter setzt das Kind von ³/₄ Jahren auf den
    Schosz und läst es hottan, d. h. tanzen, indem
    sie singt:
    Hest du Peta Bakbäan si Schpoelrad nich seen,
    dät schteit uppen Schtubenböen un het ma dre Been.
    Den Nirjak, den Pirjak,
    den Nirt-Nirt-Nirt-Nirjak! :,:   (Röpersdorf b. Prenzlau.)

19. Die 5 Finger der Hand heiszen in der Gegend
    um Potsdam: der klene Finger, der Ringfinger,
    der lange Dietrich, der Potlecker, der Luseknecker.

20. Die 5 Finger.
    Das ist der Daumen,
    der schüttelt die Pflaumen,
    der list se,
    der iszt se,
    und der kleine Schelm friszt (pappt) sie alle auf.
    (Berlin.)

---

¹ Beutel.

21. Wenn ein Kind einen schlimmen Finger (koaden F.)
hat oder sonst ein Übel, so sagt man scherzweise
zu ihm:

> Hele, Kätzchen, hele!
> Biet inne Twele,*)
> morjen is alles wedder guet!

(Alt-Töplitz bei Potsdam.)

*) Dieses in unsern Gegenden nur noch in diesem Reime er-
haltene Wort ist das mittelhochd. twehele = Handtuch, von twahen
= waschen.

22. Wen en kleen Kint fallen is, dennoesten puest
de Mutta dät Flach, wo et we deit un secht doabi:

> Heel, Kezken, heel,
> de Kota het via Been,
> de Kat, de het en langen Schwanz,
> morjen is et werra heel un ganz.

(Röpersdorf bei Prenzlau.)

23. Es war einmal ein Kukuksmann,
der schaffte sich 12 Weiber an.
Die 1. fegt die Stube aus,
die 2. trägt das Müll heraus;
die 3. macht das Feuer an,
die 4. legt brav Holz heran;
die 5. macht den Braten frisch,
die 6. trägt ihn auf den Tisch;
die 7. zapft die Kanne Wein,
die 8. schenkt brav fleiszig ein;
die 9. war ihm viel zu schlecht,
die 10. macht sein Bett zurecht;
die 11. steckt sein Pfeifchen an,
die 12. ruht in seinem Arm.

(Fahrland bei Potsdam.)

26.

Reime zum Abzählen.

1. Ene mene Minken-Mäken!
Ik heb en Mez, ik wil di schteken;
ik heb en Schtok, ik wil di schloen.
Kum, wiln beid no Englant goen!
Engellant dät is toschloten,
Schlötel is intwei jebroken.
Vire Peade vör dän Wojen,
ik wil sitten, du sast jojen.
Zibberde, bibberde, bif baf!
Knecht, schenk in, Her, suep uet!
Knecht müd ruet!   (Röpersdorf bei Prenzlau.)

2. Ene bene bunte Bone,
weär wil met no Engellant?
Engellant is tuojeschloaten,
deär Drüksel is entzwei jebroaken.
Zibber de bibber, buf, baf — af!
(Oder: Jbel di bibel di buf di baf — af!)
    (Schmarfendorf bei Schönfliesz.)

3. Ene tene weisze Bohne,
kommst du mit nach Engeland?
Engeland ist zugeschlossen,
der Schlüssel ist entzwei gebrochen.
Vier Pferde vor dem Wagen
musz man mit der Peitsche schlagen.
Ene tene wap,
du bist ab!   (Berlin.)

4. Ene bene Reätsel,
weär bakt Preätsel?
Det bis du.
Zibber usw. wie oben.   (Schmarfendorf.)

5. Hurra de burra de Delen entlank,
ik höat den Kuckuk ropen,
ik dacht, dät wür mi Mutta sint,
dät was de olle Drossel. (Röpersdorf bei Prenzlau.)

6 Eins, zwei, drei,
fippel, fappel, fei!
Fippel fappel Hasenbrot,
dreiszig Kinder werden groet.
Ein Schlag auf den Tisch,
kam die Katze mit dem Fisch,
kam der Reiter mit der Peitsch,
haut der Katze über die Schnäuz.
Mirr, marr, mau —
ik oder dau
bist gleich ab,
krichst en groszen Klap. (Röpersdorf.)

7. Picke packe Hasenbrei,
vierzehn Kinder lagen todt,
unter einem Tisch
lag ein gebratener Fisch,
kam das Kätzchen, wollte lecken,
kam der Meister mit der Peitsche,
schlug das Kätzchen über die Fäuste,
schrie das Kätzchen: miau,
meine liebe junge Frau! (Berlin.)

8. Eins zwei drei, pipen pappen pei,
pipen pappen Hasenbrot,
zwei Kinder lagen todt;
eins lag unterm Tisch,
kam die Katze mit dem Fisch,
kam der Reiter mit der Peitsche,
schlug die Katze übers Kreuze.
Murre murre mau,
du bist meine liebe junge Frau.
Zibber de bibber usw. (Schmarfendorf.)

13*

9. Ene bene Tintenfasz,
geh zur Schul und lerne was.
Lerne was der Vater kann,
Vater war ein Pfeifer,
pfeift ja alle Morgen,
geht wie eine Orgel.
Zibber de bibber usw.

(Ebenda.)

10. Enten Tenten Diamenten,
geh zu Tische,
fange Fische,
Zuckerkönig los.
Zibber usw.

(Ebenda.)

11. 1, 2, 3, 4 . .   . 20,
die Franzosen rannten nach Danzig,
Danzig fing an zu brennen,
die Franzosen krichten das Rennen,
sie rannten hin nach Polen,
verbrannten sich die Sohlen,
sie rannten ohne Strümpf und Schuh
und rannten gerad auf Ruszland zu.

(Ebenda.)

12. Ene bene Mienchen,
wir haben zwei Kaninchen.
Vater todt, Mutter todt,
gib dem Jungen ein Butterbrot!
Butterbrot verlangt er nicht,
tausend Thaler hab ich nicht.
Zibber usw.

(Ebenda.)

13. Rennt ein Reh
um den See;
Jäger, bind das Hündchen an,
dasz es mich nicht beiszen kann!
Beiszt es mich, ich sag es dir;
hundert Thaler kost es dir!
Zibber usw.

(Ebenda.)

14. Eins zwei drei
picke packe pei,
picke, packe Haberstroh,
ab bist du.
Zibber usw. (Ebenda.)

15. Hop hop Höllen,
där Köster rit uppet Föllen,
där Priester uppe bunte Kue —
hop hop Höllen tue! (Alt-Töplitz bei Potsdam.)
(In der Neumark singt man diese Strophe, wenn
man ein Kind auf den Knien reiten läszt, blosz statt
Höllen Möllen. Vgl. auch 16. unter den Warteliedern.)

16. Wat better is wi ne Lues,
det nemt man met na Hues. (Ebenda.)

17. 1, 2, 3, 4, 5, 6, 7,
eine alte Bauerfrau kocht Rüben,
eine alte Bauerfrau kocht Speck,
ich oder du must weg. (Berlin.)

18. Ong drong dre
katter lemmer se,
lemme si, lemme so,
di kapelle sankte mo,
sankte mo di tepperi,
tepperi di kolibri,
ong drong dre,
a re ab! (Ebenda.)

19. Enchen penchen iepchen zael
iepchen piepchen knol. (Ebenda.)

20. Hänschen hat ein Röks-chen an,
das war blau,
blau war das Rökschen,
ringsherum mit Knöpschen;
Hänschen hat ein Rökschen an,
das war blau! (Ebenda.)

21. 1, 2, 3, 4, 5, 6, 7,
Vater Paulus hat geschrieben
einen Brief nach Paris.
Was soll er holen?
Drei Pistolen:
ein für mich, ein für dich,
ein für Onkel Ludewig! (Ebenda.)

22. 1, 2, 3, 4, 5, 6, 7,
komm, wir wollen Kegel schieben!
Kegel um! Kegel um!
Böttcher, Böttcher, bum bum bum!
Schulzens faule Grete
sasz am Baum und nähte,
fiel herab, fiel herab,
und das linke Bein war ab! (Ebenda.)

23. 1, 2, Kaffe kei —
3, 4, Offizier —
5, 6, alte Hex —
7, 8, gute Nacht —
9, 10, Kapitän —
11, 12, hinter das Gewölf
sasz eine Maus, die musz raus! (Ebenda.)

24. One done Tintenfasz,
geh zur Schul und lerne was!
Wenn du was gelernet hast,
steck die Feder in die Tasch!
Bauer, bind den Pudel an,
dasz er mir nicht beiszen kann!
Beiszt er mir,
verklag ich dir,
hundert Thaler kost es dir! (Ebenda.)

25. Ene mene pink pank,
ose pose packe dich,
eia weia weg! (Ebenda.)

26. Aus ne bunte Bohne
machst ne Amazone;
Amazone, Krinolin,
zerriszne Strümpf und Klotzpantin!
(Ebenda, augenscheinlich erst wenige Jahre alt.)

27. Rummel de bummel
de kikerdenell
schlug der Bell,
auf der See
kam das Reh —
Zibber de bibber puf paf af!   (Ebenda.)

27.

Die Mühle sagt:

a. Tatatten, tatatten,
deär Scheäpel drei Matten!

(Deutet auf den Diebstahl der Müller hin, da nur
1 Metze vom Scheffel genommen werden darf.)
(Schmarfendorf bei Schönfliesz.)

b. Hattatten, hattatten,
vom Schäpel drei Matten,
vom Wispel drei Schäpel,
der Mölder is en Dief!
(Alt-Reetz im Oderbruch.)

28.
Thierstimmen.

Die Wachtel ruft: Wik de wak! Pak Tubak!
Der Zaunkönig: Zickerickik! König bin ik!
Das Rothkehlchen in der Sprangruthe: Zickerickik!   Je
fangen bin ik!
Die Meise: Sich di vöär! Sich die vöär!

Die Grünzel (Grünfink) im Winter: Buër, Buër, loat mi
in dien Schüen! im Sommer: Buër, Buër, fret,
wat ik schiet!

Der Rohrsperling: Kaerl, Kaerl, kickickik!

Der Sperling: Dieb, Dieb, Dieb!

Der Kibitz: Kiwik, wuo bliew ik! (In Mittenwalde: Ki-
witt, kiwitt, ach wat förn schöen Vojel
bin ik!)

Der Pirol, Bierhahn, gewöhnlich Schulze von Bülow, bei
Potsdam Schulze von Priort genannt: Brengt
mi Bier heä! Brengt mi Bier heä!

Die Krähe ruft den Kindern zu, welche das Bett nässen:
Pissaek! Pissaek!
(Schmarfendorf bei Schönfliesz.)

Die Wachtel: Wit bin ik! (Oder:) Kint, dien Blik!
(Letzteres erklärt der Berichterstatter Herr
Rubehn so: Kind, bewahre deinen Blick, dasz
er immer offen und frei bleibt!)

Der Grünling im Winter: Buër, Buër, lot mi in dien
Schien! im Sommer: (wenn er Überflusz an
Nahrung hat): Buër, Buër, frit, wat ik schit!

Die Frösche (der eine beginnt): Morjen bak ik, ik, ik!
(die andern antworten:) Ik oek! ik oek! ik
oek! (oder:) bak ik oek en Kuek!
(Alt-Reetz im Oderbruch.)

Des Lämmchens Klage: Ol Tei, ol Tei, ol Rääkeltäën,
hest ni nist to frääten jäëwen!

Der Rohrsperling: Karl, Karl, kiek, kiek, kiek,
is det Roer bal riep, riep, riep?
(Seebeck im Ruppiner Kreise.)

Der Finkenhahn: Ik, ik, ik bin Vetter Rietsche! (Oder:)
Schinkenfleisch! Schinkenfleisch!
(Mittenwalde.)

29.
Schwer zu sprechende Wortzusammen-
stellungen.

1. Di Katze tret[1]) de Treppe krum.
2. Neun Päeperköerne innen kippern Pot.
3. Kleine Kinder können keine kleine Kirschkerne knacken.
4. Mein Meister Müller, mahle mir meine Metze Mehl, meine Mutter musz morgen manschen.[2])

(Alt-Töplitz bei Potsdam.

5. Konschantinopolitanischer Dudelsak, Feifersch Jesell.[3])

(Landsberg a. W.)

6. Der dünne Dietrich drug den dicken Dietrich durch den dicken Dreck; da dankte der dicke Dietrich dem dünnen Dietrich, dasz der dünne Dietrich den dicken Dietrich durch den dicken Dreck drug.

(Berlin.)

7. Wir Waschweiber wollten Wäsche waschen, wenn wir Waschweiber wüsten, wo warm Wasser wär.

(Ebenda.)

8. Hans hackt Holz; hinter Herrns Hinterhof hackt Hans Holz.

(Grünberg i. Schl.)

[1]) tritt. — [2]) für backen. — [3]) In Potsdam: Feifenmacher-Jeselle.

30.
Räthsel.
Aus der Ukermark.
(Röpersdorf bei Prenzlau.)

1. Fölt innen Pütten un plumpt nich.
2. Krüpt dörchen Tuen un schlepen allet Derm hin no.
3. Via Ruratschen, via Wotaklatschen, een Knirfiks un een Hiksenbliks.
4. Pral — fölt van Schtal — wul wenen un had ke Ojen.

5. Via Jungfan gripen sich un krien sich al mien Leebs-
   doech nich.
6. Went upt Dak licht, is et wit, went runner fölt, is
   et jeel.
7. Schteit upt Dak un roekt en Piep Tobak.
8. Schpringt öwan Tuen, het en groten Knoken int
   Muel un secht: Hu! hu!
9. Wat is en Lantschoden?
10. Twischen Grifenberch un Kerko, bien görlsdörpschen
    Diatgoan¹) licht en groten Schteen ant Schossee,
    de dreejt sich dremo runtüm, wen a et in Angamün
    12 schloen höat. Wo jeit dät wo to?
11. Wat ist Klok?
12. Wecka Licht brent lenga, Waslicht, oran Talchlicht?
13. Kaem en Man va Hickenpicken,
    hadden Rok va dausent Flicken,
    had en knökan Anjesicht;
    kiek mo, wo de Twebeen schricht!
14. Isa Pead metten flessan²) Schwanz.
    (Im Teltow:) In isern Pärd, in flessern Schtärt.
15. Een Kalf half kost en halwen Dola ganz;
    wat kost en ganz Kalf ganz?
16. Hengt an de Want un jift enen de Hant.
17. Went ena uppen Buek racht, dennoesten schricht et
    met de Derm.
18. Wat is et best an en Fleu?
19. Wat moekt de Kösta, wen a lüet?³)
20. Wat denkt a?
21. Wecka Versch in de Bibel is am körtsten?
22. Wenna wast et Koan?
23. Wecka Fleesch schmekt am söetsten?
24. Hinnen fret et, un vöa brökt et sich.
25. Inwennig ru⁴) un buetwennig ru un näjen⁵) Ellen in-
    nen Liew ru.
26. Isan Pead metten höltan Schwanz.
27. Et licht in de Komma un hetten wit Hüewken⁶) up.

28. Vöerneem Lüed schteckent in de Tasch, arm Lüed
schmitent wech.
(In der Neumark: Deär Bettelman schmit et wech,
deär König schtikt et inne Tasche.)

29. Worüm wedelt de Hunt met sien Schwanz.

30. Wecka Minsch kan mea seen, de met een Oej, ora
de met twe Ojen?

31. Ik jink innen düestan Kella, doa bejejent mi en
ganz schwart Mölla, de wul mi biten; ik wul mi
nich biten loten, öwast he bet mi doch.

32. Vört Bet bulrig.

33. Wennia rönt de Hoef öwa de meist Löcha?

Aus der Neumark.

(Landsberg a. W.)

34. Wann ist der Müller ohne Kopf in seiner Mühle?

35. Wie kamen die Flöhe zu den Menschen?

36. Was ist höchst unrecht und doch keine Sünde?

37. Wie haben die Kinder des Esau geheiszen?

38. An welcher Krankheit leidet der Mensch, wenn er
über eine Brücke geht?

39. Auf welche Art kann man keinen Floh fangen?

40. Welche Ähnlichkeit hat ein Esel mit dem Tage?

41. Lirum, larum Löffelstiel, wie schreibt man dies mit
4 Buchstaben?

42. Wenn jemand zum Thore hinein- oder hinausgeht,
was steht ihm zur linken Hand?

43. Was thut man, ehe man aufsteht?

44. Wer hat in Landsberg die tiefste Einsicht?

45. Wann iszt man kleine Birnen und Äpfel am liebsten?

46. Wie kommen die Flöhe ins Bett?

47. Warum sind die Flöhe alle schwarz?

48. Wie viel Flöhe gehn auf einen Scheffel?

49. Welcher Handelsmann schlägt am wenigsten auf seine
Waare?

50. Wer ist allemal der erste in der Kirche?

51. Wer kommt zum ersten in die Kirche?

52. Vier Brüder gingen über eine Brücke. Keiner ging voran, Keiner neben dem andern, und sie kamen doch zugleich über die Brücke?

53. Welches Pferd sieht hinten so gut als vorne?

54. Wo fliegen die meisten Vögel hin?

55. Was kann kein Mensch wiedererzählen?

56. Wer kann alle Sprachen reden?

57. Welche Namen sind die besten?

58. Welches ist das stärkste Thier?

59. Worum hat man vor Zeiten die Diebe gehängt?

60. Welcher Buchstabe ist der mittelste im Abc?

61. Wie lang ist der Mond?

62. Der Müller kommt des Morgens in die Mühle und findet auf 3 Säcken Mehl seine 3 Katzen, und jede hat 7 Jungen; wie viel Füsze waren in der Mühle?

63. Auf welche Seite fällt der Fuchs, wenn er geschossen wird?

64. Warum sieht sich der Hase um, wenn ihn die Hunde verfolgen?

65. Was sieht einem halben Strohhalm ähnlich?

66. In welche Gläser läszt sich am besten einschenken?

67. Der Bauer fährt mit zweien, der Reiche mit vieren, grosze Herren mit sechsen, wer aber mit (S)(s)ieben?

68. Wann kann man Wasser in einem Siebe tragen?

69. Wann heiszt der Fuchs Fuchs?

70. Welche Leute treten so stark auf, dasz man es in der Stadt hören kann?

71. Wo geht die Katze hin, wenn sie ein Jahr alt ist?

72. Wer ist stärker, der Reiche oder der Arme?

73. Warum tragen die Müller weisze Hüte?

74. Wann hat das schönste Frauenzimmer gelebt?

75. Wann schwimmen die Gänse?

76. Was für ein Unterschied ist zwischen einer Geige und einem Baum?

77. Welches Auge gibt der Mensch, wenn es sein musz, am liebsten her?

78. Warum läuft der Hase mehr vor einem weiszen Hunde, als vor einem schwarzen?

79. Was ˙ riecht zuerst, wenn man in die Apotheke kommt?

80. Welcher Monarch kann sich die wärmsten Füsze machen?

81. Wie kommt Berg und Thal zusammen?

82. Welche Tiere kommen in den Himmel?

83. Welche Tiere kommen nicht in den Himmel?

84. Welcher Ring ist nicht rund?

85. Wann thun dem Hasen die Zähne weh?

86. Welcher Unterschied ist zwischen dem Tischler und dem Pflaumenmus?

87. Was sind das für Leute, die weder kalt noch warm sitzen?

88. Was geht richtiger, als die Uhr?

89. Welcher Esel hat so geschrien, dasz alle Menschen auf Erden es gehört haben?

90. Was machen die 12 Apostel im Himmel?

91. Was ist das überflüssigste in der Kirche?

(Schmarfendorf bei Schönfliesz.)

92. Het neun Hüde,⁷) bit alle Lüde.

93. Hengt anne Want, un wen et raf⁸) kimt, danzt et lustig.

94. Felt vant Dak un et kan keen Timmerman wedder moaken.

95. In kriäkelkrummer Vater, inne hol un bolle Mutter un koelköppije Kinger.

96. Vöär wi in Kam, midden wi en Lam, hingen wi ne Sickel.⁹)

97. Vöär wi in Wiwwen, midden wi in Klüwwen, hingen wi in Waënbret; roade moal, wat is det?

98. Rue, rue, ripe,
wou jeäl is mine Pipe,
wou schwart is deär Sak,
wou diä jeäle Pipe drin schtak!

99. Het twe Bene un löpt nich,
    het twe Heärn[10]) un schtöt nich,
    het in Schwanz un schwenzelt nich.

100. (Vgl. 5.) Gripen sich vier Jumfern un kriäen
    sich ni.

101. Klapperman un Klingerman
    rennen beed deän Berch hinan.
    Klapperman rent no so seer,
    Klingerman kimt do no eer.

102. Vöär Fleesch un hingen Fleesch, midden Holt un
    Isen.

103. Deän ganzen Schtal vul brune Peäre un enen witten
    Schimmel mank.

104. Twischen twe Schtile, doa jeet inne ruë Üle; je
    lenger se jeet, je ruër se wert.

105. Jeet döärch diä ganze Welt un schmit up jeden
    Hof inne Ribbe.

106. Rent eäwer diä Schtroate un hettet Bedde uppen
    Nacken.

107. Helterleltelt löpt eäwert Felt,
    het kener meer Bene as Helterleltelt.
    (Ukermark:) Hölterlöltölt leep öwa dät Felt, het
    kena mea Föet, kün kena mea krabben as Höl-
    teröltölt.

108. Krüpt döärchen Tuen un rustelt ni.

109. Kimt vannen Beäne[11]) un het vier Heärne.

110. Hinger unse Schüne
    plüäet Pipersch Mine,
    oane Schtok un oane Blok
    plüäet Pipersch Mine.
    (Vgl. Hinter unserm Hause
        ackert Vetter Krause,
        ackert ganze Jahre lang
        ohne Pflug und ohne Strang. Bei Naumburg a. S.)

111. Eängerthalf un eängerthalf, twe un drei un drid-
    dehalf.

112. Het drei Bene un jeet nich,
het in Schwanz un schleet nich,
it nischt un is doch fet.

113. Hinger unse Hues, doa schteet in Kumpelfusz;
wen mant anfoat, deän bit et.

114. In Kruet wast ute Eärde un kleet jederman,
deän Kaiser un deän König un oek deän Bettelman.

115. Fliät eäwern Graën,
het keen Hert odder Maën.

116. Jeet in unse Weäse,
het ne lange Neäse,
het oek rode Schtrümpe an,
jeet so schtolz wi en Eddelman.

117. Innen blank un buten blank,
drin is Fleesch un Bluot termank.
(Im Teltow:)
Butene blank un middene blank
un noch in Schtüksken Fleesch dermank.

118. (Nach pommerschem Dialekt:)
Lepen Vös¹²)
füëw un sös,
füëw un dre,
woväl Föet hadden de?

119. Weisz wie Schnee — sag mir weh;
grün wie Gras — sag mir das;
roth wie Blut, — sag mir gut;
schwarz wie Ther, — sag mir das ganze Räthsel her!

120. Es geht und geht immerfort
und kommt doch keinen Schritt vom Ort.

121. Ich weisz ein Thierchen,
das heiszt Manierchen;
das Thierchen, das ich weisz,
das trägt die Knochen überm Fleisch.

122. Viere gegangen, viere gehangen,
zwei Wegweiser, ein Nachklopfer.

123. a. Als ich klein war, must ich viere zwingen,
    als ich grosz war, Berg und Thal umbringen,
    als ich alt war, gar auf Königs Tafel springen.

Aus dem Teltow.
(Blankensee bei Trebbin.)

b. Als ich klein war, zwang ich vier,
    als ich grosz war, lernte ich Berge rumbringen,
    als ich todt war, lernte ich tanzen.

124. Inne blanke Hole
    sin blanke Vole,
    komt där helle Lüchterman,
    joet se allehoep tervan.

125. Där König van Pommern
    het Flimmern un Flommern,
    in knäkern Jesichte,
    in fleeschern Boart.

126. a. Vöärne wië ne Knöepnoale,[13]
    middene wiëdn Twärnskleuen,
    hingene wiëdn Schlachbret.[14]

b. Vöärne schpiz,
    middene dicke,
    hingene as wiëdn Schlachbret.

127. Auf Ilof geh ich,
    auf Ilof steh ich,
    auf Ilof geh ich säuberlich,
    meine jungen Herren rathens in drei Tagen nicht.

128. Hinger unse Hues
    plöet[15] Meester Trebues
    oane Ploech un oane Schtärt,[16]
    jeft doch inne guëde Foare.[17]

129. In isern Pärd goet noadn höltern Gro[18]
    hen groasen.

130. Zwe sin nich jeboern un doch jeschtorewen;
    zwe sin jeboern un sin nich jeschtorewen;
    zwe hebn Got jediënt un sin nich sälig jeworn.

131. Het risselt und rasselt met isernen Ketten,
    Soldaten Kamraten kan nimant nich retten.
132. Het kämen fünwe te jone,[19])
    dië brachten een te drone,[20])
    dië droden hen vör Kikersch,[21])
    von Kikersch hen vör Knäkersch,[22])
    uppet Schlachtbret wurde jericht.
    (Vgl.: Es kamen zwei gegangen,
        die brachten einen gefangen,
        die brachten ihn bis nach Wergelstadt,
        von Wergelstadt nach Nagelstadt,
        in Nagelstadt wurd er abgeschlacht.

Bei Naumburg a. S.)

[1]) Thiergarten. — [2]) flächsenen. — [3]) läutet. — [4]) rauh. — [5]) neun. — [6]) Häubchen. — [7]) Häute. — [8]) herunter. — [9]) Sichel. — [10]) Hörner. — [11]) Hausboden. — [12]) Füchse. — [13]) Knopf-, Stecknadel. — [14]) dünnes, schmales Seitenbrett am Wagen. — [15]) pflügt. — [16]) Sterz, Handgriff am Pflug. — [17]) Fahre, Furche. — [18]) Graben. — [19]) zu jagen = gejagt. — [20]) tragen. — [21]) die Augen. — [22]) die Fingernägel.

Auflösungen.

1. De Sun (Sonne).
2. De Kluk met de Küken.
3. Via Pead, via Wojenröra, een Fuaman un een Pietsch.
4. De Hönames (Hühnermist).
5. De Wintmöllenflüchten.
6. Dät Ei.
7. De Schoaschteen.
8. De Hunt.
9. Went Pead den Mes int Wota fallen löt.
10. Wen he et höat.
11. Klok is Isa (Eisen), went nich löwen wist, kiek no en Wisa (Zeiger)!
12. Keent, se brennen al beid körta.
13. De Hueshoen.
14. De Nänodel metten Foden.
15. En ganzen Dola ganz.
16. Dät Hantdoek.
17. De Vijjelien.
18. Dät se nich so vä Mes moekt, as ne Ko.

19. Krum Finga.
20. He wil werra uphöan.
21. Stücke in Esther 4, 9.
22. Wat noech blöejt (ge-
blüht) het.
23. Fleunfleesch, den de
Fruenslüd lecken sich
de Finga doano, wen
se een doetschloen heb-
ben.
24. De Foraloed (Futter-
lade, Häcksellade).
25. De Heuhoep.
26. Dät Metza (Messer).
27. Ne Tun Bia.
28. Wen sich ena de Näs puzt.
(In der Neumark: Deär
Roz.)
29. He is schterka as si
Schwanz.
30. De met een Oej kan
dän enna si twe seen,
un de met twe Ojen kan
doch ma dän enna si
eent seen.
31. En Fleu.
32. De Weej (Wiege).
33. Wenn der Hase über
ein Stoppelfeld rennt.
34. Wenn er zum Fenster
hinaussieht.
35. Schwarzbraun.
36. Wenn sich einer den
linken Handschuh auf
die rechte Hand zieht.
37. Eferkel.
38. Er kann das Wasser
nicht halten.
39. Wenn man immer da-
neben greift.

40. Beide werden grau ge-
boren.
41. D—i—e—s.
42. Die 5 Finger.
43. Man legt oder setzt sich
nieder.
44. Der Türmer.
45. Wenn man keine grö-
szern hat.
46. Sie werden hineinge-
tragen.
47. Weil sie täglich Fami-
lientrauer haben.
48. Keine, sie springen her-
aus.
49. Der Glashändler.
50. Der Schlüsselbart.
51. Der zweite.
52. Der Familienname war
Keiner.
53. Das blinde.
54. Wo sie den Schnabel
hinhalten.
55. Dasz er gestorben ist.
56. Der Wiederhall.
57. Die Einnahmen.
58. Die Schnecke, denn sie
trägt ihr Haus allein.
59. Um den Hals.
60. Das b.
61. Eine Elle, denn er hat
4 Viertel.
62. Zwei, nemlich die des
Müllers, denn die Katzen
haben Pfoten.
63. Auf die rauhe.
64. Weil er hinten keine
Augen hat.
65. Die andere Hälfte.
66. In die leeren.

67. Der Siebmacher.
68. Wenn es gefroren ist.
69. Wenn er allein ist; wenn es mehrere sind, heiszen sie Füchse.
70. Die Glockentreter.
71. Ins zweite.
72. Der Arme, denn er hat Noth, und Noth bricht Eisen.
73. Um den Kopf zu bedecken.
74. Zwischen ihrem Geburts- und Sterbetage.
75. Wenn sie keinen Grund mehr haben.
76. Die Geige hat ein ge, der Baum Zweige.
77. Das Hühnerauge.
78. Weil er der Meinung ist, der weisze Hund hat sich den Rock ausgezogen.
79. Die Nase.
80. Der von Frankreich, weil er viele tausend Pariser hat.
81. Wenn ein Buckliger in den Graben fällt.
82. Die Posamentiere und Musketiere.
83. Die Klistiere.
84. Der Hering.
85. Wenn ihn der Hund beiszt.
86. Der Tischler macht einen harten, Pflaumenmus einen weichen Stuhl.
87. Die Lausitzer.

88. Die Laus, denn sie geht aufs Haar.
89. Der in der Arche Noahs.
90. Ein Dutzend.
91. Das Kanzeldach, denn es. regnet ja nicht in der Kirche.
92. Die Zwiebel.
93. Der Kantschuh.
94. Das Ei.
95. Erbsstaude, Schote, Erbse.
96. Der Hahn.
97. Die Elster.
98. Die Mohrrübe in der Erde.
99. Der Stiefelknecht.
100. Die Windmühlenflügel.
101. Vorder- und Hinterwagen.
102. Der Pflug mit den Pferden und dem Pflüger.
103. Die Brote im Backofen mit der Schitsel (Schaufel).
104. Die Spule am Spinnrad.
105. Der Weg.
106. Die Gans.
107. Die Egge.
108. Die Sonne.
119. Der Backtrog.
110. Der Maulwurf.
111. Elftehalb.
112. Der Tigel.
113. Die Nessel.
114. Der Lein.
115. Das Blatt.
116. Der Storch.

117. Der Fingerhut auf dem Finger.
118. 76.
119. Kirschblüte u. Kirsche.
120. Die Uhr.
121. Der Krebs.
122. Die Kuh.
123. Der Ochse als Kalb (vier Zitzen), als Zugthier (pflügen), als Braten, als Leder z. Stiefeln.
124. Die Sterne am Himmel und die Sonne.
125. Sieh No. 96.
126. Sieh No. 97.
127. Eine hatte sich aus dem Felle ihres Hundes Ilof Schuhe machen lassen.
128. Der Maulwurf.
129. Die Säge.
130. Adam und Eva, Henoch und Elias, Esel und Füllen.
131. Die Wassermühle.
132. Der gefangene Floh.

IV.

Sprichwörter und sprichwörtliche Redensarten.

Aus der Ukermark.

(Röpersdorf bei Prenzlau.)

1. Wat junk is, is lustig, säd jen goed Fru un leet aa Kint uet Karrien[1]) faln.
2. Wat in goed Fas is, vafuat nich.
3. Küken is ümma klöka as et Ei.
4. Wen et Kint vadrunken is, decken de Lüed en Pütten to.
5. Elsenholt un roed Hoa wassen nich up goden Bodden.
6. Iast en Par[2]) un dän en Quar.[3])
7. Iast en Näf un dän en Bril.
8. Kom ik öwan Hunt, kom ik öwan Schwanz.
9. Groet Pöla[4]) dröjen oek uet.
10. He leewt so glüklich as de Lues innen Schorf.
11. Dät is en schlecht Hunt, de bi et Oes licht un nich doavan fret.
12. Schient de Sun uppen natten Schteen, jift et gliek noch werra een.
13. Wen de Buek ne Schüen wia un noch en Uetloet[5]) bi an, säd unf Mutta, as et uns ens goed schmekt un wi uns düchtig sat eten.
14. Du kikst mi so scheef an as de Hesta[6]) et krank Ferken.
15. He het dörch en fettig Bril käken.

16. Holt de Köp un Poten warm,
    un vaderft ju nich dän Darm,
    de hinnast Puat⁷) loet open schtoen,
    dän bruek ji nich tum Dokta goen. (Vgl. No. 166.)

17. Wen en Fischa wil Meista wän, dennoesten müd he
    as Meistaschtük en Kuelboas,⁸) vakeat, metten
    Schwanz vöa, lewig runna schlucken.

18. Iast wul a up Vota un Mutta nich höan, un nu müd
    a upt Kalffel höan, säden de Lüed, as de unbennig
    Frita⁹) Zaldoet wurd un no de Trummel mar-
    schiern must.

19. Bi en Buan an de Kamiendöer was en Uel afmoelt,
    un de had en Mues in ärn Schnöbel; doabi schtünt
    en Kat un jipert. Unna dät Bilt schtünt schräwen:
    Kat: Ule, de Mues kümt mi to!
    Ule: Katte, dät müst du weten: Unjegünt Broed
         wät oek jeäten.

20. Ol Lüed sin.wunnalich; wen et rejent, goen se no
    Heun.

21. Wen ena et Morjens nüchtan pruescht,¹⁰) dän säd
    jen goed Fru ümma: Nüchtan en Pruesch, uppen
    Dach en Ruesch ora ne Bruesch.¹¹)

22. Van de unriep Bean¹²) seggen de Lüed: Se sint
    hart as de Knüppel uppen Kop.

23. Höna, dera¹³) tidig kokeln, valian uppen Dach et Ei.

24. Döschflejel wil äten, secht de Bua, un dän müd si
    Fru en goed Jericht Erften, Nudeln un Fleesch
    för de Döschas koken.

25. Ent uppen Tuen, ennat upt Kalduen, dät is noech
    för mi, säd jen Geizhals, un doabi trekt he sich
    en Hemt an.

26. Roep jo nich ea: Holt Fisch! eas du se innen Sak
    hest.

27. Höna, dera kokeln, hebbent Ei valoan, un Mäkens,
    dera vä lachen — wira weet ikt nich.

28. Man en Vojel un en Kösta en Boekfink, seggen se bi et Koatenschpelen, wen sich jera en Penning nimt.

29. Narren sint oek Lüed, öwast kloek sint se bloes nich.

30. Töw,[14]) di Scho wän mi oek passig wän, säd ens en kleen Jung to en Groetknecht, as de em schloen had.

31. Doa heb ik uetbakt, doa derf ik nich öfta koamen, säd Joechen, wen a sich met de Lüed vatöant[15]) had.

32. Ena wät ümma ölla, as en Ko, un leat al Doej mea doato, säd jen goed Man, as a wat leat, wat a noch nich wüst had.

33. De Fula licht sich doet, un de Flitija arbeit sich doet.

34. De Fula lecht sich nich nerra, den em is bang, dät a werra upschtoen sal.

35. Wo en düchtig Kat un Kota is, doa jift et ke Müef. Wo en düchtig Man un Fru is, doa jift et ke Lüef.

36. Wen ena en Hunt hengen wil, dennoesten fint ena oek en Schtrik.

37. Wat en goed Pead is, trekt twemo.

38. Wat vant Katten kümt, leat musen.

39. Tiras was en ol böf Hunt un müst sich jewen, säd jen goed Man to sien unbennijen Jungen, un du Küelbödel wäst di oek wo jewen müdden.

40. Varra,[16]) du löpst jo so scheef, as wen de Hunt no de Schtat jeit, säd jen goed Man to sien Nowa,[17]) as de besopen uten Kroech kommen däd.

41. Jen goed Buafru jink et ma arm, un doa säd se: Went nich jeit in Ruem,[18]) so jeit et doch kuem.

42. Wen ena no höja Ding schtreewt, so seggen de Lüed: Em wät de Koel to fet, he müd hen, wor a em mogra kokt wät.

43. Mäkens, dera fleuten, un Höna, dera kräjen, de müd ena gliek dän Hals ümdrejen.

44. Wen Kinna äan Willen hebben, dän wenen se nich.

45. Bettelbroed schmekt bitta.

46. Iast en Piep Tobak un dän et Pead uten Growen! seggen de Lüed, wen se vör de Hauptarbeit noch iast ne Kleinigkeit afmoken wiln.

47. Du loep jo un loet di krabben! säd de Mutta to äan Söen, as se em si Bit afschloen däd.

48. Du loep jo un legge di Morra[19]) uppen Kop, dette to Verschtant kümst! säd de Vota, as de Söen wat vakiat moekt had.

49. Unna vä Hunnen is de Hoef doet.

50. Dät is ma sun Öwagank, secht de Fos, wen em et Fel öwa de Oan trekt wät.

51. Dät is ma sun Redensoat, secht Varra Fos, wä wät mi tum Jenfhöra moken!

52. Jetelt Schoep frät de Wulf oek.

53. He het dät Schtiploch ueträten, he derf nich werra kommen.

54. Wat en goed Pead is, drengt sich to de Krib.
(Neumark: Wat in guodet Peärd is, drengelt sich annen Kum.)

55. Dän Howa, dän de Os un Esel vadeent, fret dät Pead.

56. Wen de dum Lüed to Maert[20]) goen, dennoesten krien kloek Lüed Jelt.

57. Müst äten, wat de Kel jift, wen et oek Schläj is.

58. Wo ik mi anboet, wurd mi Loen nich groet.

59. Kloek Höna leggen oek in Nettel un vabrennen sich et Schtüez.

Aus der Neumark.
(Schmarfendorf bei Schönfliesz.)

60. Went reängt, wert et nat;
went friert, wert et glat;
went schniet, wert et wit;
went haëlt, jift et Grüt.

61. Deär Appel felt nich wiet vannen Schtam:
wi di Olle, so det Lam.

62. Weär sich eerlich wil erneären,
mut veäl flicken un wenig verteären.

63. Weär sich jeden Boem betracht,
het no ni veäl Holt jebracht.

64. Wen deär Pracher het wat,
het er wedder keen Fat.

65. Weärt klene ni acht,
deän wertet grote ni jebracht.

66. Di Dummen kriäen di gröetste Nudel.[21])

67. In schlechter Broaden, wuo nischt afdript.

68. Weär tum Kittel jeboren is, kricht kenen Rok, un
wen ert Duok al ungern Arm het.

69. In Bure blift en Bure, un wen er oek in Eddel-
man wert.

70. Ilen Hast het sien Daej kenen Schpuot.

71. Fet schwemt bone, went oek man Hundefet is.

72. Leerwerk is keen Meesterschtük.

73. Unkruet verjeet nich; so kolt is keen Winter.

74. Inne Noet is Roddo(?) oek in Fisch.

75. Deän lezten biten di Hunde.

76. Deär Pot schimt en Keätel Schwartoarsch.

77. Jedet Dak het sien Unjemak.

78. Deä is nich vannen Schtam Jif, deä is vannen
Schtam Nim.

79. Je krümmer deär Boem, je besser di Krücke.

80. Jeder Scheper laewt[22]) sine Küle, un wen se oek 99
Krimminge het.

81. Wat ener sundaes schpint, helt nich.

82. (Vgl. 43.) Di Wiwer, diä flöten, di Hüöner, diä
kreäen.
diä mut ener det Jenik umdreäen.

83. Rentlichkeet ist halwe Leäwen,
Fru, schippen Disch af! (Oder: schippen Drek van
Disch!)

84. Irren is menschlich — verreet sich doch deär Kanzel uppen Priäster.
85. Dickeduon mien Reichtum; Körschkin Broed kum ruet!
86. Heäj[²³]) di wat, so heste wat un loat en jeden det sinije.
87. Weär schpoaren wil, mut biet Muel anfangen.
88. Herrenjunst un Aprilweäder
verjoan wi Rosenbleäder.
89. Wiet felt, so bullert et. (Vgl.: Wie man in den Wald hineinschreit, so schallt es wieder heraus.)
90. Fallen is kene Schande, aber lange liggen.
91. Weär sich met Katten afjeft, mut krabben verliäf neämen.
92. Narrenschpel wil Ruem hebben.
93. Hoffoart wil Twank hebben.
94. Je neäer de Schtat, je leänger deär Sak.
95. Deär Wulf verliert de Hoare, aber ni de Nicken.
96. Deär reet un drinkt ni törbi.[²⁴])
97. Deär Bettelman löpt sich nischt üm.
98. Weär wat kricht, deär reäde vil;
weär wat jift, deär schwije schtil!
99. Wuo de Libe henfelt, doa blift se liggen un went uppen Meshoep is.
100. Keen Boem felt uppen ierschten Schlach.
101. Man mut ni ier Fische ruopen, ier man si ni innen Korf het. (Vgl. No. 26; auch im Oderbruch.)
102. Wen de Hunde hojoapen,[²⁵]) is de beste Jacht vörbi.
103. Kleen, aber — höhö!
104. Wat sin sal, schikt sich.
105. Weär met Ossen foart, kümt oek nodden Marcht.
106. In Hundsfort, weär meer jift, as er het.
107. Wi deär Herre, so de Karre.
108. Lache nich, dine Zicke kan oek platzen.

109. Wat man am wietsten schmit, mut man am ierschten siäken.
110. Vört ierschte schönen Dank, vört eänger sal Groszmutter schpinnen.[26])
111. Besser in guoder Roatjeäwer as in fuler Arbeder.
112. Weär de Woarheet reet, wert ute Herberje jejaet.
113. Bure jeliert[27]) is Dachlöner worden.
114. Wat in guoder Boem is, draet balle.
115. Wat inne Neätel wert, breänt bi Tiden.
116. Wen ener mank en Dreäk riert, schtinkt er.
117. Wen ener deän Broaden ümdreät, ruekt er.
118. Olle Libe ruostert nich.
119. Wat Sünde is, is oek Unrecht. (Wat is aber Unrecht un kene Sünde? — Wen ener deän rechten Helschuo[28]) uppet linke Been antrekt.)
120. De Fulen hebben de scherpste Kniwe.[29])
121. Holt di annen Tuen! deär Himmel is hoech![30])
122. Kluok reäden kan ener int liggen.
123. Leäder helt Weäder.[31])
124. Friäe[32]) eäwern Mes, deän wetste, watte hest.
125. Ier du lange zankst ümt Schwien,
nim inne Worscht un loat et sin.
126. Weär Schleäj uetdeelt, mut Schleäj inneämen.
127. Kik di vöer, Schuem is keen Bier.
128. Mancher denkt, det er fischt un doabi kreäft[33]) er.
129. It, wat goar is;
drink, wat kloar is,
un gloew, wat woar is!
130. Doanoa deär Man, doanoa diä Worscht.
131. Unrechter Jewin brengt Schaf[34]) un Schin.
132. Wat ener unsen Hergot wechnimt, det hoalt deär Deiwel wedder.
133. Wuo Duwen sin, fliäen Duwen tuo.
134. Diä Schnitter[35]) is innen Soamer keen Bier tuo düer un innen Winter kene Körschte tuo hart.

135. Deän dröemt van Elsennöät.
136. Deär siäkt deän jisterschen Dach.

Aus dem Oderbruch.

137. Er weint den Mäusen Knetewasser.[36])
138. In Ollenkerken, wo de Bure allene ferkeln.[37])
139. In Brahlitz ist die Welt mit Brettern vernagelt.[38])
140. Wenn eine Kuh bift,[39]) so hebt die andere den Stert.
141. Der Kachelofen steht in der Stube. Oder: Es ist zu hell in der Stube.[40])
142. Ein Buff und ein Stosz und dann mit hinunter nach dem Kanal![41])
143. Geh nach Buckow und lasz dir den Fläz abzapfen. (Für die Neumark werden in Kallies die Fläze abgeschliffen.)
144. Das ist Nipperwiese,[42]) wo der Hund mit dem Hintern kräht.
145. Wer Ochsen vorspannt, kommt auch mit zum Markt.
146. Et krabbet keine Henne umsonst.
147. Auf Kinder und Rinder kann man nicht bauen.
148. Er ist mit seiner Geschichte vor das Wehr geschlagen.[43])
149. Es ist Lichtmesz im Geldbeutel.
150. Nun kommst du, nun sind alle Eulen verflogen.[44])
151. Es is besser en graent Kant[45]) as ne leere Hant.
152. Wer nicht will essen, was die Kelle klikt, der musz essen, was der Hund schit.
153. Heijeijeija, wuo rent der Bure met det Kalf![46])
154. Es ist besser, wenn das Brot nach dem Backofen riecht, als wenn es nach dem Troge riecht.
155. Frau spinne, die Güster laicht!
156. Die Güster laicht schon, wir müssen nun Boljacken[47]) stricken.
157. Er hat es auf den Schwanz geklopft.[48])
158. Das ist ein hochbeinicht Jahr.[49])

159. Man macht nicht viel Kesperlesen mit ihm.
160. Wo is Hingest, wen Gras wast? [30])

Aus dem Ost-Havellande.

161. Es ist nichts in der Welt, sagte jener Junge; im Sommer donnerts, und im Winter musz man in die Schule.
162. Der will sich noch einen Rausch trinken, sagt man, wenn der Rock beim überziehen sich umschlägt.
163. Unser Herr Gott läszt der Ziege den Schwanz nicht so lang wachsen, dasz sie sich damit in die Augen schlagen kann.
164. Eine Mutter ist wie ein Mehlsack; so lange man dran klopft, staubt er auch.

Aus der Priegnitz.

165. Leer wat, den weetste wat;
schteel wat, den heste wat,
awer loat jeden det sinije!
166. Den Kop holt·kolt, de Föet holt·warm,
schtop nich to vul den dicken Darm,
de hinnast Poert loat oapen schtoan,
den bruekste nich noan Dokter goan.
167. Nu help uns Gott tum goden,
det et uns goed mach schpoden.

[1]) Tragkorb, in Berlin Kipe. — [2]) Pfarre. — [3]) Quarre, Kind. — [4]) Pfühle. — [5]) Auslasz, Anbau. — [6]) Elster. — [7]) Pforte. — [8]) Kaulbarsch. — [9]) Friedrich. — [10]) niest — [11]) Beule, in Berlin: Brüesche. — [12]) Birnen. — [13]) die da. — [14]) warte. — [15]) verzürnt. — [16]) Gevatter. — [17]) Nachbar. — [18]) rühmlich, gut. — [19]) Moder. — [20]) Markt. — [21]) Kartoffel. — [22]) lobt. — [23]) hege, spare. — [24]) scheint sich auf die alte deutsche Sitte zu beziehen beim Trunke Raths zu pflegen; denn es wird gebraucht, wenn jemand schlechten Rath gibt. — [25]) gähnen. — [26]) wenn man für eine Gefälligkeit nichts geben will. — [27]) ohne einen Bauernhof zu haben. — [28]) Holzschuh. — [29]) Kneife, Schneidewerkzeug. — [30]) wird dem Betrunkenen zugerufen. — [31]) empfiehlt feste Stoffe zu Kleidungsstücken und

keinen Flitter. — [32]) heirate. — [33]) krebst. — [34]) abgeschabtes. — [35]) Schnitter heiszen dort die Leute aus dem Warthebruche, die während der Ernte auf Accord arbeiten, viel verdienen, aber auch viel drauf gehn lassen. — [36]) es wird ihm schwer zu weinen. — [37]) In Altenkirchen ist eine grosze Schweinezucht. — [38]) die dortige Schneidemühle liefert so viel Bretter, dasz damit die Welt soll zugenagelt werden können. — [39]) vom Biszewurm gestochen, mit aufgehobenem Schwanze davon rennt. — [40]) so sagt man, wenn Erwachsene sich etwas erzählen wollen, was anwesende Kinder nicht hören dürfen. — [41]) so sagt man von jemand, der eine Sache höchst oberflächlich behandelt, wie es die Gauler thaten, die ihre Wäsche ein wenig stieszen und klopften und sie dann gleich im Kanal abspülten. — [42]) ein Dorf an der Oder. — [43]) so sagt man in den an der Oder liegenden Dörfern, wenn ein Vorhaben misglückt ist. Das Wehr ist dasjenige bei Bellinchen. — [44]) d. h. zu spät. — [45]) ein grober Kanten Brot. — [46]) so sagt man, wenn man jemandes nicht habhaft werden kann. — [47]) Netze. — [48]) so sagt man von jemand, der eine Sache unterschlagen, für sich behalten hat. — [49]) wenn die Ernte schlecht ausfiel. — [50]) Es ist etwas schon längst vorüber, wenn man es genieszen will.

V.

Gebräuche und Aberglauben.

1.

Fastnacht.

1. In der Umgegend von Landsberg a. W., hin
und wieder auch in der Stadt ziehen die Knaben mit
sogenannten Spieszen (viereckigen Holzstäben, durch
welche zugespitzte Querhölzer kreuzweis gesteckt sind)
umher zu Verwandten und Bekannten und bekommen
Wurst, Speck oder Backwerk auf die Spiesze gesteckt.
2. In Grünberg in Schlesien wird nicht zu Lichte
gegangen, d. h. die Mädchen besuchen sich des Abends
nicht mit ihren Spinnrocken; ja es wird überhaupt nicht
gesponnen, wo möglich auch vorher der Rocken abge-
sponnen. — Dort sagt man auch: Fastnacht musz das
Wasser im Wagengeleise flieszen, und die Ackerfurchen
müssen voll Wasser stehn, dann wird langer hoher Flachs.
— Auch musz man, um das Jahr schönen Flachs zu
bekommen, Fastnacht tüchtig tanzen.

2.

Sonntag Lätare.

3. In Grünberg i. Schl. heiszt derselbe der Tod-
sonntag. An ihm gehn die Kinder zum Sommer,
d. h. sie tragen eine junge Kiefer umher, die mit Ketten

15*

aus Papierschnitzeln und Strohstückchen, auf Fäden ge-
reiht, sowie mit Papiersternen und mit Pech oder Harz
betupften Papierblättern geschmückt ist, singen dabei
eins der folgenden Lieder und bekommen dann Fasten-
brezeln, Backobst, seltener Speck, oder auch buntscha-
lige Eier: grüne (mit Gras gekocht), gelbe oder roth-
braune (mit Zwiebelschalen), blaue (mit Waschblau oder
Blauholz), rothe (mit Rothspan gefärbt); diese werden
aber gewöhnlicher erst Grün-Donnerstag oder Ostern als
Ostereier ausgetheilt. — Die am Sonntag Lätare um-
gehenden heiszen auch Tod aus-Gänger.

a. Tod aus, Tod aus,
Sommer un de Mëe
Blümel mancherlëe,
komn se ausgetrieben, getrieben,
n lieben Sommer breng se wieder.
Steht Sommer stille,
s ist Gottes Wille;
dasz der Herr und die Frau
s Himmelreich gewinnen.

b. Sie hat ein schönes Ringelein
auf ihrem kleinen Fingerlein. —
Wer hats ihr denn gegeben?
Der schönste Schatz auf Erden.
Wer hats ihr denn genommen?
Der Winter und der Sommer.

Die vier letzten Verse auch:
Aufs Steglein wird sie treten,
in die Kirche geht sie beten;
in den Himmel wird sie kommen
im Winter oder im Sommer.

c. Rothe Rosen, weisze Rosen
blühen auf dem Stengel;
der Herr ist schön, der Herr ist schön,
die Frau ist wie ein Engel.

d. *α.* Da oben steht a hoches Haus,
    da kuckt ne schöne Jungfer raus;
    s Tüchel läszt sie fliegen,
    einen Reichen wird sie kriegen;
    einen Reichen und einen Armen,
    sie wird sich wol erbarmen.

 β. N. steht auf der Hausthürschwelle,
    sie sieht sich um nachm Jungeselle;
    s Tüchel läszt sie fliegen,
    einen Reichen wird sie kriegen;
    beschere Gott, beschere Gott,
    dasz er vieltausend Thaler hat;
    einen Reichen und einen Armen,
    sie wird sich wol erbarmen.

e.   Der Vater (Frau N.) hat ne milde Hand,
    er hatn Groschen in der Hand;
    er wird sich wol bedenken,
    er wird mir wol was schenken.

f.   Gehn wir mal in grunen Wald,
    da singn die Vögel jung und alt;
    da singn sie allzugleiche
    wie im Himmelreiche.

3.
Ostern.

4. Am ersten Ostertage vor Sonnenaufgang musz aus flieszenden Gewässern Wasser geholt werden; das sichert gegen alle Hautübel. Überall.

5. An vielen Orten findet an einem der Ostertage ein Ballspiel statt. — In Landsberg a. W. zieht am dritten Ostertage jung und alt mit Ball und Ballkeule nach dem Musterplatze um dort zu spielen, aber sich auch zugleich ein neues Gesicht zu holen. Der

Musterplatz ist ein ziemlich grosses Feld dicht vor
der Stadt nahe der sogenannten Fernemühle. Dasselbe
wird zwar seit den zwanziger Jahren d. Jhd. von dem
angrenzenden Vorwerksbesitzer zum Anbau von Sommer-
früchten benutzt, die Bewohner der Stadt betrachten es
jedoch als ihr Eigentum und beanspruchen insonderheit
trotz des öfteren Widerspruchs von Seiten des angren-
zenden Vorwerksbesitzers wie des Magistrats das Recht,
darauf am dritten Osterfeiertage Ball zu spielen. Dieses
Recht ist auch durch richterliches Erkenntnis d. d. 6. Fe-
bruar 1835 bestätigt. In neuester Zeit ist der Streit
übrigens von neuem entbrannt. — Das bei Kuhn und
Schwartz (Nordd. Sagen usw.) S. 372 erwähnte Aus-
putzen eines Esels hat nur einmal im J. 1834 stattge-
funden. Es war in dem Jahre darauf abgesehen das
ergangene Verbot zu verspotten.

Vgl. Neumärkisches Wochenblatt 1862 Nr. 75. 1863
Nr. 35, 38, 41, 43, 46. —

6. In Arendsee in der Altmark ziehen unmittelbar
nach dem Schlusse des Nachmittagsgottesdienstes die
Kinder, besonders die Lehrburschen die Stadt herum
und singen vor den Fenstern der jungen, seit den vori-
gen Ostern verheirateten Eheleute folgenden Gesang:

> Hier stehn wir Knäblein alle
> und singen uns den Balle,
> und wiln Se uns den Bal nich jeben,
> den wiln wi ä den Man wechneem;
> Tuenpoal wiln we ä werrä jeben.
> Gröen Loef, gröen Loef,
> Jungfä schmiet se den Bal herruet!

Darauf werden mehrere, 10, 20—30 kleine lederne
Kinderbälle und alsdann ein grosser, mit Sägespänen
gefüllter Ball, der Bräutigamsball, herausgeworfen,
auf welchen letztern die Lehrburschen Anspruch machen,

und bei dessen Fang es öfters Schläge setzt. Einen hübschern Brautball, mit kleinen Troddeln geschmückt, verschenkt die junge Frau an ihre früheren, noch unverheirateten Jugendgespielinnen. — Nachher werden die Bälle im Holze verspielt. Die Gesellschaft stellt sich in einen Kreis. Ein Spieler wirft in einem Bogen dem zweiten den Ball zu, der (oder die) zweite dem (oder der) dritten usw., bis nach öfterm Fallenlassen der Ball platzt und die Sägespäne umherstreuen. Nun packt jeder von der Gesellschaft mit einem Finger in das entstandene Loch und sucht einen Fetzen von dem Leder zu erhalten, der dann als Andenken aufbewahrt wird. — An dem Nachmittage ist fast die ganze Stadt im Tannenwalde versammelt. Es ist ein wahres Volksfest. (Lehrer Struve zu Wusterhausen a. D.)

7. Ein Huhn von einem Ei, das am Gründonnerstage gelegt ward, verändert jedes Jahr seine Farbe. Im Westhavelland.

8. Am stillen Freitag musz man vor Sonnenaufgang Stuben und Hausflur ausfegen und das Müll über die Grenze tragen, dann ist man vor Flöhen gesichert. Schönfliesz i. d. Neumark.

9. In Landsberg a. W. stiepen am ersten Ostertage früh die Kinder ihre Eltern und dann auch die nächsten Verwandten mit grünen Birkenreisern aus den Betten und erhalten dafür rohe oder gekochte Eier, von Junggesellen auch Geld. Wenn die Birkenblätter noch nicht zur Zeit aus den Knospen aufgebrochen sind, so werden die Ruthen mehrere Tage vorher in Wasser gestellt, und wenn das noch nicht geholfen hat, am Abend vorher vor die aus dem geheizten Ofen in den Schornstein mündende Röhre gehalten.

10. Wenn man am grünen Donnerstag bäckt, fressen die Padden (Frösche) den Flachs ab. Seebeck bei Lindow.

11. Wenn man am grünen Donnerstag Wäsche aufhängt, so bekleidet man die Bahre, d. h. es stirbt jemand in der Familie. Ebenda.

12. Wenn man am grünen Donnerstag eine Kohlspeise von neunerlei jungen Kräutern kocht und iszt, so lebt man lange. Ebenda.

13. In Grünberg i. Schl. gehn ärmere Kinder und auch gröszere Personen umher und singen unter den Fenstern:

> Erstanden ist der heilge Christ,
> der von dem Tod erstanden ist.
> Halleluja, halleluja!

Dabei verschenken sie, nachdem sie ein Geschenk bekommen haben (vgl. Sonnt. Lät.), als Gegengabe sogenannte Schmück-Ostern. Diese sind aus drei geschälten Weidenruthen geflochten, oben und unten zusammengebunden und mit kleinen bunten Papierschnitzeln quer durchzogen.

14. a. Früh beim Sonnenaufgange am Ostertage sieht man in der Sonne das Osterlämmel springen. Ebenda.

b. Am Ostermorgen tanzt die Sonne beim Aufgehn. Mittenwalde. Landsberg a. W.

4.
Der erste April.

15. Überall ist es Sitte, namentlich unter den Kindern, einander in den April zu schicken; besonders läszt man Krebsblut oder Mückenfett aus der Apotheke oder auf dem Lande vom Krämer holen. Folgt der betreffende der Aufforderung, so ruft man ihm zu: April, April, man kann den Narren schicken, wohin man will! — In Alt-Töplitz bei Potsdam sagt man: April, April,

den dummen Narrēn kann man schicken, wo man will;
schick ihn weiter, so lachen alle Leute! — Auch auf
den letzten des Monats wird wol der Gebrauch ausge-
dehnt. — (Führt man zu andern Zeiten jemand an, so sagt
man in Alt-Töplitz und Potsdam: Angeführt mit Lösch-
papier, morgen kommt der Unteroffzier mit der Peitsche
(in Mittenwalde: mit dem blanken Säbel) hinter dir! —
In Treuenbrietzen: Angeführt, angeführt mit en Bogen
Löschpapier! Morgen kommt der Unteroffzier, must en
Thaler Strafe geben — und — da kann ich nicht
dafür!)

5.
Maitag.

16. Am Walpurgisabend werden die Thüren be-
kreuzt, damit die Hexen nicht hinein können. Überall.

17. Die Hexen reiten um den Pfennigsberg bei
Mittenwalde.

18. In der Walpurgisnacht (Wolborjen) musz man
an einen Kreuzweg gehn und mit einem Kreuzdornstock,
so weit der Weg ist, einen Kreis um sich machen, so
kommen die Hexen und wollen einen aus dem Kreise
heraus haben; man merkt also dann, wer Hexe im Dorfe
ist. Fahrland bei Potsdam.

19. Auf Wolborjen-Abend, wenn die Sonne unter-
gegangen ist, diese Zeichen an die Viehställe gemacht:

$$† B † F D † Z †$$
$$† R † R † Z$$
$$R † † †$$

ist probat für alle Zaubereien. (Lehrer Unruh zu See-
beck bei Lindow aus einer Handschrift, die 1798 von
einem Schäfer angefangen und von seinen Nachkommen
fortgesetzt ist.)

6.
Pfingsten.

20. Allgemein herscht die Sitte die Häuser und Stuben mit Maien zu schmücken und Kalmus und Blumen zu streuen.

7.
Johannistag.

21. Steckt sich ein Mädchen am Johannistage nachmittags einen Strausz Fri-Kraut (Fumaria officinalis, arzeneilicher Erdrauch) an den Busen und geht spazieren, so begegnet ihr ihr zukünftiger Mann. Schmarfendorf bei Schönfliesz.

22. In der Johanni-Mittagsstunde zwischen 12 und 1 Uhr müssen die Fliederblüten und Kamillen gepflückt werden, dann sind sie heilkräftiger. Ebenda. Mittenwalde.

23. Wenn man ein Kind am Johannistage entwöhnt, dann ist es für Mutter und Kind gut; das Kind entwöhnt sich leicht. Mittenwalde.

24. Wenns am Johannistage regnet, dann ist die Ernte nasz. Mittenwalde. Fahrland bei Potsdam.

25. Wenn man ein Kind am Johannistage taufen läszt, das ist so gut, als wenn man ihm tausend Thaler mitgibt. West-Havelland.

26. Wenn man am Johannistage die Pelze und Tuchsachen heraus hängt und ausklopft, dann kommen die Motten nicht hinein. Mittenwalde. Potsdam.

27. Man musz junge Nüsse zum Einlegen abnehmen, ebenso Nuszblätter und Kräuter zu Thee sammeln, ferner mittags zwischen dem 1. und 12. Schlage Schärkräutig (Cirsium oleraceum L., kohlartige Kratzdistel).

Die Abkochung davon dient als Heil-Waschmittel, namentlich bei kleinen Kindern gegen Schärfe und Hitze. Grünberg i. Schl. Mittenwalde.

28. Abends vor dem Schlafengehn musz man einen Kranz von dreierlei Blumen, der aber über keine Thürschwelle gebracht, sondern mit einer Schnur zum Fenster hinein gezogen ist, unter das Kopfkissen legen. Von wem man dann träumt, den heiratet man. Grüneberg.

29. Während des Reibens und nachherigen Ausdrückens des siebenundsiebzig Löcherkrauts (Hypericum perforatum L., durchlöchert. Johanniskr., auch unser lieben Frauen Bettstroh genannnt) wird dort gesprochen:

> Ist die Liebe gut,
> kommt rothes Blut;
> ist die Liebe alle,
> kommt nur Wasser.

8.
Erntegebräuche.

30. Wer in Grünberg i. Schl. beim Ernten, namentlich beim Kornabschneiden, zuletzt fertig wird, ist Kater. Derselbe wird bei der Dominial-Ernte mit Roggenhalmen und grünen Reisern umbunden und ausgeputzt und mit einem langen geflochtenen Schwanze versehen. Sämtliche Erntearbeiter halten hinter ihm ihren Einzug vom Felde auf den herrschaftlichen Hof. Oft wird ihm zur Gesellschaft eine Kitsche (Katze) beigegeben, die ebenso ausgeschmückt ist. Beide werden übrigens immer durch männliche Personen dargestellt. Ihre Hauptaufgabe ist den in Weg und Sicht kommenden, namentlich Kindern, nachzulaufen und sie mit einer groszen Ruthe zu hauen und einzuschüchtern. Es ist diese Feierlichkeit eine Art Vor-Erntebier.

Nach und beim beendigten Einbringen des Getreides ist das Erntebier, verbunden mit Schimmelreiten. Vor und hinter einer männlichen Person, die gut zu Fusz ist und den nöthigen Humor besitzt, werden Siebe, mit der Holzeinfassung hinten und vorn am Körper anliegend, befestigt. Über diese wird ein weiszes Tuch (Laken odgl.) gehängt und oben ein Pferdekopf, aus Zeug genäht und mit Heu ausgestopft, mit Zaum und Gebisz befestigt. Der so ausgestattete Schimmel belustigt nun die andern durch komische Sprünge und durch ausdrucksvolles Wiehern und Jûchzen. —

31. Ebenda wird zur Zeit der Traubenreife die Weinlese morgens früh 6 Uhr eine Stunde lang eingeläutet. Eher darf bei (Geld-) Strafe nicht wirklich allgemein gelesen, höchstens dürfen bei Witterungsungunst einzelne leicht verderbende Sorten ausgelesen werden.

32. Wol allgemein ist die Sitte, dasz die Schnitterinnen die über Erntefelder gehenden Fremden mit Getreidehalmen und buntseidenen Bändern am Arme binden; die Auslösung erfolgt durch ein Trinkgeld.

9.
Martinstag (11. November).

33. In Arendsee in der Altmark gehn die Kinder in der Stadt herum und ersingen sich Obst unter folgendem Gesange:

> Mertins, Mertins Vööäjelken
> met dien vöägolden Flööäjelken,
> fleech hoech ööäwen Win,
> morjen is det Mertin,
> Mertin woar en goden Man
> de gaf uns altohopen wat.

Papiä un Posementen,
hiä schtoan de jung Schtudenten!
Schabberi schappera,
hallala,
ditschen ditschen dallala!

Das Obst, grün und gebacken, bekommen sie aus dem Fenster geworfen in den Grabbel. (Lehrer Struve zu Wusterhausen a. D.)

_____

10.
Andreastag (30. November).

34. Um seinen künftigen Mann (oder seine künftige Frau) kennen zu lernen, musz man in der Andreasnacht um 12 Uhr den Tisch decken, zwei Kerzen, ein Glas Wasser darauf stellen und ein Stück Brot und ein Messer daneben legen und dann sich so verstecken, dasz man die Stube ganz übersehen kann. Bald darnach erscheint die Person, mit der man sich verheiraten wird. Trinkt dieselbe von dem Wasser, so ist sie arm, trinkt sie von dem Weine, so ist sie reich; wenn sie sich von dem Brot abschneidet, so musz man das Messer ganz tief in der Erde verstecken; denn findet dasselbe die Person später nach der Verheiratung, so wird man von ihr erstochen. Grünberg i. Schl.

_____

11.
Weihnachten.

35. In der Thom(a)snacht (21.—22. Decbr.) musz man aufbleiben und arbeiten — lange Nacht sitzen. Grünberg i. Schl. — Am 21. Decbr. bäckt und genieszt man hier Thoms-Striezeln.

36. Die Puppen, welche die Mädchen zum heiligen Christ bekommen, heiszen dort Tocken; die Knaben erhalten einen Wursthans (vgl. Hanswurst) oder Peuaez (Bajazzo).

37. Dort sagt man: Wenn der Dreiwochen (d. h. vor Weihnachten) -Wind recht sehr geht, so gibt es das nächste Jahr viel Obst; denn da paaren sich die Bäume.

38. Dort ist auch wie anderwärts das Beschenken und Bestrafen durch verkleidete Personen üblich, aber oft geschieht es schon lange Zeit (bis 4 Wochen) vor Weihnachten (bei den Katholiken am Andreas- und am Nicolaus-Tage). Der in einen grossen Pelz gehüllte Mann heiszt Ruppricht oder Rumpricht; er trägt eine grosze Ruthe oder einen langen Stecken und einen weiten Sack. Meist erscheint neben ihm eine in ein Betttuch gehüllte Frau, das Christkindel*) genannt. Bisweilen klopfen beide nur an die Fensterladen, oder sie machen die Thür auf und werfen Äpfel, Nüsse, Pfefferkuchen und Backobst in die Stube und verschwinden sodann wieder. Bisweilen kommen sie in die Stube und fragen die Kinder: Könnt ihr beten? oder sagen zu ihnen strafend: Wollt ihr beten!

39. Geschenke an Freunde oder Freundinnen, namentlich von Liebesleuten, werden hier oft in recht viele Hüllen gepackt.

40. Am Weihnachts heiligen Abend besteht ebenda (auch in Fahrland bei Potsdam) das Abendgericht aus Grünkohl und Bratwurst, oder es sind die folgenden siebenerlei Gerichte: Wurst (oder Schweinefleisch) und Sauerkraut, Mohnklösze (blaue Husaren oder Mo-striezel, auch Mo-fipen), Karpfen, gebackene Birnen und Pilze

---

*) Von sonst guten, aber unverständigen Leuten sagt man hier: er (sie) ist ein wahres Christkindel (oder: Herrgottel).

(schlesisches Himmelreich genannt, die sonst gewöhnliche Fastnachtsspeise), Brinkelhirse, Semmelmilch (weisze Dragoner). — Auch werden Striezeln und Mohn-Sanze zu diesem Feste gebacken.

41. Dem Rindvieh gibt man eine Salzbrotschnitte, Schweinen, Geflügel ihr Lieblingsgekörn.

42. Kleine unbedeutende Gegenstände, z. B. Streichhölzel, Salz, Stecknadeln udgl. borgt man nicht gern weg, sondern schenkt sie gleich; auch verkauft man sie nicht; eben so wenig gestattet man einen Dank dafür.

43. Wenn man zwischen Weihnachten und Neujahr Wäsche auf dem Boden zu hängen hat, so stirbt jemand in der Familie. Mittenwalde.

44. Wenn in dieser Woche Hülsenfrüchte gekocht werden, so gibt es einen Ausschlag. Ebenda.

12.
Neujahr.

45. Will in Schmarfendorf bei Schönfliesz ein Mädchen im Traum ihren Bräutigam sehen, so sät sie am Sylvesterabend vor ihrem Bett Haber und Lein und sagt dabei:

Ich säe Haber und Lein
und wünsch, dasz mir mein Bräutigam erschein.

46. Will der Pferdeknecht das ganze Jahr hindurch gut genährte Pferde haben, so musz er in der Neujahrsnacht Grünkohl stehlen und hiermit die Pferde füttern. Alt-Reetz im Oderbruch.

47. In der Neujahrsnacht legt man ein Gesangbuch unter das Kopfkissen und beim Erwachen schlägt man dasselbe auf ohne zu blättern. Das aufgeschlagene Lied deutet das Schicksal an, das einem im Laufe des Jahres bevorsteht. Ist es ein Sterbelied, so musz man sterben,

ist es ein Tauflied, so läszt man taufen oder musz Gevatter stehn udgl. Ebenda. Grünberg i. Schl.

48. Junge Mädchen werfen am Neujahrsabend, sich in die Stubenthür stellend, einen Schuh oder Pantoffel über den Kopf, um, je nachdem er seine Stellung zur Thür einnimmt, daran zu erkennen, ob sie im nächsten Jahre das elterliche Haus verlassen werden oder nicht. Allgemein.

49. Nijoasdach kricht jera Boem en Nijoaswunsch; dät is en Schtrobant ümmen Schtam, doavan dröecht a et enna Joa recht sea. Röpersdorf bei Prenzlau, in Mittenwalde ebenso.

50. a. Wenn am Neujahrsmorgen zuerst ein Frauenzimmer ins Haus kommt, so werfen die Schafe, die man hat, zuerst Zibbelämmer, kommt dagegen zuerst eine Mannsperson, so gibt es Bocklämmer. Seebeck bei Lindow.

b. Kommt eine weibliche Person, so gibt es ein Färsenkalb, kommt eine männliche, so gibt es ein Bullenkalb. Mittenwalde. Fahrland.

51. Am Neujahrs heiligen Abend musz man Karpfen essen und einige Schuppen davon aufbewahren; dann geht einem während des ganzen Jahres das Geld nicht aus. Berlin.

In Grünberg i. Schl. bildet Grünkohl (Kule*) geheiszen) und Bratwurst das Abendessen am Neujahrs heiligen Abend.

52. Wer Neujahr flickt oder näht, musz jeden Sonntag im neuen Jahre flicken oder nähen. — Wie überhaupt Neujahr, so das ganze Jahr. Wol allgemein.

53. Am Sylvesterabend nimmt man einen Holzteller, beschreibt ihn mit den Namen der Familienglieder und stellt auf jeden Namen einen in einem Fingerhute geformten

---

*) Vgl. engl. kale.

Sandhaufen. Wessen Häufel am andern Morgen einge-
fallen ist, der stirbt in dem Jahre. Alt-Reetz im Oder-
bruch. Grünberg i. Schl.

54. Man schält einen Apfel so ab, dasz die Schale
in einem Stücke bleibt, wirft diese hinter sich und deutet
dann aus den Verschlingungen den Anfangsbuchstaben
des oder der Auserwählten. Wol überall.

55. Beim Anfange des neuen Jahres sieht man auf
Kreuzwegen und Gängen bei oder in der Kirche den
künftigen Geliebten. Grünberg i. Schl.

56. Holzscheite werden ungezählt aufgenommen; ist
die Zahl gerade, so kommt man das Jahr aus dem
Hause (heiratet); ist sie ungerade, dann nicht. Ebenda.

57. Ein Mädchen, das eine Andeutung über den
Wohnort ihres künftigen Mannes haben will, geht dort
im Garten dreimal um einen Birnbaum, ergreift einen
Ast, schüttelt ihn und spricht (darf aber nicht dabei
lachen):

> Birnbaum, Birnbaum, rüttle dich,
> Birnbaum, Birnbaum, schüttle dich;
> woher sich wird mein Liebster einstellen,
> daher lasz mir ein Hündlein bellen!

58. Wenn ein junges Mädchen am Sylvesterabend
das Tischtuch auf einem Kreuzwege ausschüttelt, so be-
gegnet sie dem, den sie sich heiratet. Ebenda.

59. Vom Sylvester-Abendessen musz man sich etwas
Speise bis ins neue Jahr hinein aufheben; dann hat man
das ganze Jahr vollauf zu essen. Ebenda.

60. Wenn ein junges Mädchen sich am Neujahrs-
morgen, während in die Kirche geläutet wird, vor die
Thür stellt und ein Krüstel (Rinde) Brot iszt, das sie
sich von der Sylvester-Abendmahlzeit aufgehoben hat,
so erfährt sie den Beruf ihres künftigen Mannes; von
dem Gewerbe, von dem die erste Mannsperson vorbei
kommt, heiratet sie sich einen. Ebenda.

61. Am Sylvesterabend musz man Mohnpielen essen; das quillt ins neue Jahr ein (man wird reich). Ebenso musz man am Neujahrstage quillende Speisen essen, z. B. Reis, Pflaumen, Schokolade, Gries, Graupen usw. Mittenwalde.

13.
Die Zwölften.

62. Die Tage von Weihnachten bis 6. Januar (h. Dreikönigstag) führen die Bezeichnung die Zwölften (wo?) oder die Dritteien (wo?). An sie knüpft sich verschiedener Aberglaube; der gewöhnlichste betrifft das Spinnen. Im nördlichen Theile der Mark Brandenburg scheint überall gesagt zu werden, die Mädchen dürfen zum Spinnen nicht aus dem Hause gehn, sonst bringen sie alles Ungeziefer mit; im südlichen Theil dürfen sie gar nicht spinnen, und da knüpfen sich verschiedene (welche?) Drohungen an eine Übertretung dieses Gebots.

63. In Grünberg i. Schl. werden zwischen Weihnachten und Neujahr, auch länger, Federn geschlissen*) und zwar in groszen Gesellschaften die Nacht durch und mit groszer Bewirtung.

14.
Hochzeit.

64. In Fahrland bei Potsdam überreicht der Brautdiener einen mit bunten Bändern umwundenen Strausz von Küchenkräutern nebst einem Becken mit Wasser und spricht:

---

*) Federn schleiszen — sagt man auch in Landsberg a. W.

Guten Abend, Jungfer Braut,
ich bringe hier das Wasser und das grüne Kraut.
Das grüne Kraut*) ist aus dem Garten,
die Jungfer Braut damit aufzuwarten;
das Wasser ist aus dem Fliesze,
damit mir die Jungfer Braut**) einen Reichsthaler drein
schiesze.
Gestern Abend als ich wollte studieren,
thäten mich die jungen Mädchen vexieren;
sie vexierten mich in ihr Kämmerlein,
da liesz ich mein Studieren sein.
Habe Ich meine Worte nicht recht gesprochen,
so geben Sie mir Fleisch und den Musikanten die
Knochen.
Dann werd ich mich in kurzem bedenken
und zu der Hälfte wiederschenken.***)

65. Auf wessen Seite die Altarkerze bei der Traue
minder hell brennt, stirbt zuerst von dem Brautpaar.
Alt-Reetz im Oderbruch.

66. Zu der Trauung sucht sich die Braut mit Senf
und Dille zu versehen und sagt während der Ansprache
des Predigers folgende Worte her:

Ich habe Senf und Dille,
Mann, wenn ich rede, schweigst du stille!
Dadurch erhält sie das Regiment im Hause. Ebenda.

67. Wenn die Braut ein Zweigroschenstück unter
den Hacken legt, dann kann sie keiner behexen. Havel-
land.

68. Wenn die Braut auf dem Kirchgange den Ring
verliert, hat sie Unglück. Ebenda. Überhaupt den Ring
zu verlieren oder zu zerbrechen ist nicht gut; es stirbt
dann eins. Grünberg i. Schl.

---

*) Petersilie liegt auch im Becken. — **) Die Braut musz die
Hände waschen und einen Thaler ins Wasser schieszen. —
***) Der Braut die Hälfte von dem Thaler.

69. Wen de Bruet no de Tru jeit, dennoesten schtreut se sich vörhea Dil un Krüezkümmel in de Schtrümp, den kan se kena beheksen. Röpersdorf bei Prenzlau.

70. Meichmo*) schtekt sich de Bruet oek en intwei jebroken Roed**) in ään Hanschen. De dät deit, is sicha, dät se äa junk Man nich prüjeln kan. Ebenda.

71. Wen de Tru to En is, se het de Bruet dät sea jean, wen se up de Siet vant Altar bi dän Bruetman vabi jeit, den dennoesten het se de Herschaft öwa äan Man; löet se de Bruetman doa nich vabi, un müd se hinna em vabi goen, so het he et Rejian. Ebenda.

72. Wen dät Bruetpoa no de Tru jeit, dennoesten derf sich kena va beiden ümseen. Deit a dät doch, so schterft de enna bal. He het sich also no et enna Eehelft ümseen. Ebenda, auch im Ruppiner Kreise.

73. Wenn du zur Trauung gehst, nimm ein paar Brotkrümchen vom Tisch und Salz und Dille, wickele alles in ein Bündlein und stecke es zu dir, so kann dir kein Mensch etwas anheften (anhexen).
(Unruh a. e. Hdschr.)

74. Die Braut soll sich vor der Trauung vom Bräutigam einen Groschen geben lassen, diesen in den rechten Schuh legen und sich so trauen lassen. Der Mann wird dann kein Geld für sich behalten können, sondern musz alles seiner Frau geben. (Ebenda.)

75. Am Hochzeitstage darf der Bräutigam die Braut nicht vor der Trauung sehen. Grünberg i. Schl.

76. Es ist nicht gut, wenn sich Liebesleute Schere oder Nadel schenken; dann wird die Liebe zerschnitten oder zerstochen. Allgemein. Auch Schuhe nicht, sonst läuft die Liebe fort. Grünberg i. Schl. — Fäden einander schenken ist gut, sie binden zusammen und befestigen die Liebe. Ebenda.

---

*) manchmal. — **) Ruthe, Besenreis.

77. Wer ein Brot oder ein Stück Butter anschneidet, musz noch sieben Jahre warten, ehe er sich verheiratet. Allgemein.

78. Liebes- und Eheleute werden einander gram, wenn sie von einem Teller essen oder aus einem Glase trinken. Allgemein. — Von einem Stück Brot abbeiszen. Fahrland.

79. Eine Braut soll kein graues Brautkleid tragen, sonst stirbt bald eins. — Die Brautbetten darf die Braut vor der Hochzeit niemand zeigen, sonst bekommt sie die Krämpfe. — Das Brautkleid soll sie sich nicht selbst fertigen, sonst hat sie Unglück — stirbt sie bald. Das Nähen der Zichen, Inlette und überhaupt der sonstigen Ausstattung ist aber erlaubt. Grünberg i. Schl.

80. Die erste Frau ist von Gott, die zweite von Menschen, die dritte vom Teufel. Ebenda.

81. Wenn zwei Schwestern an einem Tage getraut werden, so stirbt in demselben Jahre eine. Berlin.

82. Die Braut-Remftel, d. h. die beiden Endchen, die vom Brote zur Hochzeits-Mahlzeit für das Brautpaar losgeschnitten werden, hebt man auf; sie schimmeln nicht. Grünberg.

83. Wenn der Hochzeitswagen einem Leichenzuge begegnet, so gibts bald Trauer — stirbt eins der Brautleute binnen einem Jahre. Ebenso ist es nicht gut einem Fuder Dünger zu begegnen. Ebenda.

84. Dort werden die Hochzeiten meist dienstags bis donnerstag gehalten, sonntags höchstens in ganz vornehmen Familien. In der Umgegend auf dem Lande sind dagegen die Hochzeiten wieder meist sonntags.

15.

Geburt, Taufe und Behandlung der Kinder.

85. Wenn zwei Kinder aus einem Taufwasser getauft werden, so stirbt das eine. Nieder-Barnim.

86. Wenn eine schwangere Frau Gevatter steht, so stirbt ihr Kind oder das getaufte. Ebenda.

87. Wenn ein eheliches Kind mit einem unehelichen aus einem Wasser getauft wird, so hat jenes kein Glück. Ebenda.

88. Wenn das Kind mit heiszem Wasser getauft wird, bekommt es rothes Haar. Ebenda.

89. Wird das Kind während der Taufe geschüttelt, damit es nicht schreie, so zerreiszt es nachher viel Zeug. Ebenda. Ukermark.

90. Wenn Kinder leicht Zähne bekommen sollen, musz man einen Knochen, den man findet, aufnehmen und stillschweigends unter den Strohsack in der Wiege legen. Fahrland bei Potsdam.

91. Wenn ein Kind Regen bekommt, ehe es ein Jahr alt ist, bekommt es Sommersprossen. Potsdam. Berlin. Grünberg i. Schl.

92. Wenn eine Frau selbst nähren will, darf sie während der Schwangerschaft nicht von der Kelle kosten, sonst bekommt sie eine schlimme Brust. Fahrland bei Potsdam.

93. Die kleinen Kinder müssen nicht ins Fenster hineingereicht werden, sonst werden sie Diebe. Überall.

94. Wenn das erste Badewasser eines Kindes im Sonnenschein ausgegossen wird, so bekommt das Kind Sommersprossen. Potsdam.

95. Man soll nicht wiegen, wenn das Kind nicht in der Wiege liegt, sonst stirbt es. Überall.

96. Die Kinder, die zuerst die oberen Zähne bekommen, beiszen damit in die Erde   sie sterben. Bei

Potsdam. — Hoch erhaben, tief begraben. Grünberg
in Schlesien.

97. Kinder, die sich gegen die Taufe wehren, wer-
den die besten Christen. Fahrland bei Potsdam.

98. Wenn ein Knabe und ein Mädchen zusammen
getauft werden und der Knabe wird zuerst getauft, so
bekommt das Mädchen einen Schnurrbart. Schönfliesz
i. d. Neumark.

99. Wenn Schnee liegt, darf ein Kind nicht ent-
wöhnt werden, sonst bekommt es schon in den zwanziger
Jahren graue Haare; überhaupt ist das Entwöhnen im
Winter nicht gut. — Am besten werden die Kinder am
Gründonners- und am Johannistage entwöhnt, dann be-
kommen sie die Zähne leicht und haben auch später
keine Zahnschmerzen. Mittenwalde. Grünberg i. Schl.

100. Wenn die Frau während der Schwangerschaft
immer den Brotkanten iszt, dann bekommt sie einen
kräftigen Jungen. Berlin. Potsdam.

101. Wenn man von dem Hochzeitstische eines un-
bescholtenen Brautpaares ein Käntchen Brot aufbewahrt
und dem Kinde gerieben gibt, dann bekommt dies früh
Zähne und niemals Zahnschmerzen. Mittenwalde.

102. Kleine Kinder darf man nicht an hohe Ge-
treidefelder gehen lassen, sonst werden sie von der
Roggenmuhme hineingezogen und müssen sterben. Alt-
Reetz im Oderbruch.

103. Gehn kleine Kinder an das Wasser, so holt
sie die Wassernix hinein. Allgemein.

104. Wen en kleen Kint sien iasten Jebuertsdach
het, so müd et an diffen Dach Schläj krien, dennoesten
wät et recht from. Röpersdorf.

105. Öftas leggen de Päten Liensoet un Färan bi
äa Pätenjelt, dät dät Kint Glük met Flas un Jenf het.
Ebenda.

106. a. Wen en kleen Kint en Moel an sien Liew het, dennoesten müd ena en Schnurra*) sien Schpazierschtok schtillschwien uet si Hant neem un schtriken doamet dät Moel dremo öwa, dän vajeit et. Ebenda.

*) Bettler.

b. Ora ena schtriekt dät Moel dremo met ne Dodenhant. Is dät Kint met dät Moel en Mäken, so müd et ne Dodenhant sin vannen Jungen; ist en Jung, dennoesten müd et ne Dodenhant vannen Mäken sint. Reet derf doabi oek nich wän. Ebenda.

107. Wen de Lüed wat äten, un en fremdet Kint schteit bi äa un jüngelt ora jipert, so jewen se dät Kint jean wat af, süs bloet sun arm Kint dät Hert. Ebenda.

108. Bis zur Taufe musz des Nachts in dem Zimmer, worin sich ein neugebornes Kind befindet, ein Licht brennen, damit die Unnereerdschken das Kind nicht stehlen. Ruppiner Kreis. Grünberg i. Schl.

109. Sollen die kleinen Kinder nicht behext werden, so lege einen Krötenstein (d. h. einen Echiniten) in die Wiege. (Unruh a. e. Hdschr.)

110. Das Stroh in der Wiege darf im ersten Lebensjahr des Kindes nicht aufgerührt werden, sonst stirbt das Kind. Ebenda.

111. Das Beregnen des bloszen Kopfes bringt gröszeren Kindern Wachstum — und Läuse. (Vgl. Wer viel Wasser trinkt, bekommt Läuse in den Bauch — wie man zu Kindern sagt, die zu viel oder zu ungehöriger Zeit trinken wollen.) Grünberg i. Schl.

112. Wenn jemand durch das Schlüsselloch der Sacristei-Thür dem Taufen zusieht, so wird das Kind ein Alp. Ebenda.

113. Kleine Kinder darf man nicht loben, auch ihre Gesundheit nicht rühmen, sie nicht beschreien, auch nicht Engel zu ihnen sagen oder sie schön, hübsch usw. nennen, sondern man musz sie mit Schweinebraten,

Schweinhund udgl. anreden; sonst werden sie behext. In Übertretungsfällen werden sie indessen beschützt, wenn man sogleich ruft: Knoblauch! Knoblauch! Ebenda.

114. Wenn jemand sagt: necksch Mädel! so musz man dem Kinde die Stirn belecken. Ebenda.

16.
Tod und Begräbnis.

115. Ist jemand gestorben, so musz man sich beeilen das Fenster zu öffnen, damit die Seele frei zum Himmel fliegen könne. Allgemein.

116. Wen de Kulengräwa uppen Kirchhof en Graf moken, dennoesten leggen se dät Hantwerkstüech, Schip un Schpoden krüezwies öwat fertig Graf. Licht de Schip boben, dän schterft iast ne Fru oran Mäken int Dörp; licht öwast de Schpoden boben, dän schterft iast en Man oran Junkjesel. Röpersdorf.

117. Wenn beim Grabläuten die grosze Glocke zuletzt anschlägt, stirbt zuerst ein Erwachsener, schlägt die kleine zuletzt an, so stirbt zuerst ein Kind. Schönfliesz.

118. Im West-Havelland legt man den Verstorbenen öfters ein Stück Geld in den Mund, damit ihm Petrus dafür die Himmelsthür aufschliesze.

119. Wenn man gezeichnete Wäsche mit ins Grab gibt, dann stirbt bald wieder einer in der Familie. Daher wird das Zeichen herausgeschnitten. Fahrland bei Potsdam.

120. Wenn eine Thräne mit in den Sarg fällt, so stirbt bald wieder einer. Daher neigt man sich beim Betrachten der Leiche zurück. Ebenda.

121. Wenn die Todtenuhr (in Mittenwalde auch Trotzkopf genannt) geht (der Holzkäfer), dann stirbt einer in der Familie. Überall.

122. Wenn der Leichenvogel (Käuzchen) vor einem Hause ruft, dann stirbt darin bald einer. Mittenwalde.

123. In der Umgegend von Grünberg i. Schl. bekommen bei Begräbnissen die Träger Rosmarinzweige in die Knopflöcher; sind die Träger Junggesellen, nemlich bei Begräbnissen von jungen, unverheirateten Personen, so erhalten sie Buchsbaum-Kränze auf den Kopf.

124. Wer beim Stehen spinnt, spinnt der Mutter zum Sterbehemde. Grünberg i. Schl.

125. Wenn kleine Kinder gern mit Blumen spielen oder klug, still und folgsam, wenig eigensinnig sind, so ist das nicht gut, sie werden nicht alt. Ebenda.

126. Wenn jemand gestorben ist, musz man gleich den Spiegel verhängen und die Uhr stehn lassen, bis das Begräbnis vorüber ist. Ebenda.

127. Einer gestorbenen Wöchnerin legt man, damit sie nicht wieder kommt, das etwa zugleich gestorbene Kind im Sarge in den Arm, sowie alles, was sie an hatte, als sie starb; ferner: Kamm, Waschfleckel, auch Schere, Fingerhut, Zwirn und Nadel, die beim Nähen des Sterbekleides gebraucht wurden. Kindern gibt man die Puppen mit in den Sarg. Ebenda.

128. Wer zwischen 11 und 12 geboren ist, oder wer zusammengewachsene Augenbrauen hat, stirbt keines natürlichen Todes. Ebenda.

129. Sehr häufig pflanzt man dort die Hauswurzel auf Gräber; man findet diese Pflanze hier überhaupt nur auf Kirchhöfen.

17.
Krankheiten.

130. Das sogenannte Büëten (eigentlich = büszen) oder Puesten oder Beschpreäken oder Wat duën ist unter den Landleuten noch sehr gebräuchlich. Dieselben glauben fest daran, dasz es hilft, und Leute, die büëten können, werden gesucht, wenn sie oft auch nicht mehr können, as wië jenne Frouë, dië bloes ümmer jebüët het: Hellept nich dië Buëte, so hellept doch där Kuëke.*) Es wird die kranke Stelle des Körpers (Brust, Fusz, Hand usw.) entblöszt, der Vers darüber heimlich gesprochen, dann dreimal kreuzweis darüber gepustet (d. h. mit den Lippen leise die Luft darüber hingeblasen) und oft auch noch die betreffende Stelle mit dem sog. Wundhölzchen dreimal überstrichen, oder es werden drei Kreuze mit demselben darauf gedrückt. Das Wundhölzchen, aus Espenholz gefertigt (weil Christi Kreuz daraus gewesen sein soll), und zwar aus einem einjährigen Wurzelschöszling in der Nacht zum 1. Mai (Walpurgis) mit einem Schnitt abgeschnitten, ist etwa zwei Zoll lang, halbrund (d. h. auf einer Seite flach, auf der andern rund), von der Stärke eines Bleistiftes und auf der Rundseite mit drei eingeschnittenen Kreuzen versehen. Alle beim Büëten Anwesenden (wenn solche überhaupt geduldet werden) müssen sich ganz ruhig verhalten und wol gar auch das Haupt entblöszen. Gewöhnlich wird das Sprüchlein dreimal gesprochen, worauf meist folgt: Im Namen des Vaters, des Sohnes und des heiligen Geistes, — und jedesmal werden die drei Kreuze gemacht. Das Ganze wird dreimal wiederholt, entweder an drei hinter einander folgenden Abenden oder morgens und abends.

*) Kuchen, nemlich der Frau, den sie nebst vielem andern dafür bekommen hat.

(Frenzel in Treuenbrietzen.)

131. Inbetreff des Mittheilens der Formeln gilt der Glaube, dasz dasselbe nur von einem männlichen Individuum auf ein weibliches oder umgekehrt geschehen darf; andernfalls hat das Besprechen keine Wirkung.

132 Flechte büöten.

a. Die Flechte wird mit den 5 Fingern überspannt und dabei dreimal gesprochen:

Schlimm Ding, vergeh!
Meine Fünwe vertreiben dich nicht einwärts, sondern auswärts.
Im N. G. usw.

(Fischer zu Schmarfendorf.)

b. Wen ena en Flecht an sien Liew het, dennoesten jeit he hen no ne Jeelwied*) un secht:

Jeelwied, ik kloej di,
Flechtseel de ploecht mi,
Jeelwied va Wint —
Flechtseel vaschwint!

*) gelbe Weide. (Pracht zu Röpersdorf.)

c. Die Flechten bestreicht man dreimal mit fliegender (weiszer) Asche und spricht dabei:

Die Flottasch und die Flechte
wollten beide fechten;
die Flechte die zerrann,
die Flottasch die gewann.

(Von einer Frau aus Mittenwalde.)

133. Gegen (für) die Rose.

a. Die Jungfer und das Liliending
die stritten sich beide umn silbern Ring,
die Jungfer gewann, und die Rose verschwand.
Im N. G. usw.

Dies wird dreimal gesprochen und bei jedemmal dreimal kreuzweis immer nach abwärts gepustet. Man darf sich nicht versprechen (Rose statt Jungfer), sonst wird die Rose schlimm. Nichts anderes darf dabei ge-

sprochen werden. Des Morgens und des Abends vor und
nach Sonnenuntergang hilft es am besten.

(Von einer alten Frau in Fahrland bei Potsdam.)

b. Rose verschwand,
   die Todtenhand ist kalt:
   damit büöte ich die Rose und den kalten Brand.
   Im N. G. usw.
   Dreimal zu sprechen.

(Fischer zu Schmarfendorf.)

c. Es gingen drei Jungfraun über den Rhein.
   Was wollten sie da?
   Sie wollten Maria ratzen,
   das heilge Ding bestreichen, bekneiben.
   Im N. G. usw. † † †

(Unruh a. e. Hdschr.)

d. Rose, du salst nich schteäken,
   du salst nich upkoamen,
   du salst wedder vergoan.

(Frenzel a. e. Hdschr.)

e. Maria und das heilge Ding,
   die spielten beid um einen vergoldten Ring;
   Maria, die gewann,
   das heilge Ding verschwand.
   Im N. G. † † †, dreimal gesprochen.

(Frenzel und Unruh a. e. Hdschr.)

f. Rose, du heisze Flamme,
   dir gebeut Jesus, der werthe Mann,
   dasz du must stille stehn
   und nicht darfst weiter gehn!

Dies lispelt man unter Pusten drei mal, dann setzt
man ebenso leise hinzu: Im N. G. d. V., G. d. S. und
G. d. h. G. Amen.

Ist an demselben Tage die Krankheit noch nicht
geheilt, so wiederholt man das Besprechen. Man kann
dabei auch noch folgenden Spruch anwenden:

Blinge Rose, wilste wiken,
du kanst jo nich kiken!

(Von einer alten Frau in Alt-Töplitz bei Potsdam durch W. Petsch.)

g. Für die weisze Rose.

> Weisze Rose, du sollst nicht reiszen,
> du sollst nicht stechen,
> du sollst nicht aufkommen,
> du sollst wieder vergehn.

(Frenzel a. e. Hdschr.)

h. Gegen die laufende Rose.

> Die Mutter Maria ging über das Land,
> sie hatte die Rose in der Hand;
> Rose, du must vergehn,
> must nicht bleiben stille stehn.
> Im N. G. usw. † † †

(Von dem Schulzen Herrn Krause zu Birkenwerder bei
Oranienburg aus einer Familienchronik.)

i. Gegen die Blatterrose.

Rose, du bist von Erde, sollst auch wieder zur Erde
werden, davon du genommen bist. 7. 6. 5. 4. 3. 2. 1.
und dann den Namen Gottes dreimal.

(Von dems.)

k. Gegen die Zahnrose.

> Rose, brich nicht,
> Rose, stich nicht!
> Im N. G. usw.

(Von dems.)

134. Blutbesprechen.

a. Unser Herr Jesus Christus ging über die Brücke,
das Blut flosz wie Wasser.

> Blut, du must stille stehn,
> Wasser, du must fortgehn. Im N. G. usw.

Man drückt dabei den Daumen auf die Wunde, bei
dem Worte Wasser aber nimmt man ihn wieder weg.

(Von dems.)

b. Wunden, du bist verbunden,

> deine Adern sollen nicht mehr flieszen,
> du sollst sacht thun und sollst heilen
> wie die heiligen Wunden Jesu.

Dreimal gesprochen im N. G. usw., und beim An-
fang wird ein Bindfaden dreimal um die Wunde gethan.

(Von dems.)

c, Es kamen drei Mädchen aus England her,
die eine heiszt A, die andre heiszt B,
die dritte heiszt: Blut steh!
Im N. G. d. V. usw.

d. Ziehe einen Keil aus einem Schemel oder aus einer Leiter, bestreiche ihn mit dem Blute und schlage ihn dann umgekehrt wieder an seinem Orte ein. Das Bluten hört den Augenblick auf.

e. Schneide von einem grünen Baum einen Stock ab und lasz Blut aus der Wunde in einen Lappen flieszen, binde dann den Lappen um den Stock und denke dabei: Im N. G. † † †, und lege ihn nicht zu warm und nicht zu kalt.

f. Es kamen drei Jungfern vom Himmel herab,
die erste: Blutrothe,
die zweite: Blutgrete,
die dritte: Blut, steh stille!

135. Gegen den Wundschmerz und damit eine Wunde bald heile.

a. Jesus Christus ging auf Erden, er war verwundt,
er fuhr gen Himmel und wurde gesund;
seine Wunden schringen (schmerzen) ihm nicht,
sie thun ihm nicht weh.
Deine sollen auch nicht schringen, nicht wehe thun.
Im N. G. dreimal.

b. So wahr als unserm Herrn Jesu Christo seine Wunden nicht geschworen sind, so wahr wird meine Wunde auch nicht schwären. Dreimal gesagt im N. G. † † †.

c. Gott der Herr ging über die heilige fünf Wunden alle Tage und alle Stunden.

Das soll nicht kochen, nicht sieden,
nicht bluten, nicht schwären,
sondern das Blut soll stille stehn,
es soll heilen und gut werdn.
Das thu ich dir N. N. (Tanfname) zu gut.
Im N. d. V. usw.
  Man legt die Hand auf die Wunde, aber bei den
Namen Gottes macht man † † † Amen.
(Krause aus Birkenwerder.)

d. Wunde, schwelle nicht,
  Wunde, quelle nicht,
  Wunde, welle nicht,
  Wunde, heile bald!
  Im N. G. d. V. usw.   (Rubehn aus Alt-Reetz.)

e. Jesus lag und schlief,
  die Wunden waren sehr tief,
  sie schwären nicht und schwellen nicht,
  er hat auch keine Schmerzen nicht.
  Im N. G. d. V. usw.
  Die Wunde wird dann drei mal über Kreuz be-
pustet und blosz ein Verband umgebunden, den man
sitzen lassen musz. (Von einer alten Frau in Fahrland bei Potsdam.)

f. Unser Herr Christus lag und schlief,
  seine Wunden waren tief;
  sie rundeten nicht, sie schwollen nicht,
  also soll diese Wunde auch sein.
  Im Namen G. d. V., d. S. u. d. h. G. Amen.
(Rubehn aus Alt-Reetz.)

136. Gegen eine Brandwunde.

a. Brand, fall in Sand,
  falle nicht ins Fleisch,
  Gott Vater, Sohn und heilger Geist!
  Dreimal gesagt und bei jedemmal dreimal kreuzweis
abwärts gepustet. — Dies kann man auch für sich thun.
(Von einer alten Frau in Fahrland.)

b. Das Wasser läuft in den Sand,
  das Fleisch liegt im Brand.
  Faul mir nicht, faul mir nicht, faul mir nicht!
  Im N. G. d. V. usw. (Rubehn aus Alt-Reetz.)

137. Gegen den Brand.

a. Gott der Herr ging über das ganze Land,
  hatte den Brand in seiner Hand.
  Brand, brenne aus und nicht ein!
  Das thu ich dir N. N. zu gut im Namen G. d. V.,
G. d. S., G. d. h. G. Amen.

  Dabei musz man die Hand auf die Wunde legen
und dann diese beim Namen G. usw. dreimal kreuz-
weis bepusten. (Krause aus Birkenwerder.)

b. Hoch ist der Himmel,
  roth ist der Krebs,
  kalt ist die Todtenhand,
  damit still ich diesen Brand!
  Im Namen G. d. V. usw.
     (Rubehn aus Alt-Reetz.)

c. Innerlicher Brand,
  weiszer Brand,
  schwarzer Brand,
  Lungenbrand,
  Herzbrand,
  Milzbrand,
  fliehender Brand,
  kalter Brand,
  ihr sollt alle bleiben stehn
  und nicht weiter gehn. † † †
     (Frenzel a. e. Hdschr. von 1829.)

d. Brand,
  fall in den Sand
  und nicht ins Fleisch! (Dgl., ebenso Unruh a. e. Hdschr.

138. Gegen das Fieber.

a. Nimm drei Mandeln und schreib oder schneide

> auf die erste Rabi † † †
> auf die zweite Habi † † †
> auf die dritte Gabi † † †

Kommt das Fieber, so erhält der Kranke die erste Mandel, hilft dies nicht, die zweite, und wenn noch kein Erfolg, die dritte, — dann wird das Fieber fort bleiben. Jedesmal ist zu sprechen: Im N. d. V., d. S. usw.

(Rubehn aus Alt-Reetz.)

b. Auf einen Zettel, der über Kreuz zusammen zu legen ist und stillschweigend in die Weste, bei Frauen in einen Unterrock genäht wird, schreibt man mit Rothstift oder rother Tinte:

Durch die heilige fünf Wunden Jesu Christi † und die heilige Dreifaltigkeit † verschreibe ich das 1, (2, 3) tägige Fieber † † †, im Namen Gottes, des Vaters †, des Sohnes † und des heiligen Geistes † †.

(Derselbe.

c. Einen Zettel, wie nachfolgt beschrieben, musz der Patient im Namen Gottes nach Sonnenuntergang stillschweigend an einen Ort vergraben, wo selten ein Mensch hinkommt.

> F B A (mit Blut zu schreiben)
>
> † † } (mit Tinte.)
> † }
>
> G h d z
> d l V Gr † † † } (mit Blut)

(Derselbe.)

d. Folgende Buchstaben und Punkte werden auf eine Butterstulle geschrieben, die der Fieberkranke beim Herannahen des Fiebers essen musz.

> I R. A H
> R. I R. A H
> R. A T R. A H
> M. A K I R. A R. H

(Derselbe.)

e. Man knie auf einem Scheitling (Grenze zwischen zwei Äckern) nieder, falte die Hände und spreche in Gedanken folgende Worte:

Ich bin gekommen als ein wunder Mann,
ich knie hier auf diesem Damm
und klage die 77erlei Fieber an!
Im Namen des Vaters usw.

Drei Tage hinter einander bei abnehmendem Mond hat man diesen Vers zu sprechen, darf aber niemals denselben Weg zurückgehn, den man gekommen ist.

(Derselbe.)

f. Man geht nach einem Kreuzweg ohne zu grüszen und spricht dort:

Hier säe ich meinen Salzsamen,
den 77erlei Fiebersamen;
ich will mein Fieber nicht eher wieder haben,
ehe ich meinen Salzsamen nicht wieder habe.
Im N. G. d. V., d. S. u. d. h. G.

Dies wiederholt man dreimal und bei jedemmal streut man dreimal kreuzweise Salz hin. Bis man wieder im Hause ist, darf man nicht reden.

(Von einer alten Frau in Fahrland bei Potsdam.)

g. Man nimmt nach Sonnenuntergang stillschweigend Salz in die Hand, geht damit zu einer Nesselstaude und spricht:

Hier streu ich diesen Salzsamen
in 77erlei Fiebernamen,
dasz mein Fieber nicht wiederkehrt,
bis dieser Salzsamen aufgeht.
Im N. G. † † †

Während des Sprechens wird dreimal Salz auf die Nessel gestrent.

(So nach Unruh in Hennigsdorf bekannt.)

h. Wen ena dät Fewa het, dennoesten jeit he hen no en Fleraschtruek un lecht sich in dän sien Schatten un secht:

Fleraschtruek,*) ik kom to di,
nim dät Fewa wech va mi.
Un dennoesten sejent he sich.

*) Fliederstrauch.   (Pracht aus Röpersdorf.)

i. Kellerwürmer getrocknet und gestoszen und Thee
daraus gemacht hilft gegen das Fiber.   Fahrland.

k. Nimm nach Sonnenuntergang stillschweigend Salz
in deine Hand, geh damit zu einer Nesselstaude und
sprich:

Ich klage dir:
Hitz und Frost plaget mir; † † †
nimm sie von mir
und behalt sie bei dir!

Alsdann streu der Nesselstaude etwas Salz auf den
Kopf und geh drei Schritt zurück. Dies thu so dreimal
und geh still davon und sieh dich nicht um.

(Unruh a. e. Hdschr.)

l. In Fahrland bei Potsdam wird gesagt:

Sonne, ich klage dir,
Fieber, das plaget mir usw.

nach Sonnenuntergang und vor Sonnenaufgang, indem
man an den Kirchthüren mit der rechten Hand anklinkt.

m. Geh nach der Aaskute, nimm die beiden lin-
ken Ohrzähne von einem Wallach und brenne sie zu
Pulver; davon eine Messerspitze voll eingenommen,
das hilft.   (Unruh ebendaher.)

n. Man geht nach Sonnenuntergang ins freie, sieht
einen groszen Baum dreimal an und spricht:

Guen Abent, Olle!
Hier breng ik di mien Warme un Kolle;
alle Vale, di daräwer flejen,
di nemen mien Warme un Kolle met.

Im N. G. † †. †

(Früher nach Unruh in Hennigsdorf angewendet.)

o. Vört alledoesche Friërn.*)

Hapora**) † † † Fapora † † † Sapora † † †

*) alltägliches Fieber, was täglich wiederkehrt. — **) Vielleicht ein sog. Zauberwort, wie das oft genannte Abracadabra.

(Frenzel a. e. Hdschr. von 1829.)

p. Vört drëidoesche Friërn.

Christus ist geboren,
Christus ist gestorben,
Christus ist auferstanden. (Derselbe.)

139. Gegen Zahnschmerzen.

a. Zahnschmerz, du must stille stehn
und nicht mehr weiter gehn.
Du sollst stehn wie Petrus gestanden hat.
Da sage ich dir zur Busze
und thu es dir N. N. zu gute.

Dabei musz man die Hand auf die Backe legen, wo sie weh thut, dann diese dreimal kreuzweis bepusten, hierauf dreimal mit der Hand ein † machen und endlich das Ganze dreimal wiederholen.

(Krause aus Birkenwerder.)

b. Ich grüsze dich, lieber Neumond,
ich leide an meinen Zähnen Noth,
darinnen sind drei Würmer,
der eine schwarz, der andre weisz, der dritte roth.
Es helfe mir Gott, dasz sie morgen alle drei seien
todt.

Im Namen G. d. V. usw. (Rubehn aus Alt-Reetz.)

c. Während man zum Mond aufschaut, der abnehmendes Licht haben musz, spricht man:

Du Mond mit deiner krummen Spitze,
ich habe grosze Hitze! Im Namen G. usw.
Du Mond mit deiner krummen Spitze,
benimm mir meine Hitze! Im N. G. usw.
Du Mond mit deiner krummen Spitze,
da hast du meine Hitze! Im N. G. usw.

(Ders.)

d. Wen ena Tänwedoej het, dennoësten jeit he dremo schtilschwiens um de Kirch un puest jeramo*) int Schlöteiloch va de Kirch. He derf öwäst to keen Minschen goden Dach seggen, süs helpt em dät nich.

*) jedesmal. (Röpersdorf bei Prenzlau.)

e. Leihe dir von jemand eine Pinne (einen kleinen Nagel mit dickem Kopf), polke dir damit in die Zähne, dasz sie bluten, und schlage die Pinne in einen Eichbaum, der in einem Scheit (auf einer Grenze) steht, und geh nicht wieder an denselben Ort. Die Zähne thun dir dann nicht mehr weh. (Unruh a. e. Hdschr.)

f. Geh in ein Scheit, wo ein Eichbaum steht, schneide dir einen Splitter unter der Borke heraus, polke dir damit in die Zähne und stecke ihn wieder dahin, wo du ihn herausgeschnitten hast. (Derselbe.)

g. Schrape von den Beinknorren einer Stute etwas ab und lasz es im Tabak rauchen, so vergeht sogleich das Zahnweh. (Derselbe.)

h. Wenn man alle Freitage die Nägel an Zehen und Fingern kreuzweis abschneidet, so bekommt man keine Zahnschmerzen. Fahrland. Grünberg i. Schl.

i. Wenn man Zahnschmerzen hat, oder auch damit man keine bekommt, musz man sich nach dem Waschen immer zuerst die Hände abtrocknen, zuletzt das Gesicht. Ebenda.

k. Wenn sich ein Kind einen Milchzahn ausgezogen oder ausgebissen hat, so musz es ihn, um keine Zahnschmerzen an dem neuen zu erhalten, hinterrücks über den Ofen zum Mauseloch werfen und sprechen:

Hier hast du einen beinernen Zahn,
gib mir dafür einen eisernen! Landsberg a. W.
Grünberg i. Schl.

Oder: Hier hast du ein Beinel,
gib mir ein Steinel! Grünberg i. Schl.

140. Gegen Warzen.

a. Wen ena en ol Schtrik innen Wech fint un he het Wratten an Hen ora Föet, so derf ena ma bloes met dät Schtrik dremo de Wratten öwaschtriken, dennoesten vagoen se gliek. Röpersdorf.

b. Wen ena Wratten wil loes wäan, so bruekt ena sich ma vörn Backowen, wo jeroed recht vä Füa in is, to setten un sich an si Wratten to plücken un ümma so doen, as wen he se rin in dän Backowen schmit. Went schtilschwiens jeschüet, dän vagoen de Wratten bal doano. Ebenda.

c. Wenn jemand Wratzen auf den Händen hat, so nehme er in der Küche heimlich den Waschlappen weg, streiche und wische die Hände damit und lege ihn stillschweigend auf den Fleck, wo er gelegen hat, so sind sie weg. (Unruh a. e. Hdschr.)

d. Wenn man beim Aufwerfen eines Grabes ein altes Grab öffnet, so geh hin, nimm einen Knochen, bestreiche die Wratzen abwärts und lege ihn stillschweigend wieder auf seine Stelle. Sie sind sogleich weg. (Derselbe.)

e. Man umschnürt die Warze mit einem Strohhalme oder Zwirnsfaden, vergräbt ihn unter die Traufe oder den Schatten eines Baumes, wohin kein Sonnenstrahl oder Mondschein dringt; wie der Faden oder Halm verfault, gehn die Warzen auch weg. Grünberg l. Schl.

141. Gegen Warzen, Ausschlag usw.

Bei zunehmendem Monde musz man an drei Abenden, wenn der Mond scheint, sich auf einen Kreuzweg stellen, nach dem Mond greifen, dann die Warze odgl. dreimal über Kreuz bestreichen und sprechen:

> Was ich greife, nehme zu;
> was ich streiche, nehme ab!

Mittenwalde. Fahrland.

142. Gegen das Gerstenkorn am Auge.

a. Man musz dreimal durch ein Katzenloch greifen oder durch ein Astloch sehen. Mittenwalde.

b. Man musz durch einen Trichter in einen Eimer Wasser sehen. Fahrland.

143. Gegen Hühneraugen.

Wenn jemand Hester-Augen an den Füszen hat, so pflücke er im Sommer von den Stangenbohnen Blätter ab, reibe die Hester-Augen damit und krabbe dann die Blätter bei den Stangen in die Erde; sie vergehn sogleich. (Unruh a. e. Hdschr.)

144. Gegen die Akelei.

Wer die Akelei besprechen will, musz mit dem Kranken stillschweigend nach dem dritten Hof gehn, wo ein Mistpfuhl ist, hier mit dem Finger einstippen und jedesmal beim Besprechen drei Tropfen auf den schlimmen Finger auffallen lassen.

> Die Akelei und die Schule
> sie gingen bede zum Mistpfuhle,
> die Schule gewann,
> und die Akelei verschwand.
> Im N. G. usw.

(Von einer alten Frau in Fahrland.)

145. Gegen den Knirbant (Verrenkung der Hand).

> Kattenloch, ik kom to di,
> Knirbant de ploejt mi;
> de iast Kat, de dörchkrüpt,
> de benimt en mi.

(Pracht zu Röpersdorf.)

146. Gegen das Herzspann.

> Siden-Herzspann, Kreiz-Herzspann,
> komm, wollen beide nach de Kirche gehn,
> die Klocke wird geklungen,
> die Misse wird gesungen. † † †

(Frenzel a. e. Hdschr.)

147. Gegen die Kolik der Frauen.

Schrape von den Beinknorren eines Wallachs drei Messerspitzen voll ab und gib es der Frau in einem Getränk ein. Das hilft sogleich.

(Unruh a. e. Hdschr.)

148. Gegen das Ausbleiben der Menstruation.

Ein Stück von einem Fischernetz und einen Zipfel von einem Mannshemde zu Pulver gebrannt und eingegeben, das hilft.

(Derselbe.)

149. Leichte Geburt.

Wenn eine schwangere Frau eine gefundene Schlangenhaut sich um den Leib bindet, so gebiert sie leicht.

(Derselbe.)

150. Vörre Heämuttere.*)

Hebemutter, hüte dich,
meine rechte Hand sucht dich,
und was meine rechte Hand thut,
das ist vor allen Dingen gut. † † †

*) ein Leiden bei entbundenen Frauen.

(Frenzel a. e. Hdschr.)

Hinterher: (heiszt es in der Anmerkung dazu)

Du sollst gehn aus dem Leibe
in den Wind,
vertreibt die Mutter Maria
mit ihrem Kind. † † †

Kann bei den meisten Besprechungen hinterher folgen.

151. Gegen den Natternbisz.

Petrus und Maria gingen beide gegen einander.
Gott behüte dich vor Addern und vor Schlangen.
Mein Sohn,*) du sollst aufstehn,
und Gift, das soll von dir gehn.

*) resp. meine Tochter.

(Dgl.)

152. Gegen die Darmgicht.

Jerusalem, du Judenstadt,
da unser Herr Christus gelitten hat.
Er hat geschwitzet Wasser und Blut,
das ist für die Würmer und für die Darmgicht gut.

(Dgl.)

153. Vört Fel uppe Ouen.

Es stiegen drei Jungfern vom Himmel auf Erden,
die erste blies ab das Weisze von den Beinen,*)
die andere blies ab das Weisze von den Wiesen,**)
die dritte blies ab das Weisze von den Augen.

*) soll vielleicht heiszen: Bäumen. — **) wahrscheinlich die
Sommerfäden, olle Wiwersommer oder Gallensommer (vom St. Gallus-
tage) genannt, die dem Vieh nachtheilig sein sollen.

(Dgl.)

154. Gegen die Epilepsie.

a. Wen ena et schweer Jebrechen het, dennoesten
söken sich de Lüed Wien to vaschaffen, de bi et Obent-
moel öewrig bläwen is. In diffen Wien schmiten se ne
läwig Mues, de müd sich doain doetlopen; dennoesten
müd de Kranka dän Wien uetdrinken, dät helpt em va
sien Leiden. (Pracht zu Röpersdorf.)

b. Blut von einem Hingerichteten, im Schnupftuch
aufgefangen, heilt die schwere Krankheit.

(Hellwig zu Grünberg i. Schl.)

155. Gegen die Gelbsucht.

Is ena an de Jeelsucht krank, dennoesten brukt ena
ma bloes uet ne Pluem dän Schteen ruettomaken un näjen
Lüse rinschpunnen un dän Kranken upäten loten. De
Kranka öwast müd nüscht doava weten.

(Pracht zu Röpersdorf.)

156. Gegen die Bleichsucht.

Ein Mädchen, das die Bleichsucht oder Gelbsucht
hat, musz sich in einem Therfasz spiegeln. Mittenwalde.
Fahrland.

157. Gegen die Gicht.

a. Eichenbaum, ich klage dir,
die Gicht plaget mir;
ich wünsche, dasz sie mir vergeht
und in dir besteht.
Im N. G.   (Unruh a. e. Hdschr.)

a. Es wird ein Gichtbaum gesetzt, und so wie
der Baum wächst, nimmt die Krankheit ab.
            (Hellwig von einer Frau zu Grünaberg i. Schl.)

158. Gegen Gichtflusz und Schwindel.

Man geht zwei Dienstage und einen Freitag vor
oder nach der Sonne stillschweigends zu einem Apfel-
baum, ergreift einen krummen Ast mit der Hand und
spricht:

In Gottes Namen greif ich an diesen wilden Ast,
der nimmt von mir die schwere Last;
Gichtflusz, Schwindel und alle böse Sucht,
die sollen von meinem Leibe weichen
und in diesen wilden Ast reinschleichen.
Im N. G. d. V., G. d. S., G. d. h. G.

Man musz aber einen andern Weg nach Hause gehn,
als man gekommen ist.   (Krause aus Birkenwerder.)

18.

Haus und Hof.

159. Um beim Ausbruch eines Feuers recht viel
Kraft zum retten zu haben, musz man, ehe man andere
Sachen anrührt, stillschweigends einen Stuhl hinaustragen
und über einen Zaun werfen. Oder man musz mit aus-
gebreiteten Armen dreimal den Ofen umfassen und dabei:
Im N. G. d. V., d. S. und d. h. G. — sprechen.
        (Mündl. v. Lehrer Iskrant in Schwante bei Kremmen.)

160. Das Müll darf man nach Sonnenuntergang
nicht aus dem Hause tragen, weil sonst der Segen her-

auskommt; auch darf man es nicht über die Schwelle fegen, ebenso wenig darf man in der Mittagsstunde ausfegen, sonst fegt man den Segen heraus. Fahrland bei Potsdam.

161. Beim säen wie beim messen musz man auf sich zu streichen. (Vgl. Grimm. Mythol. I. Aufl. Abergl. 1067: Wer Korn miszt, musz auf sich zu streichen, so streicht er den Segen ins Haus; streicht er von sich ab, streicht er das Korn dem Teufel in die Hand.) Ebenda.

162. Wen de Bua Weiten säjt, dennoesten nimt he en witten Schteen int Muel, so lang, bet he noej säjt het. Wen sun Weiten groet wät, dän en köen de Schperling nich seen. Se vahungan lewa, ea dät se doava freten. Röpersdorf.

163. Wenn der Wirt stirbt, musz es dem Vieh und den Bienen sofort gesagt und die Bäume müssen angestoszen werden, sonst sterben jene und diese gehn aus. Neumark. Ukermark.

164. Uppen Huesdöer-Sül nojeln öftas de Lüd en Hoefisen van en Pead, dät brengt Noarunk un Glük. Sea jean doen dät de Hantwerkslüed. Wie in Röpersdorf so überall.

165. Wen de Kat Fisch schroept, dät is, wen de Kat an en Schtoel oran Dischfoet racht,*) den kümt bal Gestari.**) Röpersdorf.

*) kratzt. — **) Gasterei, Besuch.

166. Wenn die Elstern auf dem Hofe des Morgens schreien, dann gibt es an dem Tage Besuch. Mittenwalde.

167. Wenn montags Besuch kommt, dann alle Tage der Woche. Ebenda.

168. Wenn seltener Besuch (eine weisze Schwalbe genannt) kommt, sagt man in Grünberg i. Schl.: man wird die Katze schlachten.

169. Den Gast nöthigt man zum sitzen, damit er die Ruhe nicht mit fortnehme. Allgemein.

170. Bannspruch (Diebssegen):
Ich binde dich durch Gottes Hand,
damit sollst du stehn in Teufels Band;
bei Leiden und Jesu Christi Blut
machs, du Schelm, du Dieb, mit deinem Ende gut!

Losspruch:
Hast, du Schelm, du Dieb, gestanden in Teufels Band,
so lös ich dich durch Gottes Hand;
geh, du Schelm, du Dieb, durchs ganze Land!
(Unruh a. e. Hdschr.)

171. Wen de Güssel*) nich freten wiln, dennoesten jeit ena hen noet lezt Graf uppen Kirchhof un hoelt sich doavan dre Hen vul Ead un beschtreut de Güssel doamet. Röpersdorf.
*) Küchel.

172. Wen de Güssel uetkropen sint, dennoesten schtekt se de Huesfru dörch en holn Oesknoken*) ora dörch en Loch in en Scheittuen.**) Sun Güssel kan de Howi***) nich seen. Ebenda.
*) Aasknochen. — **) Scheidzaun. — ***) Habicht.

173. Wen de Huesmutta Wost koekt, dennoesten derf kena dät Füa unna dän Ketel puesten, süs plazt de Wost up un koekt uet. Ebenda.

174. Jung Güssel un enna junk Ve müd ena nich lowen, süs wän se varopen. Ebenda.

175. Uppen Peta-Schtoelfejadach*) müd ena de Been**) beschniden, dennoesten hebben se rechten Däj.***) Ebenda.
*). Petri-Stuhlfeiertag (22. Febr.). — **) Bienen. — ***) Gedeihen.

176. Wen de Fisch bi et Koken de Schwense in de Hoech holn, dennoesten jift et bal werra wat (Fische). Ebenda.

177. Wenn ein Birnbaum nicht tragen will, so hänge man ein Beutelchen mit Steinen im Herbste daran, so wird er im nächsten Jahre reichlich Früchte tragen. Fahrland.

178. Die erste Frucht eines Baumes wird in einem Scheffelsack ins Haus getragen; dann bringt er im nächsten Jahr eine reichliche Ernte. Ebenda.

179. Eine Schwalbe darf man nicht verjagen, wenn sie nisten will; sie bringt Segen. Überall.

180. Wenn man einen Kater schlachtet, hat man kein Glück mehr. Grünberg i. Schl.

181. Der erste, welcher im Frühjahre mit dem Pfluge auf den Acker zieht, wird mit einem Eimer Wasser begossen; dadurch ruft man ein fruchtbares Jahr hervor. Ebenda. In Mittenwalde wird auch begossen, wer zuerst gräbt.

182. Wen de Fruenslüed äa Schwien foran*) wiln, dennoesten schpucken se dremo in dän Drankemma. Sun Schwien, de so forat wän, vafengen sich al mi Leewsdoej nich. Röpersdorf, auch Mittenwalde.

*) füttern.

183. Wen ena va sien Nowa*) Schwien köft, so nimt he jean bitschen va dät Schtro, wo de Schwien iast up läjen hebben, met no sien Schtal, den dät brengt em Däj.**) De Vaköpa öwast süet dät nich jean, den de Köpa nimt em jo dän Däj met wech. Röpersdorf.

*) Nachbar. — **) Gedeihen.

184. Köft ena ne Ko un leit*) se in äan nieu Schtal, so müd ena ne Eksch**) vor de Schtaldöa leggen un de Ko öwa dät Schnidentüech lein, dennoesten het ena vä Glük un Däj met de Ko. Ebenda.

*) leitet, führt. — **) Axt.

185. Das Schwein musz rückmärts in den Stall geführt werden, dann gedeiht es besser. Mittenwalde. Fahrland.

186. Wen ena en Schwien, Duew ora en enna Diat schlacht, dennoesten derft ke enna beduan, süs schterft et so sea schweer. Röpersdorf.

187. Köft de Schlechta en Soechkalf vanne Ko, dennoesten schtöt he dät Kalf metten Schwanz an de Ko äa Muel, doamet de Ko nich so sea un so lang no dät Kalf schrien sal. Ebenda.

178. Die Kühe müssen des Sonntags oder Donnerstags (in Fahrland nur des Sonntags) zum erstenmal ausgetrieben werden. Schmarfendorf bei Schönfliesz.

189. Wenn die Kuh gekalbt hat, musz man drei Freitage hintereinander buttern. Ebenda.

190. Am Weihnachts heiligen Abend oder 3 Tage vorher musz man, wenn das Erdreich offen ist, Mohn und Mohrrüben säen, am Gründonnerstage Lein, am 30. April Gurken- und Kürbiszkörner stecken und Bohnen legen. Grünberg i. Schl.

191. Die Mohrrüben müssen am Benedictustage (21. März) gesät werden, dann werden sie benedik (dick wie die Beine). Schmarfendorf.

192. Petronell (31. Mai) wächst der Flachs schnell. Ebenda.

193. Beim Leinsäen musz der Beutel hochgeworfen werden; dann wird der Lein lang. Ebenda.

194. Wenn die Gänse brüten, darf nicht gesponnen werden, sonst werden sie drehköpfig. Ebenda.

195. In den Leinsamen musz man ein Ei hineinschlagen; dann wird der Flachs gelb und lang. Grünberg i. Schl.

196. Wenn mans Brot auf den Rücken legt, so gibts Unglück. Schmarfendorf.

Dät Broed uppen Disch derf dörchuet nich up de Bobensiet liggen. Ukermark. Sonst wirds theuer. Grünberg in Schl.

197. Brennt an einem Lichte eine Glumme, so erhält derjenige einen Brief, auf dessen Seite diese ist. Neumark. Oderbruch. Grünberg i. Schl.

198. Wenn das Messer auf der Kante liegt, so gibt es Zank. Fahrland.

199. Auf Obstbäume legt man Feldsteine oder bindet ein Strohband herum, damit sie gut tragen. Alt-Reetz i. Oderbuch.

200. Raupen sind am leichtesten durch eine Schwangere vom Kohl zu treiben, wenn sie spricht:

Raupen, scheret euch,
die Schwangere jaget euch!
Im Namen G. d. V. usw. Ebenda.

201. Beim säen des Sommergetreides mengt man unter die Saat die Schalen von den Eiern, welche man am ersten Ostertag gegessen hat; — das Getreide gedeiht dann vorzüglich. Ebenda.

202. Wenn ein Kalb verkauft wird und die Kuh nicht schreien soll, dann nimmt man ein paar Härchen vom Kalb und steckt sie der Kuh ins Ohr. Mittenwalde.

203. Wenn man auf dem Krebs Bohnen setzt, so gibt es eine reiche Bohnenernte. Seebeck bei Lindow.

204. Wenn man eine Pfingstmaie im Hause aufbewahrt, so schlägt der Blitz nicht ein. Seebeck. Fahrland.

205. Wenn man vor dem Backofen über den Schützel (Brotschieber) tritt, so tritt man sich Unglück ins Haus. Ebenda.

206. Wenn der Brotteig in den Ofen geschoben ist, musz man sich die Hände waschen, weil sonst das Brot nicht gut backt. Seebeck.

207. Wenn man beim Backofen den Wassereimer ausgieszt, so bekommt das Brot Wasserstreifen. Ebenda.

208. Wenn jemand zum Besuch kommt, wo Federn gerissen werden und hilft nicht, dann bekommt er einen Ausschlag. Mittenwalde. Fahrland.

209. Wenn Wurst gekocht wird, so verriegelt man die Thür, damit kein Fremder ins Haus kommt; sonst platzt die Wurst. Mittenwalde.

210. Wenn gebuttert wird und einer zählt die Bänder am Butterfasse, dann geräth die Butter nicht, es bleibt Sahne und Schaum. Daher wird eine Schürze um das Fasz gebunden. Fahrland bei Potsdam.

211. Wenn man in die Milch, die man verkauft, eine Prise Salz hineinstreut, so werden die Kühe nicht behext. Ebenda.

212. Wenn das Vieh zum erstenmal ausgetrieben wird, musz man die Hörner mit Knoblauch bestreichen, dann stoszen sie sich nicht. Brusendorf bei Mittenwalde.

213. Wenn die grünen Raupen die Kohlblätter im Garten abfressen, schiesze an 3 Freitagen vor Sonnenaufgang mit Schieszpulver windab, dasz der Rauch über den Kohl zieht, so müssen die Raupen gleich sterben.
(Unruh a. e. Hdschr.)

214. Am Rupertustage nimm vor Sonnenaufgang einen alten Besen und kehre stillschweigend die Bäume ringsum, so kriegst du keine Raupen in deinen Garten.
(Dgl.)

215. Wenn eine junge Kuh das erste Kalb kriegt, so nimm die Nachgeburt und ziehe damit dreimal um das Bienenschauer herum, so können die Bienen nicht wegziehen. (Dgl.)

216. Wenn die Bienen rauben sollen, nimm eine Fuchsgurgel und lasz eine hindurchfliegen. (Dgl.)

217. Wenn eine Kuh beim Melken schlägt, so stecke einen Kreuzdornzweig in die Wand über der Thür; dann wird sie nicht mehr schlagen. Seebeck bei Lindow.

218. Nimm am Christmorgen drei grüne Kohlkröpfe, melke dann aus jeder Zitze der Kuh drei Strahlen auf jeden Kropf und gib der Kuh die Kröpfe zu fressen, so wird sie das ganze Jahr hindurch gut michen (mingere?) und milchen. (Unruh a. e. Hdschr.)

219. Wenn eine Kuh gekalbt hat und der Haam (die Nachgeburt) nicht abfallen will, so nimm sogleich eine Mistforke und streiche der Kuh damit, die Zähne aufwärts gerichtet, dreimal den Rücken entlang. (Dgl.)

220. Ein geheimes und gewisses Stücklein vor dem Viehsterben, ob es gleich gering, doch seiner Güte halber nicht zu bezahlen:

Man nehme Schwämme von Lindenbäumen oder die auf oder an den Linden gewachsen sind, thu dies in des Viehes Saufen und lasse es davon trinken, es stirbt dir keine Kuh oder ander Vieh nächst göttlicher Hilfe. Und wenn ein Vieh krank ist oder krank wird von solchem Lindenschwamm, mache es zu Pulver und gib es dem kranken Vieh im Wasser zu trinken; es hilft und bringt es wieder zurecht.

(Von dem Schulzen Herrn Krause zu Birkenwerder bei Oranienburg aus einer Familienchronik.)

221. Ein Stück Vieh darf man nicht berufen oder beschreien (d. h. mit lauten Worten loben), sonst wird es krank oder stirbt gar. Allgemein.

222. So dir die Schweine krank werden, gib ihnen 9 Kellerwürmer ein, das hilft. (Unruh a. e. Hdschr.)

223. Wenn ein Schwein rauschig nach dem Beier wird, so kaufe dir vom Töpfer eine Schüssel ungedungen, lasz das Schwein daraus fressen und stülpe die Schüssel dann auf einen Ort im dunkeln, wohin nicht Sonne oder Mond scheinen kann, so wird es nicht wieder beiern. (Dgl.)

224. Wenn jemand einen Hund hat, der nicht in seinem Hause bleiben will, so schrape er von den vier Ecken seines Esztisches Holz ·ab, spunde es in Brot und gebe es dem Hunde zu fressen, so wird er nimmer wieder aus seinem Gebiete laufen. (Unruh a. e. Hdschr.)

225. Nimm von, einem Hunde das Herz und stecke es in die Tasche, so wird dich kein Hund anpauern (anbellen). (Dgl.)

226. Wenn die Hunde heulen und die Schnauze nach oben gerichtet haben, so bricht Feuer im Orte aus; halten sie die Schnauze nach unten, so stirbt einer in der Nachbarschaft. Mittenwalde.

227. Wenn du ein Pferd kaufen willst, so nimm aus einem Todtengrabe ein Brett mit einem Astloch; durch dieses gucke, und du wirst die Fehler des Pferdes sehen. (Unruh.)

228. Vörn Worrem[1]) an den Kop bëit Vei.[2])

(Ünger frëien Himmel dinsdaejs un fridaejs noa den vullen[3]) Moan oendes un morrijens schtilleschwëiens.)

Die Klocken, die haben geklungen,
der Gesang, der ist gesungen,
die Betstunde, die ist aus.

Es kommen neun böse Würmer raus,
drei weisze, drei schwarze, drei rothe,
die fraszen sich alle neun zu Tode.

[1]) Wurm, ein Geschwür. — [2]) Vieh (eig. nur Rind, aber auch Pferd). — [3]) vollen; man hat hier kein Wort für Vollmond, immer nur voller Mond usw.

(Frenzel a. e. Hdschr.)

229. Gegen Maden.

a. Wenn ein Rindvieh in einem Schaden Maden hat, so nimm ein Stücklein trockenes Rindfleisch, binde es in ein Läppchen und hänge es ihm um den Hals. Sie werden nicht säumen. (Unruh a. e. Hdschr.)

18*

b. Wenn ein Vieh in einer Wunde Maden hat, so lasz dir die Farbe desselben sagen, pflücke von einem Kirschbaum ein grünes Blatt, schmeisz es dir über den Kopf und sage: Schwarzes (oder weiszes usw.) Borgschwein (oder Sauschwein usw.), weg die Maden!

(Dgl.)

c. Wenn ein Vieh oder Schwein Maden hat, so nimm aus den vier Ecken eines Eszspindes Spinngewebe, spunde es in Brot und lasz es auffressen, so sind sie alle weg.

(Dgl.)

230. Gegen das rothe Wasser.

Nimm am 2. Pfingstage einen Maienzweig mit nach der Kirche und mache, während der Pastor das Evangelium liest, einen Kranz davon. Durch diesen lasz das Vieh hindurch pissen und drücke dann dreimal mit dem Kranz auf den Rücken des Viehes.

(Dgl.)

231. Gegen das Verfangen.

a. Hast du dich verfangen in Water (Wasser),
    so hilft dir Gott der Vater;
    hast du dich verfangen in Futter,
    so hilft dir Gottes Mutter;
    hast du dich verfangen im Wind,
    so hilft dir Gottes Kind. Amen. † † †

(Krause aus Birkenwerder.)

b. Bist du verfangen usw.

(Fischer zu Schmarfendorf.)

c. — ⟶ so segne dich Gott der Vater,
    — die Mutter, — das Kind.

(Rubehn aus Alt-Reetz.)

d. Hast du dich verfangen im Wind,
    helf dir Gott und Maria Kind;
    hast du dich verfangen im Futter,
    helf dir Gott und Maria Mutter;
    hast du dich verfangen im Wasser,
    helf dir Gott und Maria Vater!

(Unruh a. e. Hdschr.)

e. Du thust dich verfangen
im Gehn, im Stehn,
im Fressen und Saufen,
auch im Wind,
komm, Herr Jesu, hilf geschwind. † † †

Hierbei wird das Thier noch mit beiden flachen Händen über den Rücken vom Kopf bis zur Schwanz-spitze gestrichen. (Frenzel a. e. Hdschr.)

f. Du Schwarzer (Pferd) bist verfangen, im Wind, im Regen, in Wiesen, in Wasser; die Mutter Maria soll wieder segnen im Namen Gottes des Vaters usw. (Rubehn aus Alt-Reetz.)

g. Christus hat am Kreuze gehangen,
er will vertreiben das Verfangen!
Im Namen Gottes des Vaters usw. (Dgl.)

h. Das Verfangen nannte man auch die Blähsucht oder Padde (Frosch), weil sich diese auch sehr auf-blähen kann. — Daher hiesz auch die Heilung der Blähsucht P a d d e s t e c h e n.

α. Der Hirt bisz dem Rind ein Stück von der Zunge und dachte dabei: Hilft es nicht, so schadet es nicht, ich wollte wünschen, es wäre nicht! —

β. Die Padde sasz auf dem Thiere,
der heilige Geist stund wol dafüre;
komme gasten,
die Padde soll basten!
Im Namen Gottes usw. (Dgl.)

232. Lehrer Unruh aus Seebeck bei Lindow gibt dagegen folgende Formel gegen das A r g e oder P a d e und erklärt letzteres durch Halsentzündung.

Ich büte dich, Pade, von Herze, von Leber, von Lunge durch die Zunge im N. G. † † † —

Dreimal gesprochen und dem Vieh dreimal in den Hals gepustet.

233. Wenn eine Kuh vom Wiesel angeblasen ist und dadurch ein dickes Euter bekommen hat, so musz man dasselbe mit einem Wieselfell streichen. Ein solches wird deshalb, getrocknet und aufgespannt, häufig vorräthig gehalten. Grünberg i. Schl.

19.
Thiere.

234. Heult ein Hund auf dem Hofe, so stirbt bald einer im Hause. Allgemein.

235. Wen de Molworm*) in de Schtuew, Komma ora Köken upbrekt,**) dän sterft bal ena in dät Hues. Röpersdorf.

*) Maulwurf. — **) aufbricht.

236. Wen de Oedbää*) to de Fröjoastied kümt, un ena süet en iastmo flejen, so is een dät Joa recht flink; süet en ena schtoen ora sitten, den is en fuel; höaten ena kneppan,**) den schmit een vä Pöt, Schötteln un Tella intwei. Ebenda.

*) Storch. — **) klappern.

237. In dät Hues, wo en Oedbäasnest up schteit, schleit dät Jewitta nich in. Ebenda. No. 250.

238. Spinnen darf man nicht tödten.

Spinne am Morgen
bringt Unglück und Sorgen;
Spinne am Mittag
bringt Freude und Geldsack;
Spinne am Abend
bringt Glück und Gaben. Grünberg i. Schl.

239. Wenn der Kukuk ruft, so spricht man:

Kukuek,
Schpekbuek,[1])

seg mi doch,
wi lange sal ik leäwen noch?
und so oft nun der Kukuk ruft, so viele Jahre lebt man
noch.

Oder:

Kukuek,
Schpekbuek,
seg mi jeschwint,
wi lange wer ik Jumfer sint?

Oder:

Kukuek,
Schpekbuek,
du werscht nich schwien,[2])
wi ville wer ik Kinger krien.

Bei Potsdam.

[1]) Speckbauch. — [2]) schweigen.

240. So lange der Kukuk vor Johanni schreit, so
lange ist er nach Johanni stille. Grünberg i. Schl.

241. Wenn man den ersten Kukuk im Jahre
schreien hört, so musz man Geld in der Tasche haben;
dann hat man das ganze Jahr Geld. Allgemein.

242. Das Brot, das Landleute den Kindern be-
freundeter Familien in der Stadt bei einem Besuche mit-
bringen, heist in Landsberg a. W. (auch in Grünberg i.
Schl.) Hasenbrot; es ist einem Hasen abgejagt.

20.

Elemente und Gestirne.

243. No en Himmel metten Finga to peken is nich
goet, den so schtekt en[a] den lewen Hergot no de Ojen.
Röpersdorf.

244. Mit Märzschnee das Gesicht waschen schützt
vor Sommersprossen oder entfernt dieselben. Allgemein.

245. Regnets fein, sogenannten Sprüh- oder Spreu-regen, während die Sonne scheint, so heiszt es: die Hexen buttern. Grünberg i. Schl.

246. Am Himmelfahrtstage darf man nicht nähen, sonst schlägt das Gewitter ein und die Nähterin todt. Ebenda.

247. Wen annen Meicheels-Dach*) de Wint nomid-dachs schterker weecht**) ast vörmiddachs, dän wät no Nijoa dät Koan düra,**) ast vört Nijoa wia. Röpersdorf.

*) Michaelis-Tag. — **) weht. — ***) theuer.

248. Kleine Wirbelwinde werden in Grünberg i. Schl. Windsbraut genannt.

Wenn der Sturm geht, so hat sich einer erhenkt, und der Wind läutet ihn aus. Fahrland. Mittenwalde. Grünberg i. Schl.

249. Wenn beim Gewitter das Bier nicht sauer werden soll, so lege man einen silbernen Löffel hinein. Mittenwalde.

250. Wo ein Storch nistet, schlägt der Blitz nicht ein. Überall. (In Fahrland ist dieser Aberglaube ver-schwunden, seitdem der Blitz ein Storchennest zer-stört hat.)

251. Wenn ein Hase durch die Stadt läuft, so gibt es Feuer. Mittenwalde.

252. Wenn Gänse hoch auf der Gasse oder übers Haus weg fliegen, so entsteht bald Feuer; auch wenn beide Stadtuhren, die Raths- und die Kirchuhr zusammen schlagen. Grünberg i. Schl.

253. Bei einem Gewitter musz man das Feuer auf dem Herd ausgieszen, sonst schlägt der Blitz ein. All-gemein.

254. Wenns schneit, sagt man in Grünberg i. Schl.: Die dort oben habens Bett zerrissen.

255. Jeder Mensch hat sein Licht am Himmel, und wenn er stirbt, so gehts aus. Allgemein. Vgl. damit die Redensart: einem das Lebenslicht ausblasen.

256. Wie am Freitag das Wetter ist, so ist es auch am Sonntag. Wol allgemein.

257. Regen beim Sonnenschein ist ein Giftregen und bringt Melthau. Ebenso.

258. a. Abendroth gut Wetter bot, Morgenroth bringt Dreck und Koth. Landsberg a. W.

b. Morgenroth fällt in Koth, Abendroth bringt einen schönen Tag mit. Grünberg i. Schl.

259. Wenns unter der Kirche (während des Gottesdienstes) anfängt zu regnen, so regnets den ganzen Tag — oder die ganze Woche. Ebenda.

21.
Vermischtes.

260. Wen ena to Herwstied upt Felt jeit un fint doan Broemrank,*) de up beid Ennen in de Ead wussen is, dän müd ena sich gliek-noklich uettrecken un krupen dremo dörch de Broemrank. Nohea müd ena de Rank up beid Ennan uettrecken un schteken se sich in si linka Roktasch. Wen ena nu doamet no de Kirch jeit, dän kan ena sea goet unna al de jepuzt Lüed de Hexen ruta fin. Wen se no ää Oat oek upt schönst un best sich puzt hebben, för dän seen se doch ma sea plunrig uet.

Keat sich so ena vullens oek noch si rechta Roktasch üm, ora went en Mäken is, schleit se sich ää Schört öwan Kop un kikt dadörch, ora schtekt sich ena en viablärarig Klewablat in de Tasch, dän kan ena al Ojenvablentnis in ää natüerlich Jeschtalt seen. Röpersdorf.

*) Brombeerranke.

261. Wen ena ne Poelerft*) fint, wo tein Erften in
sint, un ena lecht de in en Wojenleuse,**) so schmit de
Bua, de öwa de Poelerft metten Fua Koan füat, um.
Ebenda.

*) Erbsenschote; vgl.: Schoten auspalen, wie man in Berlin das
Enthülsen der grünen Erbsen nennt. — **) Wagengeleise,

262. Twe Minschen müdden sich nich an een Han-
doek afdröjen, süs wään se sich gram. Ebenda. Fahrland.

263. In einem Waschwasser waschen, det gramt.
Mittenwalde.

264. Wen sich ena an dän ennan si Schört af-
dröejt, dän wät he dän gram. Röpersdorf.

265. Sun Lüed, de de Moat oft rit, müdden ää
Tüffel vakiat vört Bet schteln, dennoesten kan a ää
nüscht doen. Ebenda.

266. Wen man am Montag schlachtet, bekommt das
Fleisch Maden. Seebeck bei Lindow. Fahrland.

267. Wenn man am Montag Kartoffeln setzt, so be-
kommen dieselben gleichfalls Maden. Seebeck.

268. Zwischen Neu-Marien und Alt-Marien gehaue-
nes Nutzholz bekommt keine Würmer, Ebenda.

269. So viel Körner Salz man zerstreut, so viel
Sünden thut man. Fahrland.

270. Die erste Roggenblüte, die man findet, musz
man verschlucken; dann bekommt man nicht das kalte
oder Wechselfieber. Allgemein.

271. Blüht das Korn oben zuerst, so kommt der
Preis desselben hoch. — So viel Knoten der Roggen-
halm hat, so viel Thaler wird der Sack kosten. Grün-
berg i. Schl.

272. Sonnabends ists nicht gut etwas neues anzu-
fangen; auch darf da abends nicht gesponnen und zum
Licht gegangen werden, — da gehn nur die Bettpisser.
Ebenda.

273. Eine schwarze Katze, die (in Fahrland: ein Hase, der) einem über den Weg läuft, bedeutet Unglück. Wenn man aber dreimal vor ihr ausspuckt, so schadet es nicht. Ebenda.

274. Die schwarze Kuh hat ihn getreten — bedeutet: er hat Unglück gehabt. Ebenda.

275. Wenn man einen Strumpf links anzieht, kann man nicht behext werden (oder: die Juden können einen nicht betriegen). Mittenwalde.

276. Einen Segensthaler (Mansfelder) soll man nicht ausgeben; er hilft sparen. Überall.

277. Wenn man ein Härchen aus den Augenwimpern liegen oder während man eine Sternschnuppe (ein Sternel) fallen sieht, musz man sich dabei geschwind etwas wünschen, so gehts in Erfüllung. Grünberg i. Schl.

278. Wenn man über jemand, der an der Erde liegt, wegschreitet, so wächst er nicht mehr; schreitet man aber wieder zurück, so wächst er auch wieder. Landsberg a. W. Grünberg i. Schl., auch Darmstadt.

279. Krümmt (juckt) einem die Nase, so erfährt man etwas neues; krümmt einem die linke Hand, so nimmt man Geld ein, krümmt die rechte, so gibt man Geld aus. Landsberg a. W. — Krümmt das linke Auge vormittags, so sieht man etwas nicht gern, wenn nachmittags, so sieht mans gern; beim rechten Auge ists umgekehrt. Grünberg i. Schl. — Krümmt einem die Nase, so wird einen noch etwas verdrieszen. (Ebenda.) Krümmt der Handteller, so bekommt man mit Geld zu thun. Ebenda.

280. Brennt einem das Gesicht, so haben einen die Leute unter, sie klatschen, schandflecken über einen. Ebenda.

281. Hat man Klingen in einem Ohre (klingt einem ein Ohr) und erräth ein anderer, welches Ohr klingt,

so reden die Leute gutes von einem; im umgekehrten Falle böses. Wol allgemein.

282. Niest man, nachdem jemand etwas gesagt hat, so musz mans beniesen (das gesagte ist wahr). Ebenso.

283. Wenn man nüchtern niest — am Montag, so bekommt man Besuch, — am Dienstag, einen Brief, — am Mittwoch, so musz man einen Brief schreiben, — am Donnerstag, so bekommt man Geschenke, — am Freitag, ein Getränke, — am Sonnabend, alles durch einander, — am Sonntag, so kommt man in angenehme Gesellschaft. Grünberg i. Schl. Wenn man nüchtern niest, erfährt man den Tag etwas neues. Potsdam.

284. Wenn man den Schlucken (in Landsberg a. W.: den Schluckuf) hat, so denkt jemand an einen; erräth man diesen, so hört der Schlucken auf. Allgemein.

285. Wenn die Zunge schlimm ist, weh thut, so hat man jemand belogen. Grünberg.

286. So oft einem die Finger beim Ziehen in den Gelenken knacken, so viel Bräute (oder Bräutigame) hat man. Allgemein.

287. Wenn man auf ebener Erde stolpert, so liegt dort ein Musikant begraben. Ebenso. — Stolpert man die Treppe hinauf, so bekommt man bald Geld. Grünberg i. Schl.

288. Wenn einem im Traume ein Zahn ausfällt oder ausgerissen wird, und es thut dabei weh, so stirbt einer aus naher Freundschaft; thut es nicht weh, so betriffts einen aus weitläufigerer. — Unglück, Ärger, namentlich Krankheit und Tod bedeutet im Traume: Feuer mit Rauch, geputzt sein (im Staate sein), Kuchen, überhaupt Backwerk sehen oder essen, in der Kirche sein und den Geistlichen im Ornate sehen, blaue Pflaumen, weisze Wäsche und reine Kleider, hoch kriechen und klettern. Grünberg. Wenn man von weiszem Sande

träumt, so gibts eine Leiche in der Familie. Mittenwalde.
— Läuse bedeuten im Traum: Geld, Ehre, Glück. Das-
selbe bedeuten helles Wasser und Grünes. Von Bienen
oder rothem Rindvieh träumen bedeutet Feuer. Helles
Feuer ohne Rauch im Traume sehen bedeutet Freude,
Glück. Träume von Eiern, kleinen Kindern, kleinem
Gelde bedeuten Klatscherei, Ärger. Harte Thaler be-
deuten harte Worte. Grünberg. — Redensart: Du hast
von Säueicheln geträumt, d. h. du bist wol nicht recht
gescheit. Ebenda.

289. Sticht man sich beim Nähen eines Kleides mit
der Nadel, so wird die, für welche das Kleid gemacht
wird, in demselben geküszt. Zerbricht beim Nähen eine
Nadel und zwar in drei Stücke, so wird die betreffende
in dem Kleide Braut. Fällt oder rutscht das Kleid beim
Nähen viel herunter, so wird es gut gefallen. Lands-
berg a. W. Berlin. Grünberg i. Schl.

290. Für Borger
ist in vielen Windmühlen um Potsdam an den groszen
Querbalken geschrieben:

> Borgen macht Sorgen!
> Wer borgen will, komm morgen,
> denn heut ist nicht der Tag,
> da man borgen mag!